2020年全国监理工程师（交通运输工程专业）
培训考试用书

公路工程安全与环境监理

交通运输部职业资格中心　组织编写

人民交通出版社股份有限公司
北京

内 容 提 要

本书为2020年全国监理工程师(交通运输工程专业)职业资格考试用书之一,内容包括安全监理概述、公路工程施工安全风险管控、招标和施工准备阶段安全监理、施工和交工验收阶段安全监理、公路工程施工安全监理要点、环境保护基础知识、施工环境保护监理概述、公路建设工程环境保护监理等。

本书既可作为全国监理工程师(交通运输工程专业)职业资格考试培训用书,也可供交通运输工程建设、施工、监理(咨询)和项目管理等单位的专业技术人员学习参考。

图书在版编目(CIP)数据

2020年全国监理工程师(交通运输工程专业)培训考试用书. 公路工程安全与环境监理 / 交通运输部职业资格中心组织编写. — 北京：人民交通出版社股份有限公司, 2020.7

ISBN 978-7-114-16662-4

Ⅰ.①2… Ⅱ.①交… Ⅲ.①交通工程—交通监理—资格考试—自学参考资料②道路工程—施工监理—资格考试—自学参考资料 Ⅳ.①U491.1②U415.1

中国版本图书馆CIP数据核字(2020)第110199号

2020 Nian Quanguo Jianli Gongchengshi (Jiaotong Yunshu Gongcheng Zhuanye) Peixun Kaoshi Yongshu Gonglu Gongcheng Anquan yu Huanjing Jianli

书　　名：	2020年全国监理工程师(交通运输工程专业)培训考试用书　公路工程安全与环境监理
著 作 者：	交通运输部职业资格中心
责任编辑：	刘永超　石　遥
责任校对：	赵媛媛
责任印制：	刘高彤
出版发行：	人民交通出版社股份有限公司
地　　址：	(100011)北京市朝阳区安定门外外馆斜街3号
网　　址：	http://www.ccpcl.com.cn
销售电话：	(010)59757973
总 经 销：	人民交通出版社股份有限公司发行部
经　　销：	各地新华书店
印　　刷：	北京市密东印刷有限公司
开　　本：	787×1092　1/16
印　　张：	15.25
字　　数：	360千
版　　次：	2020年7月　第1版
印　　次：	2020年8月　第3次印刷
书　　号：	ISBN 978-7-114-16662-4
定　　价：	70.00元

(有印刷、装订质量问题的图书,由本公司负责调换)

2020 年全国监理工程师（交通运输工程专业）培训考试用书

编 写 人 员

主　　编：章剑青
副 主 编：苑芳圻　秦仁杰　秦志斌　顾新民
成　　员：单煜辉　杨玉胜　罗　娜　娄忠应
　　　　　赵宝军　倪良松

审 定 人 员

主　　审：黄　勇
成　　员：卢　柯　周争菊　黄　波　邢　波
　　　　　孔　军　习明星　黄汉昌　刘惠兴
　　　　　张　毅

前　言

2020年2月，住房和城乡建设部、交通运输部、水利部、人力资源社会保障部联合印发了《监理工程师职业资格制度规定》和《监理工程师职业资格考试实施办法》。2020年5月，经人力资源社会保障部批准，交通运输部职业资格中心公布了《全国监理工程师职业资格考试基础科目和交通运输工程专业科目大纲》（以下简称《大纲》）。

为方便考生备考，部职业资格中心根据《大纲》组织了相关交通建设管理部门、企事业单位和高等院校等单位的专家，编写了2020年全国监理工程师（交通运输工程专业）培训考试用书。全套书包括《公路工程目标与质量控制》《公路工程费用与进度控制》《公路工程安全与环境监理》《公路工程监理案例分析》《公路工程监理相关法规文件汇编》《水运工程目标控制》共6册。

《公路工程安全与环境监理》注重于监理工程师应知应会知识点的归纳，内容涵盖了《大纲》各知识点，对参考人员备考具有较强的指导性；同时兼顾国内安全、环境监理的工作实践需要，达到了以考促学，全面提升监理工程师职业水平的目标。

《公路工程安全与环境监理》由秦志斌、章剑青主编。本书既可作为全国监理工程师（交通运输工程专业）职业资格考试培训用书，也可供交通运输工程建设、施工、监理（咨询）和项目管理等单位的专业技术人员学习参考。

《公路工程安全与环境监理》在编写和审定过程中，倪良松提供了大量素材，黄勇和刘惠兴等专家提出了许多富有建设性的建议和意见，在此表示感谢！

由于编写时间仓促，编者水平有限，纰漏在所难免，敬请批评指正。

交通运输部职业资格中心
2020年7月

目 录

第一章 安全监理概述 ··· 1
　第一节 公路建设工程安全生产概况 ··· 1
　第二节 安全监理相关的法律法规和方针政策 ···································· 8
　第三节 安全生产责任体系 ··· 18
　第四节 安全监理的概念、依据和目标 ··· 31
第二章 公路工程施工安全风险管控 ·· 36
　第一节 公路工程施工安全事故管理 ·· 36
　第二节 生产安全事故应急救援预案体系 ·· 51
　第三节 双重预防机制建设 ··· 62
　第四节 安全风险分级管控 ··· 64
　第五节 安全隐患排查治理 ··· 75
　第六节 平安工地建设监理内容 ·· 78
第三章 招标和施工准备阶段安全监理 ··· 85
　第一节 招标阶段安全监理 ··· 85
　第二节 施工准备阶段安全监理 ·· 87
　第三节 施工安全生产条件核查 ·· 100
第四章 施工和交工验收阶段安全监理 ··· 103
　第一节 施工阶段安全监理 ··· 103
　第二节 交工验收阶段安全监理 ·· 113
第五章 公路工程施工安全监理要点 ·· 116
　第一节 施工准备阶段安全监理要点 ·· 116
　第二节 通用作业的安全监理要点 ··· 120
　第三节 路基路面工程施工中的安全监理要点 ··································· 131
　第四节 桥涵工程施工中的安全监理要点 ·· 137
　第五节 隧道工程施工中的安全监理要点 ·· 155
　第六节 交通安全设施和机电工程监理要点 ······································· 171

  第七节 特殊季节与改扩建施工安全监理要点 …………………………… 175
第六章 环境保护基础知识 ……………………………………………………… 179
  第一节 环境保护相关的法律法规和方针政策 ………………………… 179
  第二节 公路交通对环境的影响 ……………………………………………… 182
  第三节 公路交通环境影响评价 ……………………………………………… 185
  第四节 公路建设水土保持 …………………………………………………… 195
  第五节 绿色公路建设主要内容 ……………………………………………… 198
第七章 施工环境保护监理概述 ………………………………………………… 202
  第一节 施工环境保护监理的概念、任务、目标和依据 ………………… 202
  第二节 施工环境保护监理的工作程序、制度、内容和方式 …………… 204
  第三节 施工环境保护监理文件 ……………………………………………… 207
第八章 公路建设工程环境保护监理 …………………………………………… 210
  第一节 施工准备阶段的环境保护监理 …………………………………… 210
  第二节 施工阶段的环境保护监理 …………………………………………… 211
  第三节 环境保护工程及监理要点 …………………………………………… 219
参考文献 ………………………………………………………………………………… 233

第一章 安全监理概述

第一节 公路建设工程安全生产概况

一、安全生产总体情况

2002年6月29日《中华人民共和国安全生产法》(简称《安全生产法》),正式颁布。这是我国安全生产法规体系中的第一部综合基本法律。它的颁布实施,对加强安全生产法制建设,保障人民群众生命和财产安全,促进经济发展都有重要的现实意义。

《安全生产法》历经2009年和2014年两次修改,现行《安全生产法》于2014年8月31日正式予以颁布,2014年12月1日实施。《安全生产法》明确提出安全生产工作应当以人为本,坚持安全发展,坚持安全第一、预防为主、综合治理的方针,强化和落实生产经营单位的主体责任,建立生产经营单位负责、职工参与、政府监管、行业自律和社会监督的机制,进一步明确了安全生产的重要地位、主体任务和实现安全生产的根本途径,进一步明确了各方安全职责,对于坚守红线意识、进一步加强安全生产工作、实现安全生产形势根本性好转的奋斗目标具有重要意义。

2016年12月18日,中国政府网公布《中共中央国务院关于推进安全生产领域改革发展的意见》(简称《意见》)。这是新中国成立以来第一个以党中央、国务院名义出台的安全生产工作的纲领性文件。文件提出的一系列改革举措和任务要求,为我国安全生产领域的改革发展指明了方向和路径。

《意见》明确提出,坚守"发展决不能以牺牲安全为代价"这条不可逾越的红线,规定了"党政同责、一岗双责、齐抓共管、失职追责"的安全生产责任体系,要求建立企业落实安全生产主体责任的机制,建立事故暴露问题整改督办制度,建立安全生产监管执法人员依法履行法定职责制度,实行重大安全风险"一票否决"。

《意见》提出,将研究修改刑法有关条款,将生产经营过程中极易导致重大生产安全事故的违法行为纳入刑法调整范围;取消企业安全生产风险抵押金制度,建立健全安全生产责任保险制度;改革生产经营单位职业危害预防治理和安全生产国家标准制定发布机制,明确规定由国务院安全生产监督管理部门负责制定有关工作。

《意见》的目标任务是到2020年,安全生产监管体制机制基本成熟,法律制度基本完善,全国生产安全事故总量明显减少,职业病危害防治取得积极进展,重特大生产安全事故频发势头得到有效遏制,安全生产整体水平与全面建成小康社会目标相适应。到2030年,实现安全生产治理体系和治理能力现代化，全民安全文明素质全面提升，安全生产保障能力显著增强，为实现中华民族伟大复兴的中国梦奠定稳固可靠的安全生产基础。

《公路水运工程安全生产监督管理办法》（简称《办法》），由交通部 2007 年 2 月 14 日制定、颁布。《办法》的出台，对加强公路水运工程安全生产管理，防止和减少生产安全事故，保障人民群众生命和财产安全起到了重要作用。但是，随着安全生产形势日益严峻，国家对安全生产工作越来越重视，制修订一大批法律法规，出台了一系列规范性文件，对安全生产提出了更高的监管要求，特别是《意见》对安全生产改革发展进行了全面部署。

同时，"十三五"期公路水运工程建设依然量大且面广线长，工程安全监督管理出现一些新情况、新问题，安全生产事故还处于易发多发的高峰期，特别是重特大事故尚未有效遏制，亟待进一步总结经验教训，不断完善行业施工安全监督管理机制。《办法》与最新的法律法规、政策要求等方面存在一些不适用、不明确和不完善等情况，已经不能很好地适应上位法规定和新形势下安全生产工作需要，因此，交通运输部重新修订发布了《公路水运工程安全生产监督管理办法》，并于 2017 年 8 月 1 日开始实施。

二、安全生产方针

我国安全生产的方针经历了一个从"安全生产""安全第一、预防为主"到"安全第一、预防为主、综合治理"的产生和发展过程，现代安全管理强调在生产中做好预警预防工作，尽可能将事故消灭在萌芽状态。

"安全第一"是原则和目标，是从保护和发展生产力的角度，确立了生产与安全的关系，肯定了安全在建设工程生产活动中的重要地位。安全第一，就是在生产过程中把安全放在第一重要的位置上，切实保护劳动者的生命安全和身体健康。

"安全第一"的方针，就是要求所有参与工程建设的人员，包括管理者和操作人员以及对工程建设活动进行监督管理的人员，都必须树立安全的观念，不能一味追求经济利益而牺牲安全。当安全与生产发生矛盾时，必须先解决安全问题，在保证安全的前提下从事生产活动，也只有这样才能使生产正常进行，促进经济发展，保持社会稳定。

"预防为主"是手段和基本途径。预防为主，就是要把安全生产工作的关口前移，超前防范，建立预教、预测、预想、预报、预警、预防的递进式、立体化事故隐患预防体系，改善安全状况，预防安全事故。在新时期，预防为主的方针又有了新的内涵，即通过建设安全文化、健全安全法制、提高安全科技水平、落实安全责任、加大安全投入，构筑坚固的安全防线。具体地说，就是要促进安全文化建设与社会文化建设的互动，为预防安全事故打造良好的意识；建立健全有关的法律法规和规章制度，依靠法制的力量促进安全事故防范；大力实施"科技兴安"战略，把安全生产状况的根本好转建立在依靠科技进步和提高劳动者素质的基础上；强化安全生产责任制，创新安全生产监管体制，健全和完善中央、地方、企业共同投入机制，提升安全生产投入水平，增强基础设施的安全保障能力。在工程建设活动中，根据工程建设的特点，对不同的生产要素采取相应的管理措施，有效地控制不安全因素的发展和扩大，把可能发生的事故消灭在萌芽状态，保证生产活动中人的安全与健康。

"综合治理"是落实安全生产方针政策、法律法规的有效手段。综合治理是指为适应我国安全生产形势的要求，做到自觉遵循安全生产规律，正视安全生产工作的长期性、艰巨性和复杂性,抓住安全生产工作中的主要矛盾和关键环节,综合运用经济、法律、行政等手段,人管、法治、技防多管齐下,并充分发挥社会、职工、舆论的监督作用,有效解决安全生产领域的问题。

"安全第一、预防为主、综合治理"的安全生产方针是一个有机统一的整体。安全第一是预防为主、综合治理的统帅和灵魂,没有安全第一的思想,预防为主就失去了思想支撑,综合治理就失去了整治依据。预防为主是实现安全第一的根本途径。只有把安全生产的重点放在建立事故隐患预防体系上,超前防范,才能有效减少事故损失,实现安全第一。综合治理是落实安全第一、预防为主的手段和方法。只有不断健全和完善综合治理工作机制,才能有效贯彻安全生产方针,真正把安全第一、预防为主落到实处,不断开创安全生产工作的新局面。

安全与生产是辩证统一的关系,是一个整体。生产必须安全,安全促进生产,不能将二者对立起来。在施工过程中,必须尽一切可能为作业人员创造安全的生产环境和条件,积极消除生产中的不安全因素,防止伤亡事故的发生,使作业人员在安全的条件下进行生产;安全工作必须紧紧围绕着生产活动进行,不仅要保障作业人员的生命安全,还要促进生产的发展,离开生产,安全工作就毫无实际意义。

三、安全生产管理的原则

安全生产管理是一个从项目可行性研究到缺陷责任期的全过程、由全体相关人员共同参与的管理系统工程,必须遵循以下原则:

1. 一岗双责的原则

"一岗双责"是指既要做好自己本岗位的工作,也要做好本岗位所涉及的安全工作。工程参建单位应落实"一岗双责"要求,细化各岗位职责,按年度层层签订安全生产责任书,并定期组织考核。

2. 三管三必须的原则

《中华人民共和国安全生产法》第四条规定:生产经营单位必须遵守本法和其他有关安全生产的法律、法规,加强安全生产管理,建立、健全安全生产责任制和安全生产规章制度,改善安全生产条件,推进安全生产标准化建设,提高安全生产水平,确保安全生产。第五条规定:生产经营单位的主要负责人对本单位的安全生产工作全面负责。因此,要充分认识和落实好谁主管谁负责,坚持管业务必须管安全、管行业必须管安全、管生产经营必须管安全的原则。

3. 三同时的原则

根据《中华人民共和国安全生产法》第二十八条:生产经营单位新建、改建、扩建工程项目(以下统称建设项目)的安全设施,必须与主体工程同时设计、同时施工、同时投入生产和使用。安全设施投资应当纳入建设项目概算。

4. 安全生产动态管理的原则

生产活动中必须坚持全员、全过程、全方位、全天候的动态安全管理的原则。安全管理不是少数人和安全机构的事,而是一切与生产有关的人共同的事。缺乏全员的参与,安全管理不会有生气,不会出好的管理效果。

安全管理涉及生产活动的方方面面,涉及从开工到竣工交付的全部生产过程,涉及全部的生产时间,涉及一切变化着的生产因素。

安全管理是在变化着的生产活动中的管理,是一种动态的管理,这就意味着必须坚持持续改进的原则,以适应变化的生产活动,及时发现并消除新的危险因素。更重要的是要不间断地探索新规律,注意总结管理、控制的办法与经验,不断改进、完善、提高安全管理工作的水平和质量。

5. 安全一票否决的原则

"安全具有否决权"是指安全生产工作是衡量建设工程项目管理的一项基本内容,它要求在对项目各项指标考核、评优创先时,首先必须考虑安全指标的完成情况。安全指标没有实现,其他指标虽已顺利完成,也不能认为该项目是已实现了最优化目标,安全具有一票否决的作用。

6. 事故处理"四不放过"原则

国家有关法律法规明确要求,在处理事故时必须坚持和实施"四不放过"原则:

(1) 事故发生原因未查清不放过;

(2) 事故责任者和职工群众没有受到教育不放过;

(3) 安全隐患没有整改预防措施不放过;

(4) 事故责任者不处理不放过。

7. 安全工作的"五同时"原则

安全工作的"五同时"原则是指企业的生产组织领导者必须在计划、布置、检查、总结、评比生产工作的同时进行计划、布置、检查、总结、评比安全工作的原则。它要求把安全工作落实到每一个生产组织管理环节中去。这是解决生产管理中安全与生产统一的一项重要原则。

8. 同步协调发展原则

同步协调发展原则是指安全生产与经济建设、企业深化改革、技术改造同步规划、同步发展、同步实施的原则。这就要求把安全生产内容融入生产经营活动各个方面中,以保证安全生产一体化,解决安全、生产两张皮的弊病。要避免只抓生产注重经济效益,不重视安全的局面,而应把经济效益与安全效益统一起来。

四、安全生产的五种关系

安全生产必须正确处理好以下五种关系。

1. 安全与危险并存

安全与危险在同一事物的运动中是相互对立、相互依赖的。因为有危险,才要进行安全管理,以防止危险。安全与危险并非是等量并存、平静相处。随着事物的运动变化,安全与危险时刻都在变化着,进行着此消彼长的斗争。可见,在事物的运动中,都不会存在绝对的安全和危险。

危险因素客观存在于事物运动之中,自然是可知的,也应是可控的。

保持生产的安全状态,必须采取多种措施,积极预防、有效控制和消除各种危险因素。

2. 安全与生产的统一

生产是人类社会存在和发展的基础。如果生产中人、物、环境都处于危险状态,则生产将无法顺利进行,因此安全是生产的客观要求。

生产安全有了保障,才能持续、稳定发展。当生产与安全发生矛盾,危及职工生命或国家财产时,生产活动必须进行整顿,待消除危险因素以后,生产形势才会变得更好。

3. 安全与质量同步

安全是质量的基础,只有在良好的安全措施保证之下,施工人员才能较好地发挥技术水平,保证工程施工的质量。同样,工程施工质量越好,其产生的安全效应就越高;可以说质量是"本",安全是"标",两者密不可分。只有标本兼治,才能使工程项目达到设计标准要求。可见,安全与质量是同步的。

从广义上看,质量包含安全工作质量,安全概念也包含着质量,交互作用,互为因果。安全第一、质量第一这两种说法并不矛盾。安全第一是从保护生产要素的角度出发,而质量第一则是从关心产品成果的角度出发。安全为质量服务,质量需要安全保证。

4. 安全与进度互促

安全是进度的前提。由于建设项目的最大特点是施工工期比较长,建设单位总是希望其投入的资金能尽快产生效益,但工期过短是埋下安全隐患的原因之一。国家规范标准中的工期有时是可以进行适当压缩的,但对工期提出一个有利于安全的合理工期即约定工期,应当在施工合同中明确约定。可见,安全与进度是相互促进的。速度应以安全作为保障,安全就是速度。在项目实施过程中,应追求安全加速度,尽量避免安全减速度;当速度与安全发生矛盾时,应暂时减缓速度,保证安全才是正确的做法。

5. 安全与效益兼顾

安全技术措施的实施,会改善作业条件,带来经济效益,安全与效益是一致的,安全促进了效益的增长。在安全管理中,投入要适度,要进行统筹安排,既要保证安全生产,又要经济合理,还要考虑力所能及。单纯为了省钱而忽视安全生产,不但会给施工单位带来巨大的经济损失,而且会影响建设单位投入资金产生的效益。可见,安全与效益是兼顾的。

五、安全生产管理制度

1. 安全生产许可证管理制度

《建设工程安全生产管理条例》规定施工单位应当具备安全生产条件。同时,《安全生产许可证条例》进一步明确规定,国家对矿山企业、建筑施工企业和危险化学品、烟花爆竹、民用爆破器材生产企业实行安全生产许可制度。上述企业未取得安全生产许可证的,不得从事生产活动。

住房和城乡建设部负责中央管理的建筑施工企业安全许可证的颁发和管理。省、自治区、直辖市人民政府建设主管部门负责上述规定以外的建筑施工企业安全生产许可证的颁发和管理,并接受住房和城乡建设部的指导和监督。

2. 安全生产责任制度

安全生产责任制度是指企业对企业中各级领导、各个部门、各类人员所规定的在他们各自职责范围内对安全生产应负责任的制度。其内容应充分体现责、权、利相统一的原则。建立以安全生产责任制为中心的各项安全管理制度，是保障安全生产的重要手段。安全生产责任制应根据"管生产必须管安全""安全生产人人有责"的原则，明确各级领导、各职能部门和各类人员在施工生产活动中应负的安全责任。

3. 安全生产教育培训制度

安全生产教育培训制度是指对从业人员进行安全生产的教育和安全生产技能的培训，并将这种教育和培训制度化、规范化，以提高全体人员的安全意识和安全生产的管理水平，减少、防止生产安全事故发生所采取的各种措施。

安全教育主要包括安全生产思想教育、安全知识教育、安全技能教育、安全法制教育四个方面，其中对新职工的三级安全教育（公司、工地、班组），是安全生产基本教育制度。培训制度主要包括对施工单位的管理人员和作业人员定期培训，特别是在采用新技术、新工艺、新设备、新材料时，对作业人员的培训。

4. 安全生产费用保障制度

安全生产费用是指建设单位在编制建设工程概算时，为保障安全施工确定的费用。建设单位根据工程项目的特点和实际需要，在工程概算中要确定安全生产费用，并将这笔费用根据监理工程师的确认情况划转给施工单位。安全生产费用保障制度是指施工单位对安全生产费用必须用于施工安全防护用具及设施的采购和更新、安全施工措施的落实、安全生产条件的改善。

5. 安全生产管理机构和专职安全员制度

安全生产管理机构是指施工单位专门负责安全生产管理的内设机构，其人员即为专职人员，由施工单位项目工程主要负责人（项目经理）负责，根据工程规模大小、难易程度、复杂性，配备若干持证的专职安全生产管理人员组成。管理机构的职责是负责落实国家有关安全生产的法律法规和工程建设强制性标准，监督安全生产措施的落实，组织施工单位进行内部的安全生产检查活动，及时整改各种安全事故隐患以及日常的安全生产检查。

专职安全员是指施工单位专门负责安全生产管理的人员，是国家法律、法规、标准在本单位实施的具体执行者，其职责是负责对安全生产进行现场监督检查并做好记录，发现生产安全事故隐患，应当及时向项目负责人和安全生产管理机构报告，对违章指挥、违章操作和违反劳动纪律的应当立即制止。

6. 特种作业人员持证上岗制度

特种作业人员是指从事容易发生事故，对操作者本人、他人的安全健康及设备、设施的安全可能造成重大危害的作业人员。施工单位的电工，焊接与热切割作业人员，架子工，起重信号司索工，起重机械司机，起重机械安装拆卸工，高处作业吊篮安装拆卸工，锅炉司炉，压力容器操作人员，电梯司机，场（厂）内专用机动车司机，制冷与空调作业人员，从事爆破工作的爆破员、安全员、保管员，瓦斯监测员，工程船舶船员，潜水员，国家有关部门认定的其他作业人员,必须按照国家规定,经过专门的安全作业培训,并取得特种作业操作资格证书后,方可上岗作业。

7. 安全技术措施制度

安全技术措施是指从技术上采取措施,防止工伤事故和职业病的危害。在工程施工中,具体针对工程项目特点、环境条件、劳动组织、作业方法、施工机械、供电设施等制订确保安全施工的措施。安全技术措施也是建设工程项目管理实施规划或施工组织设计的重要组成部分。

8. 专项施工方案审查制度

对于结构复杂、危险性较大、特性较多的特殊工程,必须编制专项施工方案,并附安全验算结果,经施工单位技术负责人签字后,必要时还应当组织专家进行论证审查,经总监理工程师审查同意和签字后,方可组织施工。

9. 安全生产技术交底制度

安全生产技术交底制度是指每项工程实施前,施工单位负责项目管理的技术人员对有关的施工技术要求向施工作业班组、作业人员详细说明并由双方签字确认的制度。

施工前应详细说明的主要内容是:本项目的施工作业特点和危险点;针对危险点的具体预防措施;应注意的安全事项;相应的安全操作规程和标准;发生事故后应及时采取的避难和急救措施等。

10. 消防安全责任制度

消防安全责任制度是指施工单位确定施工现场的消防安全责任人,制定用火、用电、使用易燃易爆材料等各项消防安全管理制度和操作规程,施工现场设置消防通道、消防水源,配备消防设施和灭火器材,并在施工现场入口处设置明显消防标志。

11. 防护用品及设备管理制度

防护用品及设备管理制度是指施工单位采购、租赁的安全防护用具、机械设备、施工机具及配件,应当具有生产(制造)许可证、产品合格证,并在进入现场前进行查验。同时必须做好防护用品和设备的维修、保养、报废和资料档案管理。

12. 起重机械和设备设施验收登记制度

施工单位在工程中使用施工起重机械和整体提升式脚手架、滑模爬模、架桥机等自行式架设设施前,应当组织有关单位进行验收,或者委托具有相应资质的检验检测机构进行验收。使用承租的机械设备和施工机具及配件的,由承租单位、出租单位和安装单位共同进行验收,验收合格方可使用。验收合格后30日之内,应当向当地交通运输主管部门登记。

《特种设备安全监察条例》规定的施工起重机械,在验收前应当经有相应资质的检验检测机构监督检验合格。

13. 三类人员考核任职制度

三类人员是指施工单位的主要负责人、项目负责人和专职安全生产管理人员。施工单位的主要负责人对本单位的安全生产工作全面负责,项目负责人对所承包的项目安全生产工作全面负责,专职安全生产管理人员直接、具体承担本单位日常的安全生产管理工作。三类人员在施工安全方面的知识水平和管理能力直接关系本单位、本项目的安全生产管理水平。从事交通建设工程的三类人员,必须经交通运输主管部门对其安全知识和管理能力考核合格后方可任职。

14. 意外伤害保险、工伤保险制度

施工单位应当为施工现场的人员办理意外伤害保险和工伤保险,保险费应由施工单位支付。实行施工总承包的,由总承包单位支付保险费。这两项保险是施工单位必须办理的,以维护施工现场作业人员的利益。

15. 安全事故应急救援制度

施工单位应当针对本项目工程特点制订生产安全事故应急预案,定期组织演练,并了解、掌握相关应急资源。建立应急救援组织或者配备应急救援人员,配备必需的应急救援器材、设备,并根据建设工程施工的特点、范围,对施工现场易发生重大事故的部位、环节进行监控。

实行施工总承包的,由总承包单位统一组织编制建设工程生产安全事故应急救援预案,工程总承包单位和分包单位按照应急救援预案,各自建立应急救援组织或者配备应急救援人员,配备救援器材、设备,并定期组织演练。

16. 安全事故报告制度

交通建设工程施工单位发生生产安全事故,施工单位应当立即向建设单位、监理单位和事故发生地的公路水运工程安全生产监督部门以及其他安全监督机构报告。按照国家有关伤亡事故报告和调查处理的规定,及时、如实地报告;特种设备发生事故的,还应当同时向特种设备安全监督管理部门报告。实行施工总承包的建设工程,由总施工单位负责上报事故。

17. 工艺、设备、材料的淘汰制度

在交通建设工程的设计、施工中,不得采用国家有关部门公布的淘汰工艺、设备和材料,各项机械、设备应建立相应的资料档案,并按国家有关规定及时报废。对在规定淘汰期限之后仍继续使用淘汰工艺、设备、材料的单位和个人,有关部门将依法责令其停止使用,对屡禁不止的,由司法机关追究其法律责任。

18. 安全生产事故隐患排查治理制度

为了建立安全生产事故隐患排查治理长效机制,强化安全生产主体责任,加强事故隐患监督管理,防止和减少事故,保障人民群众生命财产安全,必须建立健全安全生产事故隐患排查治理制度,逐级建立并落实从主要责任人到每个从业人员的隐患排查治理和监督责任制。

第二节 安全监理相关的法律法规和方针政策

一、安全监理相关的法律法规

工程建设法规体系按其立法权限不同,分为5个层次,分别是:法律、行政法规、部门规章、地方性法规和地方规章。

公路工程安全监理的依据之一是法律法规。在我国公路工程监理是一种强制的制度,与公路工程有关的法律法规赋予了监理安全方面更多的社会责任。

与安全监理相关的主要法律、行政法规、部门规章有：

(1)《中华人民共和国安全生产法》(中华人民共和国主席令第13号)。

(2)《中华人民共和国消防法》(中华人民共和国主席令第29号)。

(3)《中华人民共和国建筑法》(中华人民共和国主席令第29号)。

(4)《中华人民共和国特种设备安全法》(中华人民共和国主席令第4号)。

(5)《中华人民共和国刑法修正案(九)》(中华人民共和国主席令第30号)。

(6)《建设工程安全生产管理条例》(中华人民共和国国务院令第393号)。

(7)《安全生产许可证条例》(中华人民共和国国务院令第653号)。

(8)《生产安全事故报告和调查处理条例》(中华人民共和国国务院令第493号)。

(9)《特种设备安全监察条例》(中华人民共和国国务院令第373号,2009年1月24日根据国务院令第549号修正)。

(10)《公路水运工程安全生产监督管理办法》(交通运输部令2017年第25号)。

(11)《危险性较大的分部分项工程安全管理规定》(住房和城乡建设部令2018年第37号)。

(12)《建筑起重机械安全监督管理规定》(建设部令2008年第166号)。

1.《中华人民共和国安全生产法》

《中华人民共和国安全生产法》于2002年6月29日(中华人民共和国主席令第70号)正式予以颁布,历经2009年和2014年两次修改,现行《中华人民共和国安全生产法》于2014年8月31日(中华人民共和国主席令第13号)正式予以颁布,2014年12月1日实施。

(1)第三条:安全生产工作应当以人为本,坚持安全发展,坚持安全第一、预防为主、综合治理的方针,强化和落实生产经营单位的主体责任,建立生产经营单位负责、职工参与、政府监管、行业自律和社会监督的机制。

(2)第四条:生产经营单位必须遵守本法和其他有关安全生产的法律、法规,加强安全生产管理,建立、健全安全生产责任制和安全生产规章制度,改善安全生产条件,推进安全生产标准化建设,提高安全生产水平,确保安全生产。

(3)第十四条:国家实行生产安全事故责任追究制度,依照本法和有关法律、法规的规定,追究生产安全事故责任人员的法律责任。

(4)第十七条:生产经营单位应当具备本法和有关法律、行政法规和国家标准或者行业标准规定的安全生产条件;不具备安全生产条件的,不得从事生产经营活动。

(5)第二十二条:生产经营单位的安全生产管理机构以及安全生产管理人员履行下列职责:

①组织或者参与拟订本单位安全生产规章制度、操作规程和生产安全事故应急救援预案;

②组织或者参与本单位安全生产教育和培训,如实记录安全生产教育和培训情况;

③督促落实本单位重大危险源的安全管理措施;

④组织或者参与本单位应急救援演练;

⑤检查本单位的安全生产状况,及时排查生产安全事故隐患,提出改进安全生产管理的建议;

⑥制止和纠正违章指挥、强令冒险作业、违反操作规程的行为;

⑦督促落实本单位安全生产整改措施。

(6)第二十五条:生产经营单位应当对从业人员进行安全生产教育和培训,保证从业人员具备必要的安全生产知识,熟悉有关的安全生产规章制度和安全操作规程,掌握本岗位的安全操作技能,了解事故应急处理措施,知悉自身在安全生产方面的权利和义务。未经安全生产教育和培训合格的从业人员,不得上岗作业。

生产经营单位使用被派遣劳动者的,应当将被派遣劳动者纳入本单位从业人员统一管理,对被派遣劳动者进行岗位安全操作规程和安全操作技能的教育和培训。劳务派遣单位应当对被派遣劳动者进行必要的安全生产教育和培训。

生产经营单位接收中等职业学校、高等学校学生实习的,应当对实习学生进行相应的安全生产教育和培训,提供必要的劳动防护用品。学校应当协助生产经营单位对实习学生进行安全生产教育和培训。

生产经营单位应当建立安全生产教育和培训档案,如实记录安全生产教育和培训的时间、内容、参加人员以及考核结果等情况。

(7)第二十七条:生产经营单位的特种作业人员必须按照国家有关规定经专门的安全作业培训,取得相应资格,方可上岗作业。

(8)第四十三条:生产经营单位的安全生产管理人员应当根据本单位的生产经营特点,对安全生产状况进行经常性检查;对检查中发现的安全问题,应当立即处理;不能处理的,应当及时报告本单位有关负责人,有关负责人应当及时处理。检查及处理情况应当如实记录在案。

生产经营单位的安全生产管理人员在检查中发现重大事故隐患,依照前款规定向本单位有关负责人报告,有关负责人不及时处理的,安全生产管理人员可以向主管的负有安全生产监督管理职责的部门报告,接到报告的部门应当依法及时处理。

(9)第四十九条:生产经营单位与从业人员订立的劳动合同,应当载明有关保障从业人员劳动安全、防止职业危害的事项,以及依法为从业人员办理工伤保险的事项。生产经营单位不得以任何形式与从业人员订立协议,免除或者减轻其对从业人员因生产安全事故伤亡依法应承担的责任。

(10)第五十条:生产经营单位的从业人员有权了解其作业场所和工作岗位存在的危险因素、防范措施及事故应急措施,有权对本单位的安全生产工作提出建议。

(11)第五十一条:从业人员有权对本单位安全生产工作中存在的问题提出批评、检举、控告;有权拒绝违章指挥和强令冒险作业。生产经营单位不得因从业人员对本单位安全生产工作提出批评、检举、控告或者拒绝违章指挥、强令冒险作业而降低其工资、福利等待遇或者解除与其订立的劳动合同。

(12)第五十二条:从业人员发现直接危及人身安全的紧急情况时,有权停止作业或者在采取可能的应急措施后撤离作业场所。生产经营单位不得因从业人员在前款紧急情况下停止作业或者采取紧急撤离措施而降低其工资、福利等待遇或者解除与其订立的劳动合同。

(13)第五十三条:因生产安全事故受到损害的从业人员,除依法享有工伤保险外,依照有关民事法律尚有获得赔偿的权利的,有权向本单位提出赔偿要求。

(14)第五十四条:从业人员在作业过程中,应当严格遵守本单位的安全生产规章制度和操作规程,服从管理,正确佩戴和使用劳动防护用品。

(15)第五十五条:从业人员应当接受安全生产教育和培训,掌握本职工作所需的安全生产知识,提高安全生产技能,增强事故预防和应急处理能力。

(16)第五十六条:从业人员发现事故隐患或者其他不安全因素,应当立即向现场安全生产管理人员或者本单位负责人报告;接到报告的人员应当及时予以处理。

(17)第八十条:生产经营单位发生生产安全事故后,事故现场有关人员应当立即报告本单位负责人。单位负责人接到事故报告后,应当迅速采取有效措施,组织抢救,防止事故扩大,减少人员伤亡和财产损失,并按照国家有关规定立即如实报告当地负有安全生产监督管理职责的部门,不得隐瞒不报、谎报或者迟报,不得故意破坏事故现场、毁灭有关证据。

(18)第九十四条:生产经营单位有下列行为之一的,责令限期改正,可以处五万元以下的罚款;逾期未改正的,责令停产停业整顿,并处五万元以上十万元以下的罚款,对其直接负责的主管人员和其他直接责任人员处一万元以上二万元以下的罚款:

①未按照规定设置安全生产管理机构或者配备安全生产管理人员的;

②危险物品的生产、经营、储存单位以及矿山、金属冶炼、建筑施工、道路运输单位的主要负责人和安全生产管理人员未按照规定经考核合格的;

③未按照规定对从业人员、被派遣劳动者、实习学生进行安全生产教育和培训,或者未按照规定如实告知有关的安全生产事项的;

④未如实记录安全生产教育和培训情况的;

⑤未将事故隐患排查治理情况如实记录或者未向从业人员通报的;

⑥未按照规定制定生产安全事故应急救援预案或者未定期组织演练的;

⑦特种作业人员未按照规定经专门的安全作业培训并取得相应资格,上岗作业的。

2.《建设工程安全生产管理条例》

《建设工程安全生产管理条例》于2003年11月12日国务院第28次常务会议通过,国务院令第393号公布,自2004年2月1日起施行。

《建设工程安全生产管理条例》分总则,建设单位的安全责任,勘察、设计、工程监理及其他有关单位的安全责任,施工单位的安全责任,监督管理,生产安全事故的应急救援和调查处理,法律责任和附则,共八章。

该条例中明确工程监理单位应履行建设工程安全生产管理法定职责,是国家推行建设监理制度而赋予工程监理单位的社会责任。

《建设工程安全生产管理条例》中有关监理安全责任的条款如下:

(1)第四条:建设单位、勘察单位、设计单位、施工单位、工程监理单位及其他与建设工程安全生产有关的单位,必须遵守安全生产法律、法规的规定,保证建设工程安全生产,依法承担建设工程安全生产责任。

(2)第十四条:工程监理单位应当审查施工组织设计中的安全技术措施或者专项施工方案是否符合工程建设强制性标准。

工程监理单位在实施监理过程中,发现存在安全事故隐患的,应当要求施工单位整改;情况严重的,应当要求施工单位暂时停止施工,并及时报告建设单位。施工单位拒不整改或者不停止施工的,工程监理单位应当及时向有关主管部门报告。

工程监理单位和监理工程师应当按照法律、法规和工程建设强制性标准实施监理,并对建设工程安全生产承担监理责任。

(3)第二十六条:施工单位应当在施工组织设计中编制安全技术措施和施工现场临时用电方案,对下列达到一定规模的危险性较大的分部分项工程编制专项施工方案,并附具安全验算结果,经施工单位技术负责人、总监理工程师签字后实施,由专职安全生产管理人员进行现场监督:

①基坑支护与降水工程;
②土方开挖工程;
③模板工程;
④起重吊装工程;
⑤脚手架工程;
⑥拆除、爆破工程;
⑦国务院建设行政主管部门或者其他有关部门规定的其他危险性较大的工程。

对前款所列工程中涉及深基坑、地下暗挖工程、高大模板工程的专项施工方案,施工单位还应当组织专家进行论证、审查。

本条第一款规定的达到一定规模的危险性较大工程的标准,由国务院建设行政主管部门会同国务院其他有关部门制定。

(4)第五十七条:违反本条例的规定,工程监理单位有下列行为之一的,责令限期改正;逾期未改正的,责令停业整顿,并处10万元以上30万元以下的罚款;情节严重的,降低资质等级,直至吊销资质证书;造成重大安全事故,构成犯罪的,对直接责任人员,依照刑法有关规定追究刑事责任;造成损失的,依法承担赔偿责任:

①未对施工组织设计中的安全技术措施或者专项施工方案进行审查的;
②发现安全事故隐患未及时要求施工单位整改或者暂时停止施工的;
③施工单位拒不整改或者不停止施工,未及时向有关主管部门报告的;
④未依照法律、法规和工程建设强制性标准实施监理的。

(5)第五十八条:注册执业人员未执行法律、法规和工程建设强制性标准的,责令停止执业3个月以上1年以下;情节严重的,吊销执业资格证书,5年内不予注册;造成重大安全事故的,终身不予注册;构成犯罪的,依照刑法有关规定追究刑事责任。

3.《公路水运工程安全生产监督管理办法》的相关内容

《公路水运工程安全生产监督管理办法》由交通部于2007年2月14日颁布,2017年6月7日交通运输部重新修订发布(中华人民共和国交通运输部令2017年第25号),并于2017年8月1日开始实施。

(1)第二十一条:从业单位应当保证本单位所应具备的安全生产条件必需的资金投入。建设单位在编制工程招标文件及项目概预算时,应当确定保障安全作业环境及安全施工措施所需的安全生产费用,并不得低于国家规定的标准。施工单位在工程投标报价中应当包含安全生产费用并单独计提,不得作为竞争性报价。安全生产费用应当经监理工程师审核签认,并经建设单位同意后,在项目建设成本中据实列支,严禁挪用。

(2)第二十四条:公路水运工程建设应当实施安全生产风险管理,按规定开展设计、施工安全风险评估。设计单位应当依据风险评估结论,对设计方案进行修改完善。施工单位应当依据风险评估结论,对风险等级较高的分部分项工程编制专项施工方案,并附安全验算结果,经施工单位技术负责人签字后报监理工程师批准执行。必要时,施工单位应当组织专家对专项施工方案进行论证、审核。

(3)第三十一条:监理单位应当按照法律、法规、规章、工程建设强制性标准和合同文件进行监理,对工程安全生产承担监理责任。监理单位应当审核施工项目安全生产条件,审查施工组织设计中安全措施和专项施工方案。在实施监理过程中,发现存在安全事故隐患的,应当要求施工单位整改;情节严重的,应当下达工程暂停令,并及时报告建设单位。施工单位拒不整改或者不停止施工的,监理单位应当及时向有关主管部门书面报告,并有权拒绝计量支付审核。监理单位应当如实记录安全事故隐患和整改验收情况,对有关文字、影像资料应当妥善保存。

二、与公路工程安全监理相关的政策

各级交通、建设行政主管部门或有关部门根据实际情况,发布政策性文件,加强对安全监理的监管,并对监理行为进行规范。

与监理相关的主要政策性文件有:

(1)《交通运输部关于印发公路水运工程平安工地建设管理办法的通知》(交安监发〔2018〕43号)。

(2)《交通运输部办公厅关于印发公路水运"品质工程"评价标准(试行)的通知》(交办安监〔2017〕199号)。

(3)《交通运输部办公厅关于开展"坚守公路水运工程质量安全红线"专项行动的通知》(交办安监〔2019〕80号)。

(4)《交通运输部关于印发公路水运建设工程质量安全督查办法的通知》(交安监发〔2016〕86号)。

(5)《关于进一步加强危险性较大的分部分项工程安全管理的通知》(建办质〔2017〕39号)。

(6)《交通运输部关于发布高速公路路堑高边坡工程施工安全风险评估指南(试行)的通知》(交安监发〔2014〕266号)。

(7)《交通运输部关于开展公路桥梁和隧道工程施工安全风险评估试行工作的通知》(交质监发〔2011〕217号)。

(8)《公路水运工程生产安全事故应急预案》(交应急发〔2017〕135号)。

(9)《公路水路行业安全生产风险辨识评估管控基本规范(试行)》(交办安监〔2018〕135号)。

(10)《关于落实建设工程安全生产监理责任的若干意见》《建筑工程项目总监理工程师质量安全责任六项规定(试行)》等。

1.《交通运输部办公厅关于开展"坚守公路水运工程质量安全红线"专项行动的通知》

为有效遏制和防范公路水运工程质量安全生产事故,交通运输部决定在公路水运建设工程领域开展为期三年(2019—2022年)的"坚守公路水运工程质量安全红线"专项行动(以下简称红线行动)。

1)红线问题

(1)安全质量事故。

①发生重大及以上生产安全责任事故;6个月内累计发生2起(含)以上较大生产安全责任事故;6个月内累计发生3起(含)以上一般生产安全责任事故。

②发生因施工质量原因导致的桥梁垮塌、隧道坍塌,或者水运工程垮塌、失去使用功能等事故。

③隐瞒不报、谎报或者迟报生产安全事故。

(2)严重违反安全质量法律法规和强制性标准的行为。

①超过一定规模的危险性较大的工程,未编制专项施工方案;未按经审核的专项施工方案进行施工,导致重大事故隐患的。

②未按规范、设计要求和专项施工方案开展地质灾害监测,深基坑、高边坡变形监测,围堰沉降与位移监测,瓦斯隧道有毒有害气体监测;未按规范、设计要求开展隧道监控量测、超前地质预报;提供虚假监控量测和超前地质预报数据。

③施工单位使用未经检验合格的特种设备;未办理使用登记证;架桥机、缆索吊机、移动模架、液压爬模进场前未查验机械设备证件、性能、状况。

(3)重大安全质量隐患。

①施工现场驻地及场站周边存在不良地质,未开展地质灾害危险性评估;未按评估意见采取有效防护措施。

②墩柱及盖(系)梁施工、跨越式支架搭设、围堰拼装、设备安装等高处作业和水上作业施工未按要求设置作业平台,作业平台未按规定进行设计验算,或超载使用。

③满堂支架未按规范施工,未进行承载力验算;地基或基础承载力不足,或未进行专项验收。

④未按规定运输、存放和使用民用爆炸物品,爆破作业未按规定设置警戒区,或警戒区范围不足。

⑤路堑高边坡工程,未按设计要求逐级开挖逐级防护,未有效开展边坡稳定性监测,未及时设置截、排水设施,靠近交通要道作业时不设置隔离、防护措施。

⑥桥梁悬浇挂篮结构不满足强度、刚度和稳定性要求;混凝土未对称浇筑,两端悬臂荷载不平衡偏差超过设计或规范规定;未按设计要求设置有效锚固;施工荷载超过挂篮设计的允许荷载。

⑦隧道洞口边、仰坡未按设计及时进行加固、防护,未及时施作截、排水系统;隧道开挖安全步距未按经审核的专项施工方案控制;拱架施工锁脚锚杆未按设计实施,拱脚脱空或支垫不牢固;锚杆未按规范和设计要求施工,导致存在重大质量安全隐患;瓦斯隧道未按规定采用防爆电器和设备、煤矿许用炸药和雷管,未按规定实施动火作业管理;瓦斯隧道通风不符合规范和专项施工方案要求;瓦斯隧道瓦斯检测人员未经培训考核合格持证上岗,检测、监测设备设施不齐,监测与预警未有效开展,或监测数据弄虚作假。

⑧水运工程水上和潮湿地带的电缆线不具有防水功能,电缆接头未进行防水处理;在船舶

进出的航行通道、抛锚区和锚缆摆动区架设或布设临时电缆线;沉箱浮运稳定性不足;沉箱、方块、预制梁等大型结构件安装起重机超限运行。

2)处理措施建议

各省级交通运输主管部门发现红线问题,要督促生产经营单位及时整改到位。要注重调查取证,对存在红线问题的责任单位和责任人,视情节轻重,采取以下处理措施。

(1)依据《中华人民共和国安全生产法》第九十四条、第九十六条至第一百零二条、第一百零五条、第一百零八条、第一百一十一条等规定及相关法律法规规章,对存在红线问题且属违法行为的,追究生产经营单位法律责任,给予罚款、责令停产停业等行政处罚。

(2)依据《中华人民共和国安全生产法》第九十条至九十一条、第九十三条至第一百零六条等规定及相关法律法规规章,对存在红线问题且属违法行为的,追究生产经营单位主要负责人、个人经营的投资人、直接负责的主管人员、安全生产管理人员、从业人员法律责任,给予罚款、暂停或撤销安全生产有关资格、撤职、行业禁入等处理措施。

(3)依据《中华人民共和国安全生产法》第七十五条,负有安全生产直接监管责任的交通运输主管部门,应如实记录违法行为信息,情节严重的应及时向社会公开。

(4)依据信用管理有关规定,对存在红线问题的企业和个人及时进行信用记录,通过"信用交通"网站向社会提供公示查询服务,实施分级分类精准监管。

(5)建议有关部门 2 年内不得授予有关责任单位和个人荣誉奖项。

(6)视企业安全生产条件降低情况、事故发生情况,建议有关部门依法暂扣施工企业安全生产许可证。

2.《危险性较大的分部分项工程安全管理规定》

《危险性较大的分部分项工程安全管理规定》已经 2018 年 2 月 12 日第 37 次部常务会议审议通过,以中华人民共和国住房和城乡建设部令 2018 第 37 号正式发布,自 2018 年 6 月 1 日起施行。

(1)第十条:施工单位应当在危大工程施工前组织工程技术人员编制专项施工方案。

实行施工总承包的,专项施工方案应当由施工总承包单位组织编制。危大工程实行分包的,专项施工方案可以由相关专业分包单位组织编制。

(2)第十一条:专项施工方案应当由施工单位技术负责人审核签字、加盖单位公章,并由总监理工程师审查签字、加盖执业印章后方可实施。

危大工程实行分包并由分包单位编制专项施工方案的,专项施工方案应当由总承包单位技术负责人及分包单位技术负责人共同审核签字并加盖单位公章。

(3)第十二条:对于超过一定规模的危大工程,施工单位应当组织召开专家论证会对专项施工方案进行论证。实行施工总承包的,由施工总承包单位组织召开专家论证会。专家论证前专项施工方案应当通过施工单位审核和总监理工程师审查。

专家应当从地方人民政府住房城乡建设主管部门建立的专家库中选取,符合专业要求且人数不得少于 5 名。与本工程有利害关系的人员不得以专家身份参加专家论证会。

(4)第十三条:专家论证会后,应当形成论证报告,对专项施工方案提出通过、修改后通过或者不通过的一致意见。专家对论证报告负责并签字确认。

专项施工方案经论证需修改后通过的,施工单位应当根据论证报告修改完善后,重新履行本规定第十一条的程序。

专项施工方案经论证不通过的,施工单位修改后应当按照本规定的要求重新组织专家论证。

(5)第十八条:监理单位应当结合危大工程专项施工方案编制监理实施细则,并对危大工程施工实施专项巡视检查。

(6)第十九条:监理单位发现施工单位未按照专项施工方案施工的,应当要求其进行整改;情节严重的,应当要求其暂停施工,并及时报告建设单位。施工单位拒不整改或者不停止施工的,监理单位应当及时报告建设单位和工程所在地住房城乡建设主管部门。

(7)第二十一条:对于按照规定需要验收的危大工程,施工单位、监理单位应当组织相关人员进行验收。验收合格的,经施工单位项目技术负责人及总监理工程师签字确认后,方可进入下一道工序。

危大工程验收合格后,施工单位应当在施工现场明显位置设置验收标识牌,公示验收时间及责任人员。

(8)第二十二条:危大工程发生险情或者事故时,施工单位应当立即采取应急处置措施,并报告工程所在地住房城乡建设主管部门。建设、勘察、设计、监理等单位应当配合施工单位开展应急抢险工作。

(9)第二十三条:危大工程应急抢险结束后,建设单位应当组织勘察、设计、施工、监理等单位制定工程恢复方案,并对应急抢险工作进行后评估。

(10)第二十四条:施工、监理单位应当建立危大工程安全管理档案。

施工单位应当将专项施工方案及审核、专家论证、交底、现场检查、验收及整改等相关资料纳入档案管理。

监理单位应当将监理实施细则、专项施工方案审查、专项巡视检查、验收及整改等相关资料纳入档案管理。

(11)第三十六条:监理单位有下列行为之一的,依照《中华人民共和国安全生产法》《建设工程安全生产管理条例》对单位进行处罚;对直接负责的主管人员和其他直接责任人员处1000元以上5000元以下的罚款:

①总监理工程师未按照本规定审查危大工程专项施工方案的;

②发现施工单位未按照专项施工方案实施,未要求其整改或者停工的;

③施工单位拒不整改或者不停止施工时,未向建设单位和工程所在地住房城乡建设主管部门报告的。

(12)第三十七条:监理单位有下列行为之一的,责令限期改正,并处1万元以上3万元以下的罚款;对直接负责的主管人员和其他直接责任人员处1000元以上5000元以下的罚款:

①未按照本规定编制监理实施细则的;

②未对危大工程施工实施专项巡视检查的;

③未按照本规定参与组织危大工程验收的;

④未按照本规定建立危大工程安全管理档案的。

3.《建筑工程高大模板支撑系统施工安全监督导则》

为进一步规范和加强对建设工程高大模板支撑系统施工安全的监督管理,积极预防和控制建筑安全生产事故,依据《建设工程安全生产管理条例》及相关安全生产法律法规、标准规范,2009年10月26日住房和城乡建设部发布了《建筑工程高大模板支撑系统施工安全监督导则》(建质〔2009〕254号)。该导则分总则、方案管理、验收管理、施工管理、监督管理和附则。其中,与监理有关的内容有:

(1)2.2.4:施工单位根据专家组的论证报告,对专项施工方案进行修改完善,并经施工单位技术负责人、项目总监理工程师、建设单位项目负责人批准签字后,方可组织实施。

(2)2.2.5:监理单位应编制安全监理实施细则,明确对高大模板支撑系统的重点审核内容、检查方法和频率要求。

(3)3.2.2:对承重杆件的外观抽检数量不得低于搭设用量的30%,发现质量不符合标准、情况严重的,要进行100%的检验,并随机抽取外观检验不合格的材料(由监理见证取样)送法定专业检测机构进行检测。

(4)3.3:高大模板支撑系统应在搭设完成后,由项目负责人组织验收,验收人员应包括施工单位和项目两级技术人员、项目安全、质量、施工人员,监理单位的总监和专业监理工程师。验收合格,经施工单位项目技术负责人及项目总监理工程师签字后,方可进入后续工序的施工。

(5)5.2:监理单位对高大模板支撑系统的搭设、拆除及混凝土浇筑实施巡视检查,发现安全隐患应责令整改,对施工单位拒不整改或拒不停止施工的,应当及时向建设单位报告。

4.《建筑工程五方责任主体项目负责人质量终身责任追究暂行办法》

为贯彻《建设工程质量管理条例》,强化工程质量终身责任落实,2014年8月25日住房和城乡建设部发布了《建筑工程五方责任主体项目负责人质量终身责任追究暂行办法》(建质〔2014〕124号)。该暂行办法明确了建设单位项目负责人、勘察单位项目负责人、设计单位项目负责人、施工单位项目经理、监理单位总监理工程师为建筑工程五方责任主体,并明确了质量终身责任的具体情形和责任追究。其中,和监理有关的条款有:

(1)第六条:符合下列情形之一的,县级以上地方人民政府住房城乡建设主管部门应当依法追究项目负责人的质量终身责任:

①发生工程质量事故;

②发生投诉、举报、群体性事件、媒体报道并造成恶劣社会影响的严重工程质量问题;

③由于勘察、设计或施工原因造成尚在设计使用年限内的建筑工程不能正常使用;

④存在其他需追究责任的违法违规行为。

(2)第十四条:发生本办法第六条所列情形之一的,对监理单位总监理工程师按以下方式进行责任追究:

①责令停止注册监理工程师执业1年;造成重大质量事故的,吊销执业资格证书,5年以内不予注册;情节特别恶劣的,终身不予注册;

②构成犯罪的,移送司法机关依法追究刑事责任;

③处单位罚款数额5%以上10%以下的罚款;

④向社会公布曝光。

5.《建筑工程项目总监理工程师质量安全责任六项规定(试行)》

建筑工程项目总监理工程师(以下简称项目总监)是指经工程监理单位法定代表人授权,代表工程监理单位主持建筑工程项目的全面监理工作并对其承担终身责任的人员。建筑工程项目开工前,监理单位法定代表人应当签署授权书,明确项目总监。项目总监应当严格执行以下规定并承担相应责任:

(1)项目监理工作实行项目总监负责制。项目总监应当按规定取得注册执业资格;不得违反规定受聘于两个及以上单位从事执业活动。

(2)项目总监应当在岗履职。应当组织审查施工单位提交的施工组织设计中的安全技术措施或者专项施工方案,并监督施工单位按已批准的施工组织设计中的安全技术措施或者专项施工方案组织施工;应当组织审查施工单位报审的分包单位资格,督促施工单位落实劳务人员持证上岗制度;发现施工单位存在转包和违法分包的,应当及时向建设单位和有关主管部门报告。

(3)工程监理单位应当选派具备相应资格的监理人员进驻项目现场,项目总监应当组织项目监理人员采取旁站、巡视和平行检验等形式实施工程监理,按照规定对施工单位报审的建筑材料、建筑构配件和设备进行检查,不得将不合格的建筑材料、建筑构配件和设备按合格签字。

(4)项目总监发现施工单位未按照设计文件施工、违反工程建设强制性标准施工或者发生质量事故的,应当按照建设工程监理规范规定及时签发工程暂停令。

(5)在实施监理过程中,发现存在安全事故隐患的,项目总监应当要求施工单位整改;情况严重的,应当要求施工单位暂时停止施工,并及时报告建设单位;施工单位拒不整改或者不停止施工的,项目总监应当及时向有关主管部门报告,主管部门接到项目总监报告后,应当及时处理。

(6)项目总监应当审查施工单位的竣工申请,并参加建设单位组织的工程竣工验收,不得将不合格工程按照合格签认。

项目总监责任的落实不免除工程监理单位和其他监理人员按照法律法规和监理合同应当承担和履行的相应责任。

各级住房城乡建设主管部门应当加强对项目总监履职情况的监督检查,发现存在违反上述规定的,依照相关法律法规和规章实施行政处罚或处理。应当建立健全监理企业和项目总监的信用档案,将其违法违规行为及处罚处理结果记入信用档案,并在建筑市场监管与诚信信息发布平台上公布。

第三节 安全生产责任体系

《建设工程安全生产管理条例》对建设工程参与各方及相关方的安全责任有明确规定。政府是安全生产的监管主体,企业是安全生产的责任主体。安全生产工作必须建立、落实政府行政首长负责制和企业法定代表人负责制。两个主体、两个负责制相辅相成,共同构成我国安全生产工作基本责任制度。

根据《公路水运工程安全生产监督办法》规定,从业单位应当建立健全安全生产责任制,明确各岗位的责任人员、责任范围和考核标准等内容。从业单位应当建立相应的机制,加强对安全生产责任制落实情况的监督考核。

一、一般规定

(1)责任制是安全生产的核心、是改进安全状况的根据途径、基本方法和工作平台。工程参建单位应按照"安全第一,预防为主,综合治理"的方针和"建设单位主导、监理机构督促、施工单位负责"的原则,构建工程项目安全生产责任体系。责任体系主要包括但不局限于:项目安全生产目标、组织管理机构、安全生产条件、安全生产责任及安全生产管理制度等重点内容。

(2)安全生产管理必须坚持"管生产必须管安全""谁主管谁负责"的原则,坚持全员参与、全面覆盖和全过程管理的原则。

(3)工程项目应成立由项目建设单位牵头,勘察设计、施工、监理等单位项目负责人共同参与的项目安全生产领导小组(或项目安全生产委员会),负责规范、指导、协调工程参建单位的安全生产行为。

(4)工程参建单位应建立内部安全生产责任体系,依法设计安全生产组织管理机构,完善安全生产管理制度,明确安全生产条件,确定安全考核指标,开展安全检查和隐患排查工作,落实安全生产责任。

(5)安全生产责任制是安全生产责任体系的重要载体。建设单位应与勘察设计、施工、监理等单位每年签订一次安全生产责任书。

(6)工程参建单位应落实"一岗双责"要求,细化各岗位职责,按年度层层签订安全生产责任书,并定期组织考核。

(7)在施工过程中,当责任人发生变更时,应重新签订安全生产责任书。

二、安全生产目标

安全生产目标应以"减少危害,预防事故,尽量避免生产过程中的人身伤害、财产损失、环境污染等"为准则设定。

安全生产目标应通过设立相应的考核指标,强化落实。

1. 安全生产考核指标

(1)项目安全生产领导小组应确定安全生产总目标,工程参建单位应根据安全生产总目标分解为分项目标,制订各自的安全生产考核指标。

(2)安全生产考核指标包括以下几类:

①管理类。安全生产总目标、安全生产管理人员到位率、培训教育覆盖率、设备完好率等。

②事故类。事故起数、重伤人数、死亡人数、设备事故率、经济损失等。

③隐患类。重大事故隐患整改率。

2. 安全生产目标实施

为确保安全生产目标达到预期效果,一般从以下几个方面组织实施。

(1)制订实施计划,分解总目标。依据工程项目安全生产总目标,结合社会形势、施工环境、气候变化和工程进展等情况,提出年度、季度、月度分项目标和考核指标,并分解到各参建单位、各类管理人员和作业队、班组,制订相对应的安全生产管理措施,认真组织实施;

(2)落实主体责任,分级考核控制。安全生产总目标的实现,主要依靠各级目标责任者根据设定的考核指标自我控制来完成。在实施安全生产总目标保证措施计划的过程中,积极发挥参建单位的主体作用,落实自我管理、自我控制的分级考核措施。

(3)组织考评验收,管理缺陷整改。在安全生产总目标管理过程中,应对分项目标的实施情况加强检查、考核与评价,并提出下一阶段的分项目标及措施。结合工程进展情况,对分项目标措施的实施情况,每个月检查验收一次,利用安全工作例会讲评一次;每个季度考评一次,以通报形式排出名次,分出优劣;结合半年和年度工作总结讲评一次。每次检查、考核、验收和讲评,应紧紧围绕有关薄弱环节,利用通报或隐患整改指令的方式,按照"三定一落实"(定人、定时、定措施,落实整改)的原则组织缺陷整改。做到认真考核,严格验收,整改到位。

(4)兑现目标奖惩,推动循环活动。在实施安全生产总目标管理过程中,将各级领导,各个部门、各类人员的安全生产考核指标成果与经济利益挂钩。按照考评情况兑现奖惩。通过目标分解、检查考评、缺陷整改、兑现奖惩,实现安全生产总目标管理向前滚动发展。

三、项目安全生产领导小组

(1)项目安全生产领导小组组长由建设单位项目负责人担任,副组长由建设单位主管安全的项目负责人、监理机构总监理工程师等担任,勘察设计、施工、监理等单位项目负责人为小组成员。领导小组办公室一般设在建设单位安全管理部门,安全管理部门负责人为领导小组办公室主任。

(2)项目安全生产领导小组应贯彻落实国家、行业有关安全生产方针政策、法律法规和技术标准,制订安全生产指标和安全工作计划,落实项目安全生产条件,规范施工安全管理程序,开展安全检查评价,定期组织应急演练,督促落实企业安全生产责任。

四、建设单位安全责任体系

1. 组织管理机构

工程项目建设单位内部安全生产领导小组,组长由建设单位项目负责人担任,副组长由建设单位分管安全项目负责人、总工程师担任,成员由各部门负责人组成。安全生产领导小组下设办公室,主任由安全管理部门负责人兼任。

2. 安全生产管理制度

建设单位安全生产管理制度是安全生产工作的行为准则,制度应明确项目安全生产各阶段管理的内容、程序与职责分工等,包括但不局限于表1-1所列出的各项制度,一般以汇编形式印发。

建设单位主要安全生产管理制度一览表　　表1-1

类　别	序　号	制　度　名　称
项目管理	1	安全生产会议制度
	2	安全生产责任考核制度
	3	安全生产专项费用管理制度
	4	安全生产检查评价制度

续上表

类　别	序　号	制　度　名　称
项目管理	5	安全事故隐患排查治理制度
	6	施工安全风险评估管理制度
	7	生产安全事故报告制度
	8	危险性较大分部分项工程安全管理制度
	9	"平安工地"考核评价制度
	10	安全生产奖惩制度
	11	安全生产应急管理制度
内部管理	1	安全生产责任制及考核制度
	2	安全生产教育培训制度

3．安全生产责任

(1)建设单位对工程项目安全生产负总责,应加强工程项目各阶段安全工作的综合协调管理,按照合同约定督促工程参建单位落实安全生产责任,按照每半年一次做好"平安工地"考核评价工作。

(2)应向施工单位提供施工现场及毗邻区域内供水、供电、供气、供热、通信、广播电视等地下管线资料,气象和水文观测资料,相邻建筑物和构筑物、地下工程的有关资料,并保证资料的真实、准确、完整。

(3)不得对勘察设计、施工、监理等单位提出不符合建设工程安全生产法律、法规和强制性标准规定的要求,不得压缩合同约定的工期。

(4)在编制工程预算时,应确定建设工程安全作业环境及安全施工措施所需费用。

(5)不得明示或暗示施工单位购买、租赁、使用不符合安全事故要求的安全防护用具、机械设备、施工机具及配件、消防设施和器材。

(6)在办理施工许可或申领施工许可证时,应提供工程项目有关安全施工措施的资料。

(7)应依法将工程项目发包给具有相应资质等级的单位。建设单位与勘察设计、施工、监理、检测、监测等单位签订的合同中,应明确双方安全生产责任。

建设单位应与勘察、设计、施工、监理、检测、监测等单位签订安全生产责任书;应根据内部各岗位职责签订项目经理(指挥长)、项目副经理(副指挥长)、项目总工程师、项目各部门部长(处长)、项目各部门工作人员安全生产责任书。

五、监理机构安全生产责任体系

1．组织管理机构

工程项目监理机构要成立安全监理领导小组(安全监理组织机构),并报建设单位备案;要将监理机构的安全监理管理小组与建设单位建立的安全生产组织机构有机对接,使其有效运行。总监要与施工项目安全监理人员签订安全责任书。总监办按要求填写"安全生产责任登记表"按时报建设单位、质量监督管理机构。

2. 安全生产监理规章制度

监理机构安全生产管理制度是安全生产工作的行为准则,制度应明确项目安全生产各阶段管理的内容、程序与职责分工等,包括但不局限于表1-2所列出的各项制度,一般以汇编形式印发。

监理单位主要安全生产管理制度一览表　　　表1-2

类　别	序　号	制　度　名　称
项目管理	1	施工安全技术措施审查制度
	2	专项施工方案审查制度
	3	安全事故隐患督促整改制度
	4	重大安全隐患报告制度
	5	按照强制性标准实施监理制度
	6	安全生产条件审查制度
	7	安全生产检查与评价制度
	8	安全生产会议制度
	9	安全生产专项费用审查制度
	10	安全生产应急管理制度
	11	特种设备复核制度
	12	"平安工地"考核评价制度
	13	生产安全事故报告制度
	14	危险性较大工程安全监理制度
	15	夜间施工安全检查制度
内部管理	1	安全生产责任制及考核制度
	2	监理人员安全生产培训教育制度
	3	"一岗双责"岗位责任制度
	4	职业健康管理制度
	5	交通安全管理制度
	6	驻地安全管理制度
	7	安全档案管理制度
	8	安全生产信息报送制度
	9	试验仪器设备安全操作规程
	10	安全监理交底制度

3. 安全生产责任

(1)监理机构和监理人员应按照法律法规、规章和标准实施监理,并对工程项目安全生产承担监理责任。

(2)监理机构应审查施工项目安全生产条件,审查施工组织设计中的安全技术措施和专项施工方案(是否符合工程建设强制性标准)。

(3)监理机构在实施监理过程中,发现存在安全事故隐患的,应当要求施工单位整改;情节严重的,应当下达工程暂停令要求施工单位暂时停止施工,并及时报告建设单位。施工单位拒不整改或者不停止施工的,监理机构应当及时向有关主管部门书面报告,并有权拒绝计量支付审核。

(4)监理单位应当如实记录安全事故隐患和整改验收情况,对有关文字、影像资料应当妥善保存。

4. 安全生产监理岗位职责

1)总监及总监办岗位职责

(1)负责组织实施安全监理工作,承担安全监理责任,组织"平安工地"考核。

(2)负责建立健全安全管理组织机构,组织制定并批准安全监理岗位职责及各项管理制度。

(3)主持编制安全监理计划。

(4)主持审查施工组织设计中的安全技术措施、危险性较大工程专项施工方案和应急预案。

(5)主持检查施工单位各项安全管理制度的制定情况,以及施工单位的资质证书和安全生产许可证符合性。

(6)组织检查施工单位的安全管理人员、特种作业人员资质,以及特种设备投入使用前的验收手续。

(7)组织安全检查,发现存在安全隐患时,要求施工单位及时整改。

(8)对存在严重隐患的施工单位签发工程停工令,并立即报告建设单位和政府监督部门。

(9)配合政府监督部门对本项目的安全检查及事故调查处理。

(10)制订监理机构的人员、设施的安全措施并组织落实。

2)驻地监理工程师及驻地办岗位职责

(1)负责驻地办安全监理工作,落实安全监理各项管理制度。

(2)编制并组织实施安全监理实施细则。

(3)审查施工组织设计中的安全技术措施、危险性较大工程专项施工方案和应急预案。

(4)检查施工单位安全生产责任制、各项安全管理制度制定和执行情况。

(5)审查施工单位安全管理人员、特种作业人员资质以及特种设备使用前的验收手续。

(6)落实安全检查,发现安全隐患要求施工单位立即整改。存在严重安全隐患的立即要求施工单位暂停施工,并及时报告总监办。

(7)定期组织召开安全例会。

(8)负责驻地办监理人员、设施的安全管理。

3)安全监理工程师岗位职责

(1)落实安全监理各项管理制度,严格执行安全监理实施细则。

(2)检查施工单位安全生产组织机构、安全保证体系是否建立健全,以及安全保证体系运转情况。检查施工单位安全生产责任制的制定和落实情况。

(3)初步审查施工组织设计中的安全技术措施、危险性较大工程专项施工方案和应急预案。

(4)检查施工单位资质证书、安全生产许可证,以及安全管理人员、特种作业人员持证情况;检查施工单位从业人员安全教育与培训情况。

(5)检查施工单位"一校、一志、一会"开展情况,每月在每个监理合同段可以参加一次班前会、安全技术交底、危险告知会。

(6)对施工现场进行安全巡查,重点检查安全防护、临时用电、特种设备、危化品等,排查安全隐患,对发现的安全隐患,要求施工单位整改,情况严重的必须立即暂停工并及时上报。

(7)检查督促施工单位安全技术措施有效落实,对危险性较大的工程实行全过程旁站。

(8)检查安全管理人员配备,审核施工单位安全生产费用的计量。

(9)检查督促施工单位安全资料整理归档;认真做好安全监理资料整理归档。

(10)检查监理机构的人员、设施的安全措施的落实情况,并及时提示监理人员提高安全意识、自觉落实安全措施,保证监理安全;按时向总监或驻地监理工程师报告监理人员、设施的安全情况。

4)专业监理工程师岗位职责

(1)在总监理工程师(或驻地监理工程师)领导下,参与本监理机构的施工安全监理工作。

(2)参与编制施工安全监理计划或安全监理实施细则;负责编制本专业相关专项监理细则,并向相关监理人员交底。

(3)审查施工组织设计中相关专业的安全技术措施、(专项)施工方案及主要工艺、应急预案。

(4)负责本专业专项施工方案实施情况的定期巡视检查,发现事故隐患及时要求整改,情况严重的应及时报告总监理工程师(或驻地监理工程师)签发停工令。

(5)参与监理机构、建设单位组织的与本专业相关的施工安全检查活动。

(6)参与总监理工程师主持召开的第一次工地会议、监理交底会和驻地监理工程师主持召开的工地例会,根据工程需要主持召开安全专题会议。

(7)编写和提供与本职责有关的施工安全监理资料。

5)监理员岗位职责

(1)根据项目监理机构岗位职责安排,参与相关的施工安全监理工作。接受安全监理工程师和专业监理工程师的指导和交底。

(2)巡视、旁站检查施工现场安全生产状况,参与专项施工方案实施情况的定期检查,发现问题及时报告专业监理工程师或安全监理工程师。

(3)填写巡视、旁站检查记录,参与填写安全监理台账和监理日志中的施工安全监理记录。

六、施工单位安全生产责任体系管理

1. 组织管理机构

工程项目施工单位要成立安全生产领导小组,组长由项目经理担任,副组长由安全总监、副经理、总工程师担任,成员由各部门负责人,以及分包单位负责人组成。安全生产领导小组下设办公室,主任由安全管理部门负责人兼任。

2. 安全生产责任

1）施工单位安全生产责任

（1）施工单位是安全生产责任主体，主要负责人依法对本单位安全生产工作全面负责。项目负责人应由取得相应职业资格证书的人员担任，经授权对相应的工程项目施工安全生产负责。

（2）工程项目实行施工总承包的，总承包单位对施工现场安全生产负总责。总承包单位依法将建设工程分包给其他单位的，应在分包合同中明确各自的安全生产的权利义务，总承包单位和分包单位对分包工程的安全生产承担连带责任。

（3）列入工程概算的安全作业环境及安全事故措施所需费用，应用于施工安全防护用具及设施的采购和更新，安全事故措施的落实，安全生产条件的改善。安全施工措施费用应单列，专款专用，不得拿作他用。

（4）施工组织设计应明确安全技术措施，危险性较大的分部分项工程还应编制专项施工方案，并附安全验算结果。经施工单位技术负责人、总监理工程师签字后实施，超过一定规模的危险性较大的分部分项工程，施工单位应组织专家对专项施工方案进行论证、评审。施工单位应按规定制订临时用电组织设计方案。

（5）施工单位应将施工现场的办公、生活区与作业区分开设置，并保持安全距离；现场临时搭建的建筑物应符合安全使用要求，使用装配式活动房屋应具有产品合格证；施工单位不得在尚未竣工的建筑物内设置员工集体宿舍。职工的膳食、饮水、休息场所等应符合卫生标准。

（6）施工单位应在施工现场出入口、沿线各交叉口、施工起重机械所在处、拌和场、临时用电设施所在处、爆破物及有害危险气体和液体存放处，以及孔洞口、隧道口、基坑边沿、脚手架边沿、码头边沿、桥梁边沿等危险部位，设置明显的符合国家标准的安全警示标志或者必要的安全防护设施。

（7）施工单位应建立健全消防安全责任制度，确定消防安全责任人，制定用火、用电、使用易燃易爆材料等各项消防管理制度和操作规程，设置消防通道，配备相应的消防设施和灭火器材，并在施工现场入口处设置明显标志。

（8）工程施工期，施工单位应将有关施工安全技术要求分三级向施工项目部各职能部门、施工作业班组、一线作业人员进行安全技术交底。向作业人员书面告知危险岗位的操作规程和应急措施，并由双方签字确认。

（9）施工单位应定期开展安全检查评价和隐患治理工作，消除安全事故隐患。专职安全员应按规定每日巡视施工现场安全生产，并做好检查记录，发现安全事故隐患时，应及时向项目安全管理机构负责人报告；对违章指挥、违章操作的，应立即制止；一时难以消除的事故隐患，施工单位应制订治理方案，明确治理的措施、时限、资金、验收和责任人等安全内容。

（10）施工单位应根据不同施工阶段、周围环境及季节、气候的变化，在施工现场采取相应的安全事故预防措施。施工现场暂时停止施工的，应做好现场防护，所需费用由责任方承担，或按合同约定执行。

（11）施工单位对因工程施工可能造成损害的邻近建筑物、构筑物和地下管线等，应进行安全风险论证并采取专项保护措施。

（12）施工现场的安全防护用具、机械设备、施工机具及配件必须由专人管理，定期进行检查、维修和保养,建立相应的资料档案。采购、租赁的安全防护用具、机械设备、施工机具及配件,应具有生产(制造)许可证、产品合格证,在进入施工现场前进行查验。

(13)安装、拆卸施工起重机械,整体提升脚手架、模板等自升式架设设施,必须由具有相应资质的单位承担。使用前,应组织有关单位进行验收,也可以委托具有相应资质的检验检测机构进行验收(并出具相关验收合格证明文件);使用承租的机械设备、施工机具及配件的,应由施工总承包单位、分包单位、出租单位和安装单位共同进行验收,验收合格的方可使用;使用其中机械等特种设备,在验收前应尽有相应资质的检验检测机构监督检验合格。

(14)施工单位在签订的施工机械租赁合同中,应明确租赁双方的安全责任,要求租赁单位提供起重机械等特种设备制造许可证、产品合格证、制造监督检验证明、备案证明和自检合格证明,提供安装持有说明书。

(15)施工单位不得租用有下列情形之一的施工机械:
①属国家明令淘汰或者禁止使用的;
②超过安全技术标准或者制造厂家规定使用年限的;
③经检验达不到安全技术标准规定的;
④没有完整安全技术档案的;
⑤没有齐全有效安全保护装置的。

(16)作业人员应遵守安全事故的规章制度、强制性标准和操作规程,正确使用安全防护用具、机械设备。有权对施工现场的作业调整、作业程序和作业方式中存在的安全问题提出批评、检举和控告,有权拒绝违章指挥和强令冒险作业。发生危及人身安全的紧急情况时,有权立即停止作业或者在采取必要的应急措施后撤离危险区域。

(17)施工单位应建立安全培训教育制度,对管理人员和作业人员每年至少进行两次安全生产教育培训,作业人员进入新的岗位、新的施工现场前或在采用新技术、新工艺、新设备、新材料时,应接受安全生产教育培训。未经教育培训或者教育培训考核不合格的人员,不得上岗作业。

(18)施工单位应针对本工程项目特点制订生产安全事故应急预案,定期组织演练。发生事故时,施工单位应理解采取措施减少人员伤亡和事故损失,启动应急预案,并按有关规定及时、如实地向建设单位、监理单位和事故发生地的公路安全生产监督管理部门以及地方安全监督部门报告。

2)分包单位安全生产责任

(1)分包单位必须具有相应的资质,并在其资质等级许可的范围内承揽施工业务。严禁个人承揽分包工程业务。

(2)分包单位应与总承包单位就所承建的工程签订安全分包合同,约定双方权利义务。

(3)分包单位应服从总承包单位的安全生产管理,遵守总承包单位的安全生产管理制度,分包单位不服从管理导致生产安全事故的,由分包单位承担主要责任。

(4)禁止分包单位将其承包的工程再分包。

3.施工单位的安全生产规章制度

施工单位安全生产管理制度是安全生产工作的行为准则,制度应明确项目安全生产各阶段管理的内容、程序与职责分工等,包括但不局限于表1-3所列出的各项制度,一般以汇编形式印发。

施工单位主要安全生产管理制度一览表　　　　　　　　　　表 1-3

序　号	施工单位安全生产制度名称	序　号	施工单位安全生产制度名称
1	安全生产责任制及考核制度	13	安全生产事故隐患排查治理制度
2	安全生产会议制度	14	专项施工方案审查制度
3	安全生产检查评价制度	15	安全生产技术交底制度
4	安全培训教育制度	16	危险品安全管理制度
5	特种作业人员管理制度	17	"平安工地"考核评价制度
6	安全生产专项经费使用制度	18	施工安全风险评估制度
7	施工现场消防安全责任制度	19	安全生产奖罚制度
8	分包单位安全管理考评制度	20	施工单位项目部主要负责人带班制度
9	劳动保护用品配备及管理制度	21	施工作业操作规程
10	施工设备安全管理制度	22	夜间施工安全申报制度
11	安全生产应急管理制度	23	其他保障安全生产和职业健康规章制度
12	安全生产事故调查处理和报告制度		

七、其他有关单位安全生产责任

其他有关单位应建立完善本单位安全生产的各项规章制度和技术标准，特别要建立健全危险性较大的施工工艺、工序的安全生产规章制度。各单位要健全安全生产管理机构，配备专职安全生产管理人员，对重点或关键岗位要落实安全责任负责人。

1. 勘察设计单位的安全责任

（1）勘察单位应当按照法律、法规和工程建设强制性标准进行勘察，重视地质环境对安全的影响，提交的勘察文件应当真实、准确，满足公路水运工程安全生产的需要。

（2）在勘察作业时，应当严格执行操作规程，采取措施保证各类管线、设施和周边建筑物、构筑物的安全，要健全安全生产管理机构，配备专职安全生产管理人员，对重点或关键岗位要落实安全责任负责人，要对安全生产规章制度和技术标准执行情况进行定期检查，发现问题及时纠正，把安全生产责任制落到实处，保护作业人员的安全。

（3）设计单位应当按照法律、法规和工程建设强制性标准进行设计，应当考虑施工安全操作和防护的需要，对涉及施工安全的重点部位和环节在设计文件中注明，并对防范生产安全事故提出指导意见，防止因设计不合理导致安全生产隐患或者安全生产事故的发生。

（4）设计单位应当对采用新结构、新材料、新设备、新工艺的建设工程和特殊结构的建设工程，在设计中提出保障施工作业人员安全和预防生产安全事故的措施建议。

2. 提供机械设备和配件的单位的安全责任

为建设工程提供机械设备和配件的单位，应当按照安全施工的要求配备齐全有效的保险、限位等安全设施和装置。

3.出租单位的安全责任

出租的机械设备和施工机具及配件,应当具有生产(制造)许可证、产品合格证。出租单位应当对出租的机械设备和施工机具及配件的安全性能进行检测,在签订租赁协议时,应当出具检测合格证明。禁止出租检测不合格的机械设备和施工机具及配件。

4.拆装单位的安全责任

在施工现场安装、拆卸施工起重机械和整体提升脚手架、模板等自升式架设设施,必须由具有相应资质的单位承担;安装、拆卸施工起重机械和整体提升脚手架、模板等自升式架设设施,应当编制拆装方案、制订安全施工措施,并由专业技术人员现场监督;安装完毕后,安装单位应当自检,出具自检合格证明,并向施工单位进行安全使用说明,办理验收手续并签字。

5.检验检测单位的安全责任

检验检测机构对检测合格的施工起重机械和整体提升脚手架、模板等自升式架设设施,应当出具安全合格证明文件,并对检测结果负责。

6.来访人员

施工现场可能涉及各种检查、监督、参观、访问。无论哪一类人员,一旦进入施工现场必须遵守现场的安全管理规定,任何单位和个人不能搞特殊化。

八、违反安全生产责任的处理

1.《中华人民共和国安全生产法》相关条款规定

(1)第九十一条:生产经营单位的主要负责人未履行本法规定的安全生产管理职责的,责令限期改正;逾期未改正的,处二万元以上五万元以下的罚款,责令生产经营单位停产停业整顿。

生产经营单位的主要负责人有前款违法行为,导致发生生产安全事故的,给予撤职处分;构成犯罪的,依照刑法有关规定追究刑事责任。

生产经营单位的主要负责人依照前款规定受刑事处罚或者撤职处分的,自刑罚执行完毕或者受处分之日起,五年内不得担任任何生产经营单位的主要负责人;对重大、特别重大生产安全事故负有责任的,终身不得担任本行业生产经营单位的主要负责人。

(2)第九十二条:生产经营单位的主要负责人未履行本法规定的安全生产管理职责,导致发生生产安全事故的,由安全生产监督管理部门依照下列规定处以罚款。

①发生一般事故的,处上一年年收入百分之三十的罚款;

②发生较大事故的,处上一年年收入百分之四十的罚款;

③发生重大事故的,处上一年年收入百分之六十的罚款;

④发生特别重大事故的,处上一年年收入百分之八十的罚款。

(3)第九十三条:生产经营单位的安全生产管理人员未履行本法规定的安全生产管理职责的,责令限期改正;导致发生生产安全事故的,暂停或者撤销其与安全生产有关的资格;构成犯罪的,依照刑法有关规定追究刑事责任。

(4)第九十四条:生产经营单位有下列行为之一的,责令限期改正,可以处五万元以下的罚款;逾期未改正的,责令停产停业整顿,并处五万元以上十万元以下的罚款,对其直接负责的主管人员和其他直接责任人员处一万元以上二万元以下的罚款。

①未按照规定设置安全生产管理机构或者配备安全生产管理人员的。

②危险物品的生产、经营、储存单位以及矿山、金属冶炼、建筑施工、道路运输单位的主要负责人和安全生产管理人员未按照规定经考核合格的。

③未按照规定对从业人员、被派遣劳动者、实习学生进行安全生产教育和培训,或者未按照规定如实告知有关的安全生产事项的。

④未如实记录安全生产教育和培训情况的。

⑤未将事故隐患排查治理情况如实记录或者未向从业人员通报的。

⑥未按照规定制定生产安全事故应急救援预案或者未定期组织演练的。

⑦特种作业人员未按照规定经专门的安全作业培训并取得相应资格,上岗作业的。

(5)第九十六条:生产经营单位有下列行为之一的,责令限期改正,可以处五万元以下的罚款;逾期未改正的,处五万元以上二十万元以下的罚款,其直接负责的主管人员和其他直接责任人员处一万元以上二万元以下的罚款;情节严重的,责令停产停业整顿;构成犯罪的,依照刑法有关规定追究刑事责任。

①未在有较大危险因素的生产经营场所和有关设施、设备上设置明显的安全警示标志的。

②安全设备的安装、使用、检测、改造和报废不符合国家标准或者行业标准的。

③未对安全设备进行经常性维护、保养和定期检测的。

④未为从业人员提供符合国家标准或者行业标准的劳动防护用品的。

⑤危险物品的容器、运输工具,以及涉及人身安全、危险性较大的海洋石油开采特种设备和矿山井下特种设备未经具有专业资质的机构检测、检验合格,取得安全使用证或者安全标志,投入使用的。

⑥使用应当淘汰的危及生产安全的工艺、设备的。

(6)第一百零四条:生产经营单位的从业人员不服从管理,违反安全生产规章制度或者操作规程的,由生产经营单位给予批评教育,依照有关规章制度给予处分;构成犯罪的,依照刑法有关规定追究刑事责任。

(7)第一百零九条:发生生产安全事故,对负有责任的生产经营单位除要求其依法承担相应的赔偿等责任外,由安全生产监督管理部门依照下列规定处以罚款。

①发生一般事故的,处二十万元以上五十万元以下的罚款;

②发生较大事故的,处五十万元以上一百万元以下的罚款;

③发生重大事故的,处一百万元以上五百万元以下的罚款;

④发生特别重大事故的,处五百万元以上一千万元以下的罚款;情节特别严重的,处一千万元以上二千万元以下的罚款。

2.《建设工程安全生产管理条例》相关条款规定

(1)第五十七条:违反本条例的规定,工程监理单位有下列行为之一的,责令限期改正;逾期未改正的,责令停业整顿,并处10万元以上30万元以下的罚款;情节严重的,降低资质等级,直至吊销资质证书;造成重大安全事故,构成犯罪的,对直接责任人员,依照刑法有关规定追究刑事责任;造成损失的,依法承担赔偿责任。

①未对施工组织设计中的安全技术措施或者专项施工方案进行审查的。

②发现安全事故隐患未及时要求施工单位整改或者暂时停止施工的。

③施工单位拒不整改或者不停止施工,未及时向有关主管部门报告的。

④未依照法律、法规和工程建设强制性标准实施监理的。

(2)第五十八条:注册执业人员未执行法律、法规和工程建设强制性标准的,责令停止执业3个月以上1年以下;情节严重的,吊销执业资格证书,5年内不予注册;造成重大安全事故的,终身不予注册;构成犯罪的,依照刑法有关规定追究刑事责任。

3.《公路水运工程安全生产监督管理办法》相关条款规定

(1)第四十九条:交通运输主管部门对有下列情形之一的从业单位及其直接负责的主管人员和其他直接责任人员给予违法违规行为失信记录并对外公开,公开期限一般自公布之日起12个月。

①因违法违规行为导致工程建设项目发生一般及以上等级的生产安全责任事故并承担主要责任的。

②交通运输主管部门在监督检查中,发现因从业单位违法违规行为导致工程建设项目存在安全事故隐患的。

③存在重大事故隐患,经交通运输主管部门指出或者责令限期消除,但从业单位拒不采取措施或者未按要求消除隐患的。

④对举报或者新闻媒体报道的违法违规行为,经交通运输主管部门查实的。

⑤交通运输主管部门依法认定的其他违反安全生产相关法律法规的行为。

对违法违规行为情节严重的从业单位及主要责任人员,应当列入安全生产失信黑名单,将具体情节抄送相关行业主管部门。

(2)第五十五条:从业单位及相关责任人违反本办法规定,有下列行为之一的,责令限期改正;逾期未改正的,对从业单位处1万元以上3万元以下的罚款;构成犯罪的,依法移送司法部门追究刑事责任。

①从业单位未全面履行安全生产责任,导致重大事故隐患的。

②未按规定开展设计、施工安全风险评估,或者风险评估结论与实际情况严重不符,导致重大事故隐患未被及时发现的。

③未按批准的专项施工方案进行施工,导致重大事故隐患的。

④在已发现的泥石流影响区、滑坡体等危险区域设置施工驻地,导致重大事故隐患的。

(3)第五十六条:施工单位有下列行为之一的,责令限期改正,可以处5万元以下的罚款;逾期未改正的,责令停产停业整顿,并处5万元以上10万元以下的罚款,对其直接负责的主管人员和其他直接责任人员处1万元以上2万元以下的罚款。

①未按照规定设置安全生产管理机构或者配备安全生产管理人员的。

②主要负责人和安全生产管理人员未按照规定经考核合格的。

(4)第五十七条:交通运输主管部门及其工作人员违反本办法规定,有下列情形之一的,对直接负责的主管人员和其他直接责任人员依法给予行政处分;构成犯罪的,依法移送司法部门追究刑事责任。

①发现公路水运工程重大事故隐患、生产安全事故不予查处的。
②对涉及施工安全的重大检举、投诉不依法及时处理的。
③在监督检查过程中索取或者接受他人财物,或者谋取其他利益的。

总之,监理单位和监理工程师应当在认真学习领会相关安全法律法规的基础上,从施工组织方案审批开始,就严格要求施工单位建立安全管理体系,落实安全管理制度,形成施工单位安全管理自我约束的机制,不能以监理工程师的安全管理监督替代或部分替代施工单位的安全管理系统的正常运行。

第四节　安全监理的概念、依据和目标

一、安全监理的概念

公路工程安全监理是指工程监理单位受建设单位的委托,依据国家有关的法律、法规和工程建设强制性标准及合同文件,对公路建设工程安全生产实施的监督检查。

工程安全监理是公路建设工程监理的重要组成部分,也是安全生产管理的重要保障。工程安全监理的实施,是提高施工现场安全管理水平的方法,也是建设管理体制改革中加强安全管理、控制重大伤亡事故的一种新模式。

监理人员是建设单位委托的监督管理人员,而不是生产管理人员,当监理人员在审查方案或现场检查发现隐患时,只能够向施工单位的项目经理部发出监理指令或通知要求施工单位进行处理,也就是说监理人员只能通过施工单位才能做到消除隐患,预防安全事故,而不能直接做到消除隐患。

监理工作是一个整体,不可将安全工作与其他监理工作隔离开来,比如在审查施工方案或专项施工技术措施中的技术可行性、可靠性等方面的同时,对其安全验算进行审查,在进行质量检查、旁站或巡视时,均可进行安全方面的查看,以发现可能存在的安全隐患,并进行处理。

二、安全监理的依据

公路建设工程安全监理的依据包括有关安全生产、劳动保护、环境保护、消防等的法律法规和标准规范,建设工程批准文件和设计文件、建设工程委托监理合同和有关的建设工程合同等。

1.有关安全生产、劳动保护等的法律法规和标准规范

有关交通建设工程安全生产、劳动保护等的法律法规和标准规范包括:《中华人民共和国安全生产法》《中华人民共和国公路法》《中华人民共和国港口法》《中华人民共和国劳动法》《中华人民共和国环境保护法》《中华人民共和国消防法》《建设工程安全生产管理条例》等法律法规,《公路水运工程安全生产监督管理办法》《公路建设市场管理办法》《水运建设市场管理办法》《公路建设监督管理办法》等部门规章以及地方性法规等,也包括《工程建设标准强制性条文》《公路水运工程生产安全事故等级标准》《公路工程施工监理规范》《公路水运工程生

产安全事故应急预案》,以及有关的工程安全技术标准、规范、规程等。

2. 建设工程批准文件

建设工程批准文件包括:批准的可行性研究报告、建设项目选址意见书、建设用地规划许可证、建设工程规划许可证、施工许可证以及初步设计文件、施工图设计文件等。

3. 委托监理合同和有关的建设工程合同文件

工程监理单位应当根据两类合同进行安全监理。这两类合同包括:工程监理单位与建设单位签订的建设工程委托监理合同,建设单位与施工单位签订的有关建设工程合同。

三、安全监理的目标

《建设工程安全生产管理条例》第四条规定:"设计单位、施工单位、监理单位及其他与建设工程安全生产有关的单位,必须遵守安全生产法律法规的规定,保证建设工程的安全生产,依法承担建设工程的安全生产责任。"此条款从法律上赋予了监理安全生产责任。

安全监理履行安全生产管理的监理职责,其管理的目标:实现安全生产,减少和控制危害,减少和控制事故发生,尽量减轻事故所造成的损失。

四、安全监理的工作内容

监理工程师的安全管理工作是消除安全事故因素的外部力量。工程的安全事故与工程施工生产密切相关,为了真正能够预防工程安全事故,必须消除施工生产过程中人的不安全行为和物的不安全状态。然而监理工程师的管理活动属于外部管理,是安全生产过程中的外部原因,外部原因必须通过施工单位这一内因方能发挥作用。监理工程师的安全管理必须通过施工管理人员卓有成效的工作,才能成为有效的措施。

监理单位应按照法律、法规和工程建设强制性标准及监理委托合同实施监理,对所监理工程的施工安全生产进行监督检查,具体包括以下内容:

1. 施工准备阶段

(1)根据要求,编制包括安全监理内容的项目监理计划,明确安全监理的范围、内容、工作程序和制度措施,以及人员配备计划和职责等。

(2)对中型及以上项目和《建设工程安全生产管理条例》《危险性较大的分部分项工程安全管理规定》(住房和城乡建设部令 2018 年第 37 号)和《公路工程施工安全技术规范》(JTG F90—2015)附录 A 表中"危险性较大的工程"规定的危险性较大的分部分项工程,监理单位应当编制监理细则。

(3)审查施工单位编制的施工组织设计中安全技术措施和安全专项施工方案是否符合工程建设强制性标准要求。审查的主要内容包括:

①施工单位编制的地下管线保护措施方案;

②分部分项工程的专项施工方案;

③施工现场临时用电施工组织设计或者安全用电技术措施和电气防火措施;

④冬期、雨期等季节性施工方案的制订;

⑤施工总平面布置图,临时设施设置以及排水、防火措施。

(4)检查施工单位在工程项目上的安全生产规章制度和安全监管机构的建立、健全及专职安全生产管理人员配备情况,督促施工单位检查各分包单位的安全生产规章制度的建立情况。

(5)审查施工单位资质和安全生产许可证是否合法有效。

(6)审查项目经理和专职安全生产管理人员是否具备合法资格,是否与投标文件相一致。

(7)审核特种作业人员的特种作业操作资格证书是否合法有效。

(8)审核施工单位应急救援预案和安全防护措施费用使用计划。

2. 施工阶段

安全生产贯穿于工程施工的全过程,安全监理是对施工安全进行过程控制,应以预防为主。在工程施工过程中,监理工程师在巡视、旁站过程中应对施工生产安全情况、承包人安全保证体系运转情况进行检查,监督承包人按照工程建设强制性标准和专项安全施工方案组织施工,制止违规作业。具体应注意以下几个方面:

(1)监督承包人按照工程建设强制性标准和经审批的安全施工方案组织施工,制止违规施工作业。

(2)在施工阶段实施监理过程中,发现有违规施工,责令其改正;存在安全事故隐患的,应当要求承包人整改并检查整改结果,签署复查意见;情况严重的,应当要求承包人停止施工,并及时报告业主;承包人拒不整改或不停止施工的,应及时向安全监督部门报告。

(3)督促承包人做好洞口、临边、高处作业等危险部位的安全防护工作,并设置明确的安全警示标志,督促承包人有效控制现场的废水、扬尘、噪声、振动、坠落物等,建立良好的工作环境;审查承包人使用的建筑起重机械,必须具有建设行政主管部门安全监督机构发放的建筑起重机械设备备案牌和法定检测机构发给的检测合格标志。

(4)督促承包人定期组织施工安全自查工作。

(5)在定期召开的工地例会上,评述安全生产管理现状及存在的薄弱环节和问题,并提出意见和建议,把安全作为工地例会的主要内容之一,使预防落到实处。

(6)对高危作业,易发生安全事故的危险源和薄弱环节作为安全监控的重点,可采取旁站、巡视和平行检查等形式,加大检查监控力度。

(7)对危险性较大的分部、分项工程进行安全巡查检查,每天不少于一次,发现违规施工和存在安全事故隐患的,及时要求承包人整改,并检查整改结果,签署复查意见;承包人拒不整改或者不停止施工的,现场监理应及时向当地建设行政主管部门报告。分部、分项工程交工验收时,如安全事故的现场处理未完成,不得签发中间交工证书。

五、施工安全监理的责任范围

《建设工程安全生产管理条例》第十四条规定:"工程监理单位应当审查施工组织设计中的安全技术措施或者专项施工方案是否符合工程建设强制性标准。工程监理单位在实施监理过程中,发现存在安全事故隐患的,应当要求施工单位整改;情况严重的,应当要求施工单位暂时停止施工,并及时报告建设单位。施工单位拒不整改或者不停止施工的,工程监理单位应当及时向有关主管部门报告。工程监理单位和监理工程师应当按照法律、法规和工程建设强制性标准实施监理,并对建设工程安全生产承担监理责任。"

因此,监理单位的安全责任主要体现在对施工组织设计或专项施工方案中安全技术措施的审查上。在审查上述施工文件时,除了需要考虑能否满足合同条件中的建设单位和施工单位所约定的质量、进度和造价目标外,还需要考虑其是否符合工程建设的强制性标准。按照通行的惯例,在能够满足承包合同约定目标的前提下,施工单位有权采用其自身认为合适的施工方法和工艺。因此,就施工安全而言,监理单位的审查将看重施工组织设计和专项施工方案能否满足国家强制性标准的要求,如果不满足,监理单位所履行的义务就是要求施工单位修改,同时,可以采取不批准施工单位开工的方式对施工单位的行为进行控制,也就是说把好开工审批关,既是监理单位履行安全义务的一个基本环节,也是一种控制的手段。

六、安全监理的作用

公路建设工程安全监理在我国公路建设领域已推行多年,在公路建设工程中发挥了重要作用,也取得了显著的成效,其作用主要表现在以下几个方面:

1. 有利于防止或减少生产安全事故,保障人民群众生命和财产安全

我国建设工程规模逐步加大,建设领域安全事故起数和伤亡人数一直居高不下,个别地区施工现场安全生产情况仍然十分严峻,给广大人民群众的生命和财产带来巨大损失。监理工程师是既懂工程技术、经济、法律,又懂安全管理的专业人士,有能力及时发现建设工程实施过程中出现的安全隐患,并要求施工单位及时整改、消除,从而有利于防止和减少生产安全事故的发生,也就保障了广大人民群众的生命和财产安全,保障了国家公共利益,从而维护了社会安定稳定。

2. 有利于实现工程投资效益最大化

实施建设工程安全监理,由监理工程师进行施工现场安全生产的监督管理,防止和减少生产安全事故的发生,既保证了建设工程质量,也保证了施工进度顺利开展,从而保证了建设工程整体进度计划的实现,有利于投资的正常回收,实现投资效益的最大化。

3. 有利于规范工程建设参与各方主体的安全生产行为

在建设工程安全监理实施过程中,监理工程师采用事前、事中和事后控制相结合的方式,对建设工程安全生产的全过程进行动态监督管理,可以有效地规范各施工单位的安全生产行为,最大限度地避免不当的生产行为的发生。即使出现不当生产行为,也可以及时加以制止,最大限度地减少其不良后果。此外,由于建设单位不了解建设工程安全生产等有关的法律法规、管理程序等,也可能发生不当生产行为。为此,监理工程师可以向建设单位提出适当的建议,从而也有利于规范建设单位的安全生产行为。

4. 有利于提高建设工程安全生产管理水平

实施建设工程安全监理,通过对建设工程安全生产实施三重监控,即施工单位自身的安全控制、政府的安全生产监督管理、工程监理单位的安全监理。一方面,有利于防止和避免安全事故;另一方面,政府通过改进市场监管方式,充分发挥市场机制,通过工程监理单位、安全中

介服务公司等的介入,对施工现场安全生产的监督管理,改变以往政府被动的安全检查方式,共同形成安全生产监管合力,从而提高我国建设工程安全生产管理水平。

5. 有利于建设工程安全生产保证机制的形成

实施建设工程安全监理,有利于建设工程安全生产保证机制的形成,即施工企业负责、监理中介服务、政府市场监管,从而保证我国建设领域安全生产。

第二章 公路工程施工安全风险管控

第一节 公路工程施工安全事故管理

一、公路工程安全生产事故分类

参照现行《企业职工伤亡事故分类标准》,综合考虑事故的起因物、致害物、伤害方式等特点,将生产事故分为20类。这种分类方法所列的危险源与企业职工伤亡事故处理调查、分析、统计、职业病处理及职工安全教育的口径基本一致,既易于接受和理解,又便于实际应用。

(1)物体打击。指落物、滚石、锤击、碎裂崩块、碰伤等伤害,包括因爆炸而引起的物体打击。

(2)车辆伤害。指企业机动车辆在行驶中引起的人体坠落和物体倒塌、飞落、挤压伤亡事故,不包括起重设备提升、牵引车辆和车辆停驶时发生的事故。

(3)机械伤害。指机械设备运动(静止)部件、工具、加工件直接与人体接触引起的夹击、碰撞、剪切、卷入、绞、碾、割、刺等伤害,不包括车辆、起重机械引起的机械伤害。

(4)起重伤害。指各种起重作用(包括起重机安装、检修、试验)中发生的挤压、坠落、(吊具、吊重)物体打击和触电。

(5)触电。电流流经人体,造成生理伤害的事故。适用于触电、雷击伤害。如人体接触带电的设备金属外壳,裸露的临时线,漏电的手持电动工具;起重设备误触高压线,或感应带电;雷击伤害;触电坠落等事故。

(6)淹溺。包括高处坠落淹溺,不包括矿山、井下透水淹溺。

(7)灼烫。火焰烧伤、高温物体烫伤、化学灼伤(酸、碱、盐、有机物引起的体内外灼伤)、物理灼伤(光、放射性物质引起的体内外灼伤),不包括电灼伤和火灾引起的烧伤。

(8)火灾。造成人身伤亡的企业火灾事故。不适用于非企业原因造成的火灾,比如,居民火灾蔓延到企业,此类事故属于消防部门统计的事故。

(9)高处坠落。指在高处作业中发生坠落造成的伤亡事故,不包括触电坠落事故。

(10)坍塌。指物体在外力或重力作用下,超过自身的强度极限或因结构稳定性破坏而造成的事故,如挖沟时的土石塌方、脚手架坍塌、堆置物倒塌等,不适用于矿山冒顶片帮和车辆、起重机械、爆破引起的坍塌。

(11)冒顶片帮。矿井工作面、巷道侧壁由于支护不当、压力过大造成的坍塌,称为片帮;顶板垮落为冒顶。两者常同时发生,简称冒顶片帮。适用于矿山、地下开采、掘进及其他坑道作业发生的坍塌事故。

（12）透水。矿山、地下开采或其他坑道作业时，意外水源带来的伤亡事故。适用于井巷与含水岩层、地下含水带、溶洞或被淹巷道、地面水域相通时，涌水成灾的事故。不适用于地面水害事故。

（13）放炮。指爆破作业中发生的伤亡事故；适用于各种爆破作业。如：采石、采矿、采煤、开山、修路、拆除建筑物等工程进行的放炮作业引起的伤亡事故。

（14）火药爆炸。生产、运输、储藏过程中发生的爆炸；适用于火药与炸药生产在配料、运输、储藏、加工过程中，由于震动、明火、摩擦、静电作用，或因炸药的热分解作用，贮藏时间过长或因存药过多发生的化学性爆炸事故；以及熔炼金属时，废料处理不净，残存火药或炸药引起的爆炸事故。

（15）瓦斯爆炸。指可燃性气体瓦斯、煤尘与空气混合形成了浓度达到燃烧极限的混合物，接触火源时，引起的化学性爆炸事故。主要适用于煤矿，同时也适用于空气不流通，瓦斯、煤尘积聚的场合。

（16）锅炉爆炸。锅炉发生的物理性爆炸事故。适用于使用工作压力大于 0.7Pa 大气压、以水为介质的蒸汽锅炉（以下简称锅炉），但不适用于铁路机车、船舶上的锅炉以及列车电站和船舶电站的锅炉。

（17）容器爆炸。容器（压力容器的简称）是指比较容易发生事故，且事故危害性较大的承受压力载荷的密闭装置。容器爆炸是压力容器破裂引起的气体爆炸，即物理性爆炸，包括容器内盛装的可燃性液化气，在容器破裂后，立即蒸发，与周围的空气混合形成爆炸性气体混合物，遇到火源时产生的化学爆炸，也称容器的二次爆炸。

（18）其他爆炸。凡不属于上述爆炸的事故均列为其他爆炸事故。

（19）中毒和窒息。包括中毒、缺氧窒息、中毒性窒息。

（20）其他伤害。指除上述以外的危险因素，如摔、扭、挫、擦、刺、割伤和非机动车碰撞、轧伤等。

其中物体打击、机械伤害、触电、高处坠落和坍塌为公路工程生产五大伤害安全事故。

二、事故五要素及其引发事故时的七种组合

1. 引发事故的五个基本因素及其存在与表现形式

不安全状态、不安全行为、起因物、致害物和伤害方式是引发生产安全事故的五个基本因素，简称"事故五要素"，其存在与表现形式分述于下。

1）不安全状态

在交通建设工程施工中存在的不安全状态，是指在施工场所和作业项目之中存有事故的起因物和致害物，或者能使起因物和致害物起作用（造成事故和伤害）的状态。

施工场所状态为施工场所提供的工作（作业）与生活条件的状态，包括涉及安全要求的场地（地面、地下、空中）、周围环境、原有和临时设施以及使用安排状态；作业项目状态为分项分部工程进行施工时的状态，包括施工中的工程状态、脚手架、模板和其他施工设施的设置状态和各项施工作业的进行状态等。

一般说来,凡是违反或者不符合安全生产法律、法规、工程建设标准和企业(单位)安全生产制度规定的状态,都是不安全状态。但建设工程安全生产法律、法规、标准和制度没有或未予规定的状态,也会成为不安全状态。因此,应当针对具体的工程条件、现场安排和施工措施情况,研究、认识可能存在的不安全状态,并及时予以排除。

不安全状态有四个属性:事故属性(属于何种事故)、场所属性(在何种场所存在)、状态属性(属于何种状态)和作业属性(属于何种施工作业项目),并可按这四个属性划分相应不安全状态的类型,列入表2-1中。从表中可以看出,四种划分方法从四个不同的侧面反映出不安全状态的存在与表现形式,且在它们之间存在着相互补充、交叉、渗透、作用和影响的关系。由于其中的任何一个侧面都不能全面和完整地反映出在建筑施工中可能存在的不安全状态,因此,不应只按一种划分去研究和把握,而应将其综合起来并根据主管工作的范围有所重点地去实施管理(即消除不安全状态的安全管理工作),使相应的侧面成为主要负责人、管理部门和有关管理人员分抓的重点,或者作为企业(单位)在某一时期、某一工程项目、某一施工场所或某种作业的安全生产工作中的重点。

交通建设工程施工不安全状态的类型 表2-1

划分方法(不同属性)	不安全状态的类型
按引发事故的类型划分 (事故属性)	引发坍塌和倒塌事故的不安全状态;引发倾倒和倾翻事故的不安全状态;引发冒水、透水和坍陷事故的不安全状态;引发触电事故的不安全状态;引发断电和其他电气事故的不安全状态;引发爆炸事故的不安全状态;引发火灾事故的不安全状态;引发坠落事故的不安全状态;引发高空落物伤人事故的不安全状态;引发起重安装事故的不安全状态;引发机械设备事故的不安全状态;引发物体打击事故的不安全状态;引发中毒和窒息事故的不安全状态;引发其他事故的不安全状态
按施工场所的安全条件划分 (场所属性)	现场周边围挡防护的不安全状态;周边毗邻建筑、通道保护的不安全状态;对现场内高压线和地下管线保护的不安全状态;现场功能区块划分及设施情况的不安全状态;现场场地和障碍物处理的不安全状态;现场道路、排水和消防设施设置的不安全状态;现场临时建筑和施工设施设置的不安全状态;现场施工临电线路、电气装置和照明设置的不安全状态;洞口、通道口、楼电梯口和临边防护设施的不安全状态;现场警戒区和警示牌设置的不安全状态;深基坑、深沟槽和毗邻建(构)筑物坑槽开挖场所的不安全状态;起重吊装施工区域的不安全状态;预应力张拉施工区域的不安全状态;试压和高压作业区域的不安全状态;安装和拆除施工区域的不安全状态;整体式施工设施升降作业区域的不安全状态;爆破作业安全警戒区域的不安全状态;特种和危险作业场所的不安全状态;生活区域、设备及材料存放区域设置的不安全状态;其他的场所不安全状态
按设置和工作状态划分 (状态属性)	施工用临时建筑自身结构构造和设置中的不安全状态;脚手架、模板和其他支架结构构造和设置中的不安全状态;施工中的工程结构、脚手架,支架等承施工荷载的不安全状态;附着升降脚手架、滑模、提模等升降式施工设施在升降和固定工况下的不安全状态;塔式起重机、施工升降机、垂直运输设施(井架、泵送混凝土管道等)设置的不安全状态;起重、垂直和水平运输机械工作和受载的不安全状态;现场材料、模板、机具和设备堆(存)放的不安全状态;易燃、易爆和有毒材料保管的不安全状态;缺氧、有毒(气)作业场所安全保障和监控措施设置的不安全状态;高处作业、水下作业安全防护措施设置的不安全状态;施工机械、电动工具和其他施工设施安全防护、保险装置设置的不安全状态;坑槽上口边侧土方堆置的不安全状态;采用新工艺、改变工程结构正常形成程序措施执行中的不安全状态;施工措施执行中出现某种问题和障碍时所形成的不安全状态;其他设置和工作状态中的不安全状态

续上表

划分方法(不同属性)	不安全状态的类型
按施工作业划分（作业属性）	立体交叉作业的不安全状态；夜间作业的不安全状态；冬期、雨期、风期作业的不安全状态；应急救援作业的不安全状态；爆破作业的不安全状态；降水、排水、堵漏、止流沙、抗滑坡作业的不安全状态；土石方挖掘和运输作业的不安全状态；材料、设备、物品装卸作业的不安全状态；洞室作业的不安全状态；起重和安装作业的不安全状态；整体升降作业的不安全状态；拆除作业的不安全状态；电气作业的不安全状态；电热法作业的不安全状态；电、气焊作业的不安全状态；压力容器和狭窄场地作业的不安全状态；高处和架上作业的不安全状态；预应力作业的不安全状态；脚手架、支架装拆作业的不安全状态；模板及支架装拆作业的不安全状态；钢筋加工和安装作业的不安全状态；试验作业的不安全状态；水平和垂直运输作业的不安全状态；顶进和整体移位作业的不安全状态；深基坑支护作业的不安全状态；混凝土浇筑作业的不安全状态；维修、检修作业的不安全状态；水上、水下作业的不安全状态；其他作业的不安全状态

一般情况下，负责全面工作的企业主要负责人和大的、综合性工程项目负责人，宜以其事故属性为主(为核心)并兼顾其他属性抓好消除不安全状态的工作；企业安全管理部门和从事安全措施技术与设计工作的人员宜以其状态属性为主兼顾其他属性做好相应工作；而现场管理和施工指挥人员则应以其场所和作业属性并兼顾其他属性做好工作。所谓"兼顾"，就是将主抓属性中未能涉及的或直接涉及的其他属性的项目与要求考虑进来。

消除不安全状态的工作关系，如图 2-1 所示。

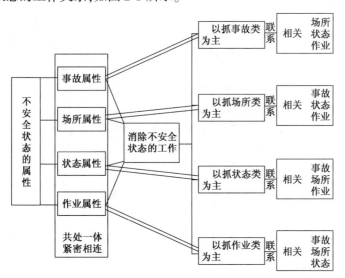

图 2-1　消除不安全状态的工作关系

2）不安全行为

在建筑工程施工中存在的不安全行为，是指在施工作业中存在的违章指挥、违章作业以及其他可能引发和招致生产安全事故发生的行为。

不安全行为可以分成以下四类：

(1)违章指挥——在施工作业中，违反安全生产法律、法规、工程建设和安全技术标准、安全生产制度和规定的指挥。

(2)违章作业——违反安全生产法律、法规、标准、制度和规定的作业。

(3)其他主动性不安全行为——其他由当事人发出的不安全行为。

(4)其他被动性不安全行为——当事人缺乏自我保护意识和素质的行为(会受到伤害物或主动不安全行为的伤害)。

其中的"其他主动性不安全行为"包括违反上岗身体条件、违反上岗规定和不按规定使用安全护品等三种行为,共有六种(类)不安全行为见表2-2。

交通建设工程常见不安全行为的表现形式　　　　　　　表2-2

类　　别	常见表现形式
违反上岗身体条件规定	患有不适合从事高空和其他施工作业相应的疾病(精神病、癫痫病、高血压、心脏病等);未经过严格的身体检查,不具备从事高空、井下、高温、高压、水下等相应施工作业规定的身体条件;妇女在经期、孕期、哺乳期间从事禁止和不适合的作业;未成年工人从事禁止和不适合的作业;疲劳作业和带病作业;情绪异常状态下作业
违反上岗规定	无证人员从事需证岗位作业;非定机、定岗人员擅自操作;单人在无人辅助、轮换和监护情况下进行高、深、重、险等不安全作业;在无人监管电闸的情况下从事检修、调试高压、电气设备作业;在无人辅助拖线情况下从事易扯断动力线的电动机具作业
不按规定使用安全护品	进入施工现场不戴安全帽、不穿安全鞋;高空作业不佩挂安全带或挂置不可靠;进行高压电气作业或在雨天、潮湿环境中进行有电作业不使用绝缘护品;进入有毒气环境作业不使用防毒用具;电气焊作业不使用电焊帽、电焊手套、防护镜;在潮湿环境不使用安全(电压)灯和在有可燃气体环境作业不使用防爆灯;水上作业不穿救生衣;其他不使用相应安全护品的行为
违章指挥	在作业条件未达到规范、设计和施工要求的情况下,组织和指挥施工;在已出现不能保证作业安全的天气变化和其他情况时,坚持继续进行施工;在已发现事故隐患或不安全征兆、未消除和排除的情况下继续指挥冒险施工;在安全设施不合格,工人未使用安全护品和其他安全施工措施不落实的情况下,强行组织和指挥施工;违反有关规范规定(包括修改、降低或取消)的指挥;违反施工方案和技术措施的指挥;在施工中出现异常情况时,作出了不当的处置(可能导致出现事故或使事态扩大)决定;在技术人员、安全人员和工人提出对施工中不安全问题的意见和建议时,未予重视、研究即做出相应的处置,不顾安全地继续指挥施工
违章作业	违反程序规定的作业;违反操作规定的作业;违反安全防(监)护规定的作业;违反防爆、防毒、防触电和防火规定的作业;使用带病机械、工具和设备进行作业;在不具备安全作业条件下进行作业;在已发现有事故隐患和征兆的情况下,继续进行作业
缺乏安全意识,不注意自我保护和保护他人的行为	在缺乏安全警惕性的情况下发生的误扶、误入、误碰、误触、误食、误闻情况以及滑、跌、闪失、坠落的行为;在作业中出现的工具脱手、物品飞溅掉落、碰撞和拖拉别人等行为;在出现异常和险情时不及时通知别人的行为;在前道工序中留下隐患而未予消除或转告下道工序作业者的行为

不安全行为在施工工地不同程度的存在,带有普遍性,常与其安全工作的环境氛围有关。当安全工作的环境氛围淡薄时,不安全行为就会大量存在并不断滋长。适于不安全行为存在和滋长的环境如下:

(1)不正规的工程施工工地和施工队伍;

(2)违法转包和建设费用缺口很大的工地;

(3)领导不重视、安全无要求、安全工作无专人管理的工地;

(4)无安全工作制度和安全工作岗位责任制度或者制度不健全的工地;

(5) 不按规定进行集中和日常安全教育培训的工地；

(6) 在一段时间内未出生产安全事故，思想麻痹、安全工作放松的工地。

因此，营造良好的安全工作氛围是减少和消除不安全行为存在和滋长的重要条件。

3) 事故的起因物、致害物和伤害方式

直接引发生产安全事故的物体(品)，称为"起因物"；在生产安全事故中直接招致(造成)伤害发生的物体(品)，称为"致害物"；致害物作用于被伤害者(人和物)的方式，称为"伤害方式"。

在某一特定的生产安全事故中，起因物可能是唯一的或者多个。当有多个起因物存在时，按其作用情况会有主次和前后(序次)之分、组合和单独作用之分。在某一特定的伤害事故中，致害物也可能是一个或多个。在同一生产安全事故中，起因物和致害物可能是不同的物体(品)或同一物体(品)。

起因物和致害物的存在构成了不安全状态和安全(事故)隐患，不及时发现并消除它们，就有可能引发或发展成为事故。而一旦发生生产安全事故，对起因物和致害物的分析确定工作，又是判定事故性质和确定事故责任的重要依据。

起因物和致害物的类别有两种划分方法：一种为按其自身的特征划分，见表2-3，表中同时注出了其变为起因物和致害物的条件；另一种按其引发的事故划分，见表2-4，并分别列出了相应事故的起因物和致害物。

按其自身特征划分的起因物和致害物 表2-3

自身特征	可成为起因物和致害物的物体(品)
单件硬物	工程结构件；脚手架的杆(构)配件；模板及其支撑件；机械设备的传动件、工作件和其他零部件；附着固定件；支撑(顶)件和拉结件；围挡防护件；底座和支垫件；连(拼)平衡(配重)件；安全限控、保险件；平衡(配重)件；电器件；吊具、索具和吊物；梯笼、吊盘、吊斗；手持和电动工具；照明器材；钢材、管件、铁件、铁钉及其他硬物件；阀门和压力控制设备
线路管道	电气线路；控制线路和系统；泵送混凝土管道；煤气和压缩空气管道；氧气和乙炔气管道；液压和油品管道；压力水管道；其他管线
机械设备	塔吊和起重机械(具)；土方机械；运输车辆；泵车；搅拌机；其他机械设备；附着升降脚手架；脚手架和支架；生产和建筑设备；整体提(滑、倒)升模板；其他机械和整体式施工设施
易燃和危险物品	易燃的材料、物品；易爆的材料物品；外露带电物体；亚硝酸钠和其他有毒化学品；一氧化碳、瓦斯和其他有毒气体；炸药；雷管
作业场所、地物和地层状态	高温、高湿作业环境；密闭容器、洞室和狭窄、通风不畅作业环境；地基；毗邻开挖坑槽的房屋和墙体等地物；涌水层、滑坡层、流沙层等不稳定地层；临时施工设施；挡水、挡土、护坡措施；各种地面堆物
其他	大风、暴雨、大雪、雷电等恶劣和灾害天气；突然停、断电；爆炸的冲击波和抛射物；地震作用；其他突发的不可抗力事态
注释(成为起因物和致害物的诱发条件)	当表列物体(品)有以下情况之一时，就有可能成为事故的起因物、致害物：本身的规格、材质和加工不符合标准(或规定)要求；本身已发生变形、损伤或磨损；设计缺陷；安装和维修缺陷；各种带病使用情况；超额定状态(超载、超速、超位、超时等)或设计要求工作；超检(维)修期工作；出现各种不正常工作状态；杆构件和零部件脱离正常工作位置；出现变形、沉陷和失稳状态；发生超出设计考虑的意外事态；任意改变施工方案和安全施工措施的规定；出现不安全行为；安全防(保)护措施和安全装置失效情况；出现破断、下坠事态；危险场所和危险作业的安全保障、监控工作不到位；其他诱发条件

部分常见伤害事故的起因物和致害物　　　　　表 2-4

事故类型	起因物	致害物
物体(击)打击	由各种原因引起的同一落物、崩块、冲击物、滚动体、摆动体以及其他足以产生打击伤害的运动硬物	
	引发其他物体状态突变(弹出、倾倒、吊落、滚动、扭转等)的物体,如撬杠、绳索、拉曳物和障碍物等,船体相撞	产生状态突变的模板、支撑、钢筋、块体材料和器具等,以及作业人员
高处坠落	由于不当操作或其他原因造成失稳、倾倒、掉落并拖带施工人员发生高空坠落的手推车和其他器物	
	脚手架面未满铺脚手板,脚手架侧面和"临边"未按规定设防护	吊落的施工人员受自身重力运动伤害
	洞口、电梯口未加设盖板或其他覆盖物、水上平台拆模未佩挂安全带	
	失控掉落的梯笼和其他载人设备	
	高处作业未佩挂安全带	
机械和起重伤害	进行车、刨、钻、铣、锻、磨、镗加工时的工作部件	
	未上紧的夹持件	脱(飞)出的加工件
	没有、拆去或质量与装设不符合要求的安全罩	机械的转动和工作部件
	超重的吊物	失稳、倾翻的起重机
	软弱和受力不均衡的地基、支垫物	
	变形、破坏的吊具(架)	倾翻、吊落、折断、前冲的吊物
	破断、松脱、失控的索具	
	失控、失效的限控、保险和操作装置打桩船机械挤压	失控的臂杆、起重小车、索具吊钩、吊笼(盘)和机械的其他部件
	滑脱、折断的撬杠	失控、倾翻、吊落的重物和安装物
	失稳、破坏的支架	
	启闭失控的料笼、容器	掉落、散落的材料、物品
	拴挂不平衡的吊索	严重摆动、不稳定回转和下落的吊物
	失控的回转和限速机构	
触电伤害	未加可靠保护、破皮损伤的电线、电缆	
	架空高压裸线	误触高压线的起重机臂杆和其他运动中的导电物体
	未设或设置不合格的接零(地)、漏电保护设施	带(漏)电的电动工具和设备
	未设门或未上锁的电闸箱	易发生误触的电器开关
坍塌伤害	由流沙、涌水、沉陷和滑坡引起的塌方	
	过高、过陡和基地不牢的堆置物	
	停于坑槽边的机械、车辆和过重堆物	坍落的土方、机械、车辆和堆物
	没有或不符合要求的降水和支护措施	
	受坑槽开挖伤害的建(构)筑物的基础和地基	整体或局部沉降、倾斜、倒塌的建(构)筑物

续上表

事故类型	起因物	致害物
坍塌伤害	设计和施工存在不安全问题的临时建筑和设施	整体或局部坍塌、破坏的工程建筑、临时设施及其杆部件和载存物品
	发生不均匀沉降和显著变形的地基	
	附近有强烈的震动和冲击源	
	强劲的自然力(风、雨、雪等)	
	因违规拆除结构件、拉结件或其他原因造成破坏的局部杆件和结构	
	受载后发生变形、失稳或破坏的支架或支撑杆件	发生倾倒、坍塌的现浇结构、模板、设备和材料物品
火灾伤害	火源与靠近火源的易燃物	
	雷击、导电物体与易燃物	
	爆炸引起的溢漏的易燃物(液体、气体)和火源	
中毒、窒息和爆炸伤害	一氧化碳、瓦斯和其他有毒气体	
	亚硝酸钠和其他有毒化学品	
	密闭容器、洞室和其他高温、不通风作业场所	
	爆炸(破)引起的飞石和冲击波	
	保管不当的雷管和其他引爆源	爆炸的雷管和炸药
	"瞎炮"与引起其爆炸的引爆物	飞溅块体和气浪
其他	朝天钉子、突出的铁件、散落的钢筋、管子和其他硬物以及伸入作业空间的杆件和其他硬物	

伤害方式包括伤害作用发生的方式、部位和后果。对人员伤害的部位为身体的各部(包括内脏器官),伤害的后果分为轻伤、重伤和死亡。而伤害作用发生的方式则有以下18种:碰撞;击打;冲击;砸压;切割;绞缠;掩埋;坠落;滑跌;滚压;电击;灼(烧)伤;爆炸;射入;弹出;中毒;窒息;穿透。

对伤害方式的研究,一是可以改进和完善劳动(安全)保护用品的品种和使用;二是可以相应加强针对那些没有适用安全护品的伤害方式的安全预防和保护措施。

2. 事故要素作用的七种组合

在发生的生产安全事故中,五种事故要素可能同时存在,或者部分存在。某些由人为作用引起的事故,其不安全行为同时也是起因物和致害物,而起因物和致害物有时是同一个。形成引发事故的七种作用组合见表2-5。

事故要素在引发事故时的七种组合　　　　　　　　　　　表2-5

类型	事故要素的组合
E型	不安全状态,不安全行为,起因物,致害物,伤害方式
D-1型	不安全状态,起因物,致害物,伤害方式
D-2型	不安全行为,起因物,致害物,伤害方式

续上表

类　型	事故要素的组合
D-3 型	不安全状态,不安全行为,起因(致害)物,伤害方式
C-1 型	不安全状态,起因(致害物),伤害方式
C-2 型	不安全行为,起因(致害物),伤害方式
B 型	不安全行为(起因、致害物),伤害方式

不安全状态或不安全行为的存在(或者二者同时存在)是事故的"起因",伤害方式直接导致"后果",而起因物和致害物则是"事故的载体",它将起因和后果连接起来。当没有不安全状态和不安全行为存在时,也就没有起因物和致害物的存在,或者即使存在,也不能起作用而引发事故(例如架空的高压裸线是起因物,没有不安全状态和不安全行为造成触及高压线时,就不会引发触电事故);而当有效地控制起因物和致害物,使其不能起作用时,即使有不安全状态和不安全行为存在,也不会导致伤害事故的发生(但不安全行为又是起因物和致害物的情况除外)。

三、防止建设工程安全事故的基本方法

通过关于安全事故的致因理论的介绍,基本可以得出一个一致的结论,人的不安全行为与物的不安全状态是产生事故的直接原因,只要能够消除人的不安全行为与物的不安全状态,可以预防 98% 的事故。而事故的间接原因对于不同的国家、不同的行业及不同的企业则有不同的情况。

预防建设工程安全事故的基本的方法如下:

(1)建立健全安全生产管理制度。从制度上来减少人的不安全行为和物的不安全状态。通过制度来提高人们的安全防护意识,强化安全防护技术的应用,保证必要的安全设施与措施费用,杜绝只强调生产而忽视安全的行为,同时也通过制度对违反规定的行为进行必要的惩戒。

(2)强化安全教育。安全教育可以提高施工人员的安全操作技能与人们的安全意识,对防止人的不安全行为有非常重要的作用。专业安全人员及施工队长、班组长是预防事故的关键,他们工作的好坏对能否做好预防事故工作有重要影响。

(3)统一管理生产与安全工作,不断审查和改进技术方案和安全防护技术。通过安全防护技术的应用既消除物的不安全状态,还可以消除人的不安全行为。施工生产企业应有足够的安全投入来实施安全防护措施。把安全技术费用纳入成本管理之中。

(4)对工程技术方案进行审查与改进,强化安全防护技术。

(5)对作业工人进行安全教育,强化他们的安全意识。对不适宜从事某种作业的人员进行调整。

(6)必要的安全与防护装置与工具,必要的检查与监督以及必要的惩戒。

这六种最基本的安全对策后来被归纳为众所周知的3E原则,即:

(1)Engineering——对工程技术进行层层把关,确保技术的安全可靠性,运用工程技术手段消除不安全因素,实现生产工艺、机械设备等生产条件的安全。

(2) Education——教育:利用各种形式的教育和训练,使职工树立"安全第一"的思想,掌握安全生产所必需的知识和技能。

(3) Enforcement——强制:借助于规章制度、法规等必要的行政乃至法律的手段约束人们的行为。

一般地讲,在选择安全对策时,应该首先考虑工程安全技术措施,如电器设备的接地装置、起重机挂钩的防脱落保险装置等,然后是教育训练。实际工作中,应该针对不安全行为和不安全状态的产生原因,灵活地采取对策。例如:针对职工的不正确态度问题,应该考虑工作安排上的心理学和医学方面的要求,对关键岗位上的人员要认真挑选,并且加强教育和训练;如能从工程技术上采取措施,则应优先考虑。对于职工技术不足的问题,应该加强教育和训练,提高其知识水平和操作技能;尽可能地根据人机工程学的原理进行工程技术方面的改进,降低操作的复杂程度。为了解决职工身体不适的问题,在分配工作任务时要考虑心理学和医学方面的要求,并尽可能从工程技术上改进,降低对人员素质的要求。对于不良的物理环境,则应采取恰当的工程技术措施来改进。

消除人的不安全行为可避免事故。但是应该注意到,人与机械设备不同,机器在人们规定的约束条件下运转,自由度较少;而人的行为受各自思想的支配,有较大的行为自由性。这种行为自由性一方面使人具有搞好安全生产的能动性;另一方面也可能使人的行为偏离预定的目标,发生不安全行为。由于人的行为受到许多因素的影响,控制人的行为是一件较为困难的工作。

消除物的不安全状态也可以避免事故。通过改进生产工艺,设置有效安全防护装置,根除生产过程中危险条件,使得即使人员产生了不安全行为也不致酿成事故。在安全工程中,把机械设备、物理环境等生产条件的安全称作本质安全。在所有的安全措施中,首先应该考虑的就是实现生产过程、生产条件的安全。但是,受实际的技术、经济条件等客观条件的限制,完全地杜绝生产过程中的危险因素几乎是不可能的,只能努力减少、控制不安全因素,使事故不容易发生。

即使在采用了工程技术措施,减少、控制了不安全因素的情况下,仍然要通过教育、训练和规章制度来规范人的行为,避免不安全行为的发生。

在人机协调作业的建设工程施工过程中,人与机器在一定的管理和环境条件下,为完成一定的任务,既各自发挥自己的作用,又必须相互联系,相互配合。这一系统的安全性和可靠性不仅取决于人的行为,还取决于物的状态。一般说来,大部分安全事故发生在人和机械的交互界面上,人的不安全行为和机械的不安全状态是导致意外伤害事故的直接原因。因此,工程建设中存在的风险不仅取决于物的可靠性,还取决于人的"可靠性"。根据统计数据,由于人的不安全行为导致的事故大约占事故总数的88%。预防和避免事故发生的关键是从工程项目施工开始,就应用人机工程学的原理和方法,通过正确的管理,努力消除各种不安全因素,建立"人-机-环境"相协调工作及操作的机制。

四、生产安全事故等级标准

公路水运工程生产安全事故是指经依法审批、核准或者备案的公路水运工程项目新建、改建和扩建活动中发生的生产安全事故。根据2018年3月27日交通运输部办公厅发布的《公路水运工程生产安全事故应急预案》规定,公路水运工程生产安全事故按照人员伤亡(含失踪)、涉险人数、直接经济损失、影响范围等因素,分为四级:Ⅰ级(特别重大)事故、Ⅱ级(重大)事故、Ⅲ级(较大)事故和Ⅳ级(一般)事故。

1. Ⅰ级(特别重大)事故

有下列情形之一的,为Ⅰ级(特别重大)事故(以下简称Ⅰ级事故):

(1)造成30人以上死亡(含失踪),或危及30人以上生命安全;

(2)100人以上重伤;

(3)直接经济损失1亿元以上;

(4)国务院责成交通运输部组织处置的事故。

2. Ⅱ级(重大)事故

有下列情形之一的,为Ⅱ级(重大)事故(以下简称Ⅱ级事故):

(1)造成10人以上死亡(含失踪),或危及10人以上生命安全;

(2)50人以上重伤;

(3)直接经济损失5000万元以上;

(4)省政府责成省级交通运输主管部门组织处置的事故。

3. Ⅲ级(较大)事故

有下列情形之一的,为Ⅲ级(较大)事故(以下简称Ⅲ级事故):

(1)造成3人以上死亡(含失踪),或危及3人以上生命安全;

(2)10人以上重伤;

(3)直接经济损失1000万元以上。

4. Ⅳ级(一般)事故

有下列情形之一的,为Ⅳ级(一般)事故(以下简称Ⅳ级事故):

(1)造成3人以下死亡(含失踪),或危及3人以下生命安全;

(2)10人以下重伤;

(3)直接经济损失1000万元以下。

本条所称的"以上"包括本数,"以下"不包括本数。公路水运工程生产安全事故同时符合本条规定的多个分级情形的,按照最高级别认定。

省级交通运输主管部门可以结合本地区实际情况,对Ⅱ级、Ⅲ级和Ⅳ级事故分类情形进行细化补充。

五、安全生产事故报告与处理

《建设工程安全生产管理条例》第五十条规定:"施工单位发生安全生产事故,应当按照国家有关伤亡事故报告和调查处理的规定,及时、如实地向负责安全生产监督管理的部门、建设行政主管部门或者其他有关部门报告;特种设备发生事故的,还应当同时向特种设备安全监督管理部门报告。接到报告的部门应当按照国家有关规定,如实上报。""实行施工总承包的建设工程,由总承包单位负责上报事故。"

一旦发生安全生产事故时,及时报告有关部门是及时组织抢救的基础,也是认真进行调查分清责任的基础。因此施工单位在发生产安全事故时,不能隐瞒事故情况。

1. 现有的法律法规对于安全事故报告程序的规定

(1)《中华人民共和国安全生产法》第八十条规定:"生产经营单位发生生产安全事故后,事故现场有关人员应当立即报告本单位负责人。""单位负责人接到事故报告后,应当迅速采取有效措施,组织抢救,防止事故扩大,减少人员伤亡和财产损失,并按照国家有关规定立即如实报告当地负有安全生产监督管理职责的部门,不得隐瞒不报、谎报或者迟报,不得故意破坏事故现场、毁灭有关证据。"第八十一条规定:"负有安全生产监督管理职责的部门接到事故报告后,应当立即按照国家有关规定上报事故情况。负有安全生产监督管理职责的部门和有关地方人民政府对事故情况不得隐瞒不报、谎报或者迟报。"

(2)《中华人民共和国建筑法》第五十一条规定:"施工中发生事故时,建筑施工企业应当采取紧急措施减少人员伤亡和事故损失,并按照国家有关规定及时向有关部门报告。"

(3)《生产安全事故报告和调查处理条例》第九条规定:"事故发生后,事故现场有关人员应当立即向本单位负责人报告;单位负责人接到报告后,应当于1小时内向事故发生地县级以上人民政府应急管理部门和负有安全生产监督管理职责的有关部门报告。""情况紧急时,事故现场有关人员可以直接向事故发生地县级以上人民政府应急管理部门和负有安全生产监督管理职责的有关部门报告。"第十条规定:"应急管理部门和负有安全生产监督管理职责的有关部门接到事故报告后,应当依照下列规定上报事故情况,并通知公安机关、劳动保障行政部门、工会和人民检察院:

①特别重大事故、重大事故逐级上报至国务院应急管理部门和负有安全生产监督管理职责的有关部门;

②较大事故逐级上报至省、自治区、直辖市人民政府应急管理部门和负有安全生产监督管理职责的有关部门;

③一般事故上报至设区的市级人民政府应急管理部门和负有安全生产监督管理职责的有关部门。

应急管理部门和负有安全生产监督管理职责的有关部门依照前款规定上报事故情况,应当同时报告本级人民政府。国务院应急管理部门和负有安全生产监督管理职责的有关部门以及省级人民政府接到发生特别重大事故、重大事故的报告后,应当立即报告国务院。必要时,应急管理部门和负有安全生产监督管理职责的有关部门可以越级上报事故情况。"

第十一条规定:"应急管理部门和负有安全生产监督管理职责的有关部门逐级上报事故情况,每级上报的时间不得超过2小时。"

(4)《中华人民共和国特种设备安全法》第七十条规定:"特种设备发生事故后,事故发生单位应当按照应急预案采取措施,组织抢救,防止事故扩大,减少人员伤亡和财产损失,保护事故现场和有关证据,并及时向事故发生地县级以上人民政府负责特种设备安全监督管理的部门和有关部门报告。

县级以上人民政府负责特种设备安全监督管理的部门接到事故报告,应当尽快核实情况,立即向本级人民政府报告,并按照规定逐级上报。必要时,负责特种设备安全监督管理的部门可以越级上报事故情况。对特别重大事故、重大事故,国务院负责特种设备安全监督管理的部门应当立即报告国务院并通报国务院应急管理部门等有关部门。

与事故相关的单位和人员不得迟报、谎报或者瞒报事故情况，不得隐匿、毁灭有关证据或者故意破坏事故现场。"

(5)《特种设备安全监察条例》第六十六条规定："特种设备事故发生后，事故发生单位应当立即启动事故应急预案，组织抢救，防止事故扩大，减少人员伤亡和财产损失，并及时向事故发生地县以上特种设备安全监督管理部门和有关部门报告。"

"县以上特种设备安全监督管理部门接到事故报告，应当尽快核实有关情况，立即向所在地人民政府报告，并逐级上报事故情况。必要时，特种设备安全监督管理部门可以越级上报事故情况。对特别重大事故、重大事故，国务院特种设备安全监督管理部门应当立即报告国务院并通报国务院应急管理部门等有关部门。"

2. 事故报告

工地发生安全生产事故后，企业、项目部除立即组织抢救伤员，采取有效措施防止事故扩大和保护事故现场，做好善后处理工作外，还应按表2-6的规定报告有关部门。

事 故 报 告 规 定　　　　　　　　　表2-6

事故类型	上报部门	时限	报告有关部门
一般事故	施工企业	单位负责人接到报告后，应当于1小时内	向事故发生地县级以上人民政府应急管理部门和负有安全生产监督管理职责的有关部门报告。上报至设区的市级人民政府应急管理部门和负有安全生产监督管理职责的有关部门
较大事故	施工企业	单位负责人接到报告后，应当于1小时内	向事故发生地县级以上人民政府应急管理部门和负有安全生产监督管理职责的有关部门报告，逐级上报至省、自治区、直辖市人民政府应急管理部门和负有安全生产监督管理职责的有关部门
特别重大事故、重大事故	施工企业	单位负责人接到报告后，应当于1小时内	向事故发生地县级以上人民政府应急管理部门和负有安全生产监督管理职责的有关部门报告，逐级上报至国务院应急管理部门和负有安全生产监督管理职责的有关部门

1) 施工单位事故报告要求

事故发生后，事故现场有关人员应当立即向施工单位负责人报告；施工单位负责人接到报告后，应当于1小时内向事故发生地县级以上人民政府应急管理部门和交通运输主管部门报告。情况紧急时，事故现场有关人员可以直接向事故发生地县级以上人民政府应急管理部门和交通运输主管部门报告。实行施工总承包的建设工程，由总包单位负责上报事故。

2) 交通运输主管部门事故报告要求

《交通运输行业建设工程生产安全事故统计报表制度》中的有关规定：

(1) 发生的生产安全事故经核实清楚后，事故单位应向建设单位、项目的安全监管机构、当地人民政府交通运输部门、应急管理部门等部门报告。

(2) 发生1人以上(含1人)死亡的生产安全事故，事故单位应在1小时内按照《交通运输行业建设工程生产安全事故统计快报表》的要求向建设单位、项目的安全监管机构、当地人民政府交通运输部门报告。项目的安全监管机构、当地人民政府交通运输部门报告应逐级上报至省级交通运输主管部门,每级不超过2小时。

(3)省级交通运输主管部门应在接到报告后2小时内,按照《交通运输行业建设工程生产安全事故统计快报表》的要求及时统计,上报交通运输部,并及时续报事故救援进展、事故调查处理及结案情况。

(4)省级交通运输主管部门必须于次月5日前,将本月本辖区发生的伤亡事故(包括人员死亡、重伤以及经济损失等事故)统计汇总后,按《交通运输行业建设工程生产安全事故统计月报表》要求上报交通运输部。已上报《交通运输行业建设工程生产安全事故统计快报表》的事故应将最新情况继续填报,没有发生生产安全事故的省份统计零事故报送月报表。

(5)快报表报送超过规定时限,视为迟报。月报表于次月5日前未报送的,应说明情况,无故超过24小时后,视为迟报。快报表和月报表因过失未填写报送有关重要项目的,视为漏报;故意不属实上报有关重要内容的,经查证属实的,视为谎报;故意隐瞒已发生的事故,经有关部门查证属实的,视为瞒报;存在以上行为的,视情节在行业内给予通报,构成犯罪的,依法追究刑事责任。

(6)上报过程出现错报的情况,发现后应及时报送更正后的报表。如超过48小时,一经发现,视为谎报。

3) 事故报告内容

(1)事故发生单位概况;

(2)事故发生的时间、地点以及事故现场情况;

(3)事故的简要经过;

(4)事故已经造成或者可能造成的伤亡人数(包括下落不明的人数)和初步估计的直接经济损失;

(5)已经采取的措施;

(6)其他应当报告的情况。

自事故发生之日起30日内,事故造成的伤亡人数发生变化的,应当及时补报。道路交通事故、火灾事故自发生之日起7日内,事故造成的伤亡人数发生变化的,应当及时补报。

3. 事故调查处理

1) 事故调查权限

特别重大事故由国务院或者国务院授权有关部门组织事故调查组进行调查。

重大事故、较大事故、一般事故分别有事故发生地省级人民政府、设区的市级人民政府、县级人民政府只负责调查,可以直接调查,也可以授权有关部门组织事故调查组进行调查。

未造成人员伤亡的一般事故,县级人民政府也可以委托事故发生单位事故调查组进行调查。

2) 事故处理

重大事故、较大事故、一般事故负责调查的人民政府应当自收到事故调查报告之日起15日内做出批复;特别重大事故30日内做出批复,特殊情况下,可以延长,但延长的时间不得超过30日。安全生产事故处理依据如下:

(1)安全事故实况资料(时间、地点、描述、记录、照片、录像等)。

(2)有关合同及合同文件。
(3)有关技术文件和档案。
(4)相关建设工程法律法规和标准规范。

六、生产安全事故罚款处罚规定

1.《中华人民共和国安全生产法》相关规定

第一百零九条:发生生产安全事故,对负有责任的生产经营单位除要求其依法承担相应的赔偿等责任外,由安全生产监督管理部门依照下列规定处以罚款。

(1)发生一般事故的,处二十万元以上五十万元以下的罚款。

(2)发生较大事故的,处五十万元以上一百万元以下的罚款。

(3)发生重大事故的,处一百万元以上五百万元以下的罚款。

(4)发生特别重大事故的,处五百万元以上一千万元以下的罚款;情节特别严重的,处一千万元以上二千万元以下的罚款。

2.《生产安全事故罚款处罚规定(试行)》相关规定

2015年4月2日《〈生产安全事故报告和调查处理条例〉罚款处罚暂行规定》更名为《生产安全事故罚款处罚规定(试行)》,自2015年5月1日起施行。

(1)第十四条:事故发生单位对造成3人以下死亡,或者3人以上10人以下重伤(包括急性工业中毒,下同),或者300万元以上1000万元以下直接经济损失的一般事故负有责任的,处20万元以上50万元以下的罚款。

事故发生单位有本条第一款规定的行为且有谎报或者瞒报事故情节的,处50万元的罚款。

(2)第十五条:事故发生单位对较大事故发生负有责任的,依照下列规定处以罚款:

①造成3人以上6人以下死亡,或者10人以上30人以下重伤,或者1000万元以上3000万元以下直接经济损失的,处50万元以上70万元以下的罚款;

②造成6人以上10人以下死亡,或者30人以上50人以下重伤,或者3000万元以上5000万元以下直接经济损失的,处70万元以上100万元以下的罚款。

事故发生单位对较大事故发生负有责任且有谎报或者瞒报情节的,处100万元的罚款。

(3)第十六条:事故发生单位对重大事故发生负有责任的,依照下列规定处以罚款:

①造成10人以上15人以下死亡,或者50人以上70人以下重伤,或者5000万元以上7000万元以下直接经济损失的,处100万元以上300万元以下的罚款;

②造成15人以上30人以下死亡,或者70人以上100人以下重伤,或者7000万元以上1亿元以下直接经济损失的,处300万元以上500万元以下的罚款。

事故发生单位对重大事故发生负有责任且有谎报或者瞒报情节的,处500万元的罚款。

(4)第十七条:事故发生单位对特别重大事故发生负有责任的,依照下列规定处以罚款:

①造成30人以上40人以下死亡,或者100人以上120人以下重伤,或者1亿元以上1.2亿元以下直接经济损失的,处500万元以上1000万元以下的罚款;

②造成40人以上50人以下死亡,或者120人以上150人以下重伤,或者1.2亿元以上

1.5 亿元以下直接经济损失的,处 1000 万元以上 1500 万元以下的罚款;

③造成 50 人以上死亡,或者 150 人以上重伤,或者 1.5 亿元以上直接经济损失的,处 1500 万元以上 2000 万元以下的罚款。

事故发生单位对特别重大事故负有责任且有下列情形之一的,处 2000 万元的罚款:

a. 谎报特别重大事故的;
b. 瞒报特别重大事故的;
c. 未依法取得有关行政审批或者证照擅自从事生产经营活动的;
d. 拒绝、阻碍行政执法的;
e. 拒不执行有关停产停业、停止施工、停止使用相关设备或者设施的行政执法指令的;
f. 明知存在事故隐患,仍然进行生产经营活动的;
g. 一年内已经发生 2 起以上较大事故,或者 1 起重大以上事故,再次发生特别重大事故的;
h. 地下矿山矿领导没有按照规定带班下井的。

第二节 生产安全事故应急救援预案体系

为切实加强公路水运工程生产安全事故的应急管理工作,指导、协调各地建立完善应急预案体系,有效应对生产安全事故,保障公路水运工程建设正常实施,交通运输部 2018 年 3 月 27 日印发了《公路水运工程生产安全事故应急预案》。

一、概述

1. 适用范围

本预案适用于我国境内(除台湾、香港特别行政区和澳门特别行政区外)公路水运工程Ⅰ级事故的应对工作,以及需要由交通运输部支持处置的Ⅰ级以下事故的应对工作。自然灾害导致的公路水运工程生产安全事故可参照本预案进行处置。

本预案指导地方公路水运工程生产安全事故应急预案的编制以及地方交通运输主管部门、公路水运工程项目参建单位对公路水运工程生产安全事故的应对工作。

2. 工作原则

(1)以人民为中心、预防为主。

应急管理工作应当以人民为中心,以最大限度地减少人员伤亡为出发点,坚持预防与应急相结合,督促项目参建单位依法开展风险分级管控和事故隐患排查治理,提高生产安全事故的预防预控能力。

(2)以属地为主、分级响应。

各级交通运输主管部门应当在本级人民政府的统一领导下,遵循属地为主原则,按照职责分工做好分级响应,充分发挥专业技术优势,积极参与事故救援。项目参建单位应按规定开展先期自救互救,服从各级人民政府及交通运输主管部门的现场指挥,配合事故救援、调查处理工作。

(3)协调联动、快速反应。

按照协同、快速、高效原则,各级交通运输主管部门应当做好应急资源调查,加强专业技术力量储备,与当地有关部门和专业应急救援队伍保持密切协作,建立协调联动的快速反应机制。督促项目参建单位加强兼职应急救援队伍建设,提高自救、互救和应对各类生产安全事故的能力。

3. 预案体系

(1)国家公路水运工程生产安全事故应急预案(以下简称国家部门预案或本预案)。本预案是交通运输部应对公路水运工程Ⅰ级事故和指导地方公路水运工程生产安全事故应急预案编制的政策性文件,由交通运输部公布实施。

(2)地方公路水运工程生产安全事故应急预案(以下简称地方预案)。地方预案是省级、市级、县级交通运输主管部门根据国家相关法规及本预案要求,在本级人民政府的领导和上级交通运输主管部门的指导下,为及时应对本行政区域内发生的公路水运工程生产安全事故而分别制定的应急预案,由地方交通运输主管部门公布实施。其中,省级预案是省级交通运输主管部门应对公路水运工程Ⅰ级、Ⅱ级事故处置,以及省级人民政府责成处置的其他事故的政策性文件。县级、市级预案的适用范围由省级交通运输主管部门根据职责分工自行确定。

(3)公路水运工程项目生产安全事故应急预案(以下简称项目预案)。项目预案是公路水运工程项目建设或施工等参建单位制定的生产安全事故应急预案。本层级预案包括项目综合应急预案、合同段施工专项应急预案和现场处置方案。按照本预案和地方预案的总体要求,建设单位根据建设条件、自然环境、工程特点和风险特征等,制定项目综合应急预案;施工单位根据项目综合应急预案,结合施工工艺、地质、水文和气候等实际情况,对危险性较大的分部分项工程和风险等级较高的作业活动,编制合同段施工专项应急预案或现场处置方案。

(4)应急预案操作手册。各级交通运输主管部门、项目建设单位、施工单位等可根据有关应急预案要求,制定与应急预案相配套的工作程序文件。

二、组织体系

1. 应急组织体系构成

公路水运工程生产安全事故应急组织体系由国家级(交通运输部)、地方级(各级交通运输主管部门)、项目级(各公路水运工程项目参建单位)三级应急组织机构构成。

2. 交通运输部应急组织机构

1)机构构成

交通运输部在启动公路水运工程生产安全事故Ⅰ级应急响应时,同步成立"交通运输部应对××公路水运工程生产安全事故应急工作领导小组"(以下简称领导小组),领导小组是交通运输部应对公路水运工程Ⅰ级事故的指挥机构。

2)领导小组组成及职责

由部长或经部长授权的部领导任组长,分管副部长或部安全总监或部安全与质量监督管理司(以下简称安质司)及办公厅主要负责人任副组长,相关单位负责人任成员,并指明一名工作人员作为联络员。视情况成立现场工作组和专家组,在领导小组统一指导、协调下开展工作。领导小组组成见表2-7。

领 导 小 组 组 成　　　　　　　　表2-7

组长	交通运输部部长或部长授权的部领导
副组长	分管副部长或部安全总监或安全司及办公厅主要负责人
成员(视需要参加)	部应急办、政策研究室、公路局、水运局、公安局、海事局、救捞局、通信信息中心主要负责人、安质司分管负责人

领导小组主要职责：

(1)决定终止公路水运工程生产安全事故应急响应；

(2)按规定组织或配合国务院实施公路水运工程Ⅰ级事故的应急处置工作；

(3)Ⅰ级应急响应启动后,立即召开领导小组第一次工作会议,议定Ⅰ级应急响应期间领导小组各项工作制度及安排;应急响应期间,根据事态发展变化情况,及时召开后续工作会议；

(4)根据国务院要求或现场应急处置需要,决定是否成立现场工作组和专家组；

(5)当事故应急工作由国务院统一指挥时,领导小组按照国务院的指令、批示,配合协调相应的应急行动；

(6)研究决定其他相关重大事项。

3)应急日常机构

部安质司作为部公路水运工程生产安全事故应急日常机构,具体承担公路水运工程安全生产应急管理的日常工作,以及Ⅰ级应急响应启动后的组织、协调等具体工作。

应急状态下应急响应的主要职责：

(1)接收、汇总事故信息,起草有关事故情况报告,提出相关应急处置建议；

(2)传达落实领导小组下达的指令；

(3)向部应急办提出需要其他应急协作部门支持的建议；

(4)研究提出赴现场督导的技术专家人选；

(5)与部政策研究室保持沟通,确认对外发布的事故信息；

(6)与部应急办保持沟通,确认上报的事故信息；

(7)承办领导小组安排的其他工作。

应急响应结束后的主要工作：

(1)评估应急处置方案、措施及效果,总结应急救援的经验与教训,对预案体系、组织体系、应急机制及应急联动等方面进行系统性评估,提出完善应急工作的意见和建议,并向领导小组提交评估报告；

(2)参与事故调查,侧重分析技术层面原因。

4)部内有关单位职责

在领导小组的统一领导下,部安质司负责公路水运工程生产安全事故的应急处置,部应急办(中国海上搜救中心)、办公厅、政策研究室、公路局、水运局、通信信息中心等按职责分工予以配合,公安局、海事局、救捞局等视情况参与。

5)现场工作组

现场工作组视事故情况决定成立,由部安质司负责联络。公路水运工程Ⅰ级事故现场工作组经领导小组批准成立,必要时由部领导带队;Ⅱ级事故现场工作组经部长批准后成立,由部安质司主要负责人带队;Ⅲ级以下事故现场工作组经分管副部长批准后成立,由部安质司分管负责人带队。现场工作组由交通运输部、省级交通运输主管部门分别派员和有关专家组成。当国务院统一组建现场工作机构时,部应当派出相应级别的人员参加。现场工作组职责:

(1) 传达部应急工作要求,及时向部报告现场有关情况;
(2) 主动与地方政府组成的事故现场应急抢险指挥机构联系和会商;
(3) 根据现场所了解的情况,研究事故救援技术和处置方法,提供相应的技术咨询意见;
(4) 必要时向部请求调用相关专业应急救援队伍;
(5) 从专业角度分析事故原因,总结经验教训,为事故调查提供技术分析材料;
(6) 承办部交办的其他工作。

6) 专家组

专家组依地方交通运输主管部门申请或根据部应急处置工作需要成立,由部安质司提出建议。专家组由公路水运工程及其他相关行业工程技术、科研、管理等方面专家组成,根据需要参加公路水运工程生产安全事故的应急处置工作,提供专业咨询意见。

3. 地方级交通运输主管部门应急组织机构

省、市、县级交通运输主管部门应当分别组建本级公路水运工程生产安全事故应急组织机构和管理体系,明确相关岗位职责,落实具体责任人员。在本级人民政府的领导和上级交通运输主管部门的指导下,负责本行政区域内相应事故级别的公路水运工程生产安全事故应急处置工作的组织、协调、指导和监督,会同本级相关职能部门,建立应急管理预警机制和救援协作机制。

4. 项目级应急组织机构

项目建设单位应设立应急组织机构,协调各合同段施工单位的应急资源,按规定及时向交通、安监等属地直接监管的负有安全生产监督管理职责的有关部门报送事故情况,组织相邻合同段之间的自救互救,控制事故的蔓延和扩大,并保护事故现场。项目建设单位应急管理工作,应当按照属地政府和直接监管的相关主管部门的有关规定执行。

5. 协同工作机制

1) 工作联络

交通运输部建立公路水运工程生产安全事故应急联络员制度,加强信息沟通,相互配合,形成协同工作机制,部安质司负责联络。

部办公厅、政策研究室、公路局、水运局、海事局、通信信息中心等相关司局应分别明确一名应急联络员,省级交通运输主管部门应确定厅级、处级各一名本地区应急联络员。应急联络员在应急响应期间,须保持联络畅通。

2) 响应联动

各层级预案在组织体系、预防预警、应急响应、应急保障和预案管理等方面应协调一致。省级交通运输主管部门的应急预案应与本预案相衔接。当上一级应急组织机构启动响应时,下级应急组织机构应同时启动相应的应急响应,形成行业联动。

项目综合应急预案应与属地直接监管的交通运输主管部门的预案相衔接。同一个项目相邻或邻近合同段的施工专项应急预案应体现预警信息共享、应急救援互助等要求。

3）应急协作

各级交通运输主管部门应加强与本地区安监、公安、国土、环保、水利、卫生、消防、气象、地震、质监等相关部门的沟通联系,逐步建立完善应急会商机制;当公路水运工程Ⅰ级、Ⅱ级事故发生后,主动协调上述相关部门给予支持配合。

根据地方政府或各级交通运输主管部门的请求,由部应急办牵头协调武警交通部队、中央企业等专业或兼职救援队伍。救援队伍抵达事故现场后,应接受当地政府组成的现场事故应急救援指挥机构的指挥、调遣。

三、预防与预警

1. 预防预警机制

各级交通运输主管部门应在日常工作中,按照《交通运输综合应急预案》的相关要求开展对气象、海洋、水利、国土等部门的预警信息以及公路水运工程生产安全事故相关信息的搜集、接收、整理和风险分析工作,完善预防预警机制,针对各种可能发生的公路水运工程生产安全事故情形,按照相关程序发布预警信息,做到早发现、早报告、早处置。

2. 预警信息来源

预警信息来源主要包括:

（1）各级交通运输主管部门和相关单位上报的信息;

（2）气象、海洋、水利、国土、安监等政府相关部门对外发布的橙色及以上级别的天气、海况、地质等灾害预警信息;

（3）公路水运工程生产安全事故（或险情）,以及上级部门对外发布的较大及以上生产安全事故情况通报或预警信息;

（4）经交通运输主管部门核实的新闻媒体报道的信息。

3. 预防工作

（1）各级交通运输主管部门预防工作

各级交通运输主管部门应了解辖区内公路水运工程项目重大风险、重大事故隐患的分布情况,对接收到的各类预警信息要及时转发,督促项目建设单位对辖区内重点工程项目的办公场所、驻地环境、施工现场等开展经常性的隐患排查,对发现的重大事故隐患要督促项目参建单位按规定报备,提前采取排险加固等防控措施,及时撤离可能涉险的人员、船机设备等。

各级交通运输主管部门应按规定接收自然灾害类预警信息,通过网络、短消息等多种方式及时转发橙色及以上级别的预警信息,提出防范要求,有效督促、指导项目参建单位做好灾害防御工作。

（2）项目参建单位预防工作

项目参建单位均应指定专人接收预警信息,按照地方政府、行业主管部门的应急布置和项目级应急预案,提前做好各项事故预防工作。

项目建设单位应当牵头组织整个项目的事故预防工作，督促、指导项目其他参建单位按照职责做好各自的预防工作。项目施工单位应结合事故发生规律，有效开展安全风险评估与预控，认真排查各类事故隐患，制定重大事故隐患清单并组织专项治理，提前做好各项应对措施。

4．项目预警信息发布和解除

项目预警信息由建设单位根据上级预警信息或本级实际情况发布和解除。建设单位向施工合同段发布的项目预警信息应包括：可能发生的生产安全事故类别、起始时间、预警级别、影响范围、影响估计及应对措施、警示事项、从业人员自防自救措施、发布单位等。

四、应急响应

1．分级响应原则

公路水运工程生产安全事故应急响应级别分为Ⅰ、Ⅱ、Ⅲ、Ⅳ四级。当发生符合公路水运工程Ⅰ级事故情形时，交通运输部启动并实施Ⅰ级应急响应，并立即以交通运输部值班信息的形式，报中办信息综合室、国务院总值班室，应急组织机构按照本预案规定开展应急工作。

当发生符合公路水运工程Ⅱ、Ⅲ、Ⅳ级事故情形时，交通运输部视情启动Ⅱ级应急响应，应急响应内容主要包括密切跟踪突发事件进展情况，协助地方开展应急处置工作，派出现场工作组或者有关专家给予指导，协调事发地周边省份交通运输主管部门给予支持，根据应急处置需要在装备物资等方面给予协调等。

各地根据本地区实际情况制定并细化响应等级及应急响应措施。

对于Ⅰ、Ⅱ级生产安全事故，上级部门启动应急响应后，事发地应急响应级别不能低于上级部门的应急响应级别。

2．事故信息报送

公路水运工程生产安全事故发生后，项目施工单位应立即向项目建设单位、事发地交通运输主管部门和安全生产监督管理部门报告，必要时可越级上报。

事发地省级交通运输主管部门应急联络员或值班部门接报事故后，应当立即口头或短信报告部安质司应急联络员或部安质司责任处室相关人员，并按照《交通运输行业建设工程生产安全事故统计报表制度》要求，在1小时内将信息上报至部安质司，其中Ⅰ、Ⅱ级事故还应按照《交通运输突发事件信息报告和处理办法》的要求上报部应急办，并及时续报相关情况。事故信息报送流程如图2-2所示。

3．应急响应程序

1）Ⅰ级应急响应

Ⅰ级应急响应按下列程序和内容启动，具体响应及处置流程如图2-3所示。

（1）发生公路水运工程Ⅰ级事故或者接到国务院责成处理的公路水运工程生产安全事故，部安质司主要负责人（主要负责人不在京时为分管负责人）应在第一时间向分管副部长、部长报告有关情况，提出启动Ⅰ级应急响应建议，经分管副部长同意后，报请部长核准。由部长或经部长授权的部领导宣布启动交通运输部应对××公路水运工程生产安全事故的Ⅰ级应急响应,同时成立领导小组。

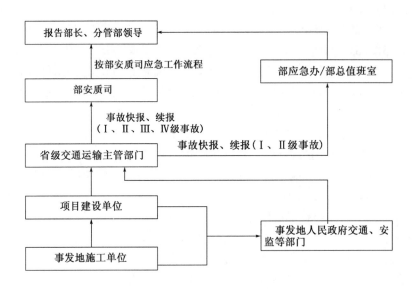

图 2-2　事故信息报送流程图

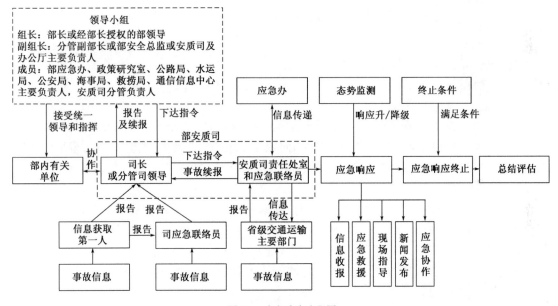

图 2-3　应急响应流程图

(2)部安质司负责筹备领导小组第一次工作会议,拟定应急响应期间的指挥协调、会商制度,提出派驻现场工作组、专家组建议,以及信息报告、新闻发布、专家咨询、后期保障等事项。

(3)部安质司负责将应急响应信息通知部内相关司局和事发地省级交通运输主管部门,各级公路水运工程生产安全事故应急响应同步启动。

(4)根据事故信息和现场情况,经部长或经部长授权的部领导批准后,尽快组织现场工作组、专家组赶赴现场参与应急处置的技术指导,追踪掌握即时事故信息。

2) Ⅱ级应急响应

Ⅱ级应急响应按照下列程序和内容启动：

(1) 发生Ⅱ级事故，部安质司主要负责人（主要负责人不在京时为分管负责人）应在第一时间向分管副部长、部长报告有关情况，提出启动Ⅱ级应急响应建议，经分管副部长同意后，报请部长核准。由分管副部长或经部长授权的部安全总监宣布启动交通运输部应对××公路水运工程生产安全事故的Ⅱ级应急响应，视情况组织现场工作组和专家组，参与事故现场应急处置的技术指导，追踪掌握即时事故信息。

(2) 发生Ⅲ级事故，部安质司主要负责人（主要负责人不在京时为分管负责人）应在第一时间向分管副部长报告有关情况，经分管副部长同意，由部安质司主要负责人或分管负责人宣布启动交通运输部应对××公路水运工程生产安全事故的Ⅱ级应急响应，根据事故应急救援需要，视情况组织现场工作组和专家组。

(3) 发生Ⅳ级事故，部安质司责任处室负责人提出启动Ⅱ级应急响应建议，报部安质司主要负责人（主要负责人不在京时为分管负责人）核准，由部安质司主要负责人或分管负责人宣布启动交通运输部应对××公路水运工程生产安全事故的Ⅱ级应急响应。

(4) Ⅱ级应急响应期间，部安质司负责跟踪、指导事发地的省级交通运输主管部门开展事故救援方案会商、专家技术支持、协调救援协作机构等具体工作。

3) 应急响应终止条件与程序

Ⅰ级、Ⅱ级应急响应至少符合下列条件方可终止：

(1) 经论证人员无生还可能；

(2) 现场应急救援工作已经结束；

(3) 险情得到控制，涉险人员安全离开危险区域并得到安置；

(4) 次生灾害基本消除。

Ⅰ级应急响应终止程序如下：部安质司根据掌握的信息，并向事发地省级交通运输主管部门核实后，满足终止响应条件时，由部安质司向领导小组提出终止响应建议，报请组长核准后，由组长宣布终止Ⅰ级应急响应，或者降低为Ⅱ级应急响应，转入相应等级的应急响应工作程序，同时宣布取消领导小组。

Ⅱ级应急响应终止程序如下：部安质司根据掌握的信息，并向事发地省级交通运输主管部门核实后，满足终止响应条件时，经分管副部长同意，Ⅱ级事故由分管副部长或部安全总监、Ⅲ级与Ⅳ级事故由部安质司主要负责人或分管负责人宣布终止应急响应。

地方应急响应终止程序由地方各级交通运输主管部门参照交通运输部应急响应终止程序，结合本地区特点制定。

4. 应急处置

1) Ⅰ级应急响应处置

(1) 现场督导。

Ⅰ级应急响应启动后，需派出现场工作组时，由部领导带队赶赴现场。部安质司负责人与责任处室负责人及相关司局人员参加现场工作组。现场工作组还应包括若干（一般1~3名）技术专家，部安质司应保持与现场工作组的即时联系沟通。现场工作组抵达事故现场后，通过事发地交通运输主管部门及时与当地政府组成的现场应急救援指挥机构取得联系，尽快确定协同工作内容及联系会商机制,按照应急处置的统一安排,积极主动配合工作,为抢险救援提供技术咨询意见。

(2)信息上传与下达。

部安质司承办处室按照《交通运输部突发事件应急工作暂行规范》做好信息上传下达工作。现场工作组抵达事故现场4小时内,应将现场情况以短信、传真或邮件等方式传给部安质司。部安质司接到现场工作组发回的事故信息1小时内,向分管副部长、部长报告,并抄报部应急办。事故现场有新情况或新风险时,现场工作组应及时向部安质司和应急办报送动态信息。

当国务院、交通运输部领导对应急处置有批示(或指示)时,部安质司应及时向事发地省级交通运输主管部门和现场工作组传达。

2)Ⅱ级应急响应处置

Ⅱ级应急响应启动后,视情况成立现场工作组时,由部安质司主要负责人或分管负责人带队赶赴现场。

部安质司按照《交通运输部安全与质量监督管理司公路水运工程施工阶段突发事件应急工作流程》开展应急处置工作。承办处室应跟踪现场工作组工作及应急处置情况,并与部应急办及时沟通相关信息。现场工作组按照本预案有关规定开展相关工作。

5. 信息发布

突发事件处置与信息发布应同步启动、同步进行。信息发布坚持实事求是、及时公开的原则,按照《交通运输综合应急预案》规定执行。对于情况较为复杂的突发事件,在事态尚未清楚、但可能引起公众猜测或恐慌时,应在第一时间发布已认定的简要信息,根据事态发展和处置工作进展情况,再作后续详细发布。

6. 善后处置

事故善后处置工作以属地为主,在属地人民政府以及负责事故调查处置的相关机构的统一部署、领导下,各级交通运输主管部门要按职责分工做好相关工作;同时督促项目参建单位对事故引发的各种潜在危害要组织安全风险评估,对主要结构物进行监测,在此基础上制定相应的专项施工方案,防止盲目复工,导致二次或衍生事故的发生。

7. 总结评估

1)评估总体要求

(1)应急响应终止后,事发地交通运输主管部门应结合项目建设单位、监理单位、施工单位上报的应急工作总结,及时总结分析评估,编写应急工作总结、事故应急评估报告。

(2)Ⅰ级应急响应终止后,部安质司应根据事发地省级交通运输主管部门的应急工作总结、事故应急评估报告及现场督导情况,编制部级应急总结评估报告,评估应急工作情况,总结经验教训,提出预案改进建议。

2)评估目的

通过评估,判断应急工作的质量和效率,发现存在的问题,总结经验教训,寻找有效的解决手段,为以后事故处置提供可借鉴信息;修订完善应急预案,进一步健全应急管理体系和运行机制。

3)评估内容和程序

(1)评估内容。

在充分分析工程风险因素、事故起因、救援经过的基础上,重点评估以下内容:

①预防预警和预控措施;
②项目应急自救效果及能力;
③信息报送的时效性与准确性;
④事故救援组织机构设置及运行;
⑤现场救援决策、指挥、协调机制及效率;
⑥技术方案及实施情况;
⑦应急协作及应急保障。

(2)评估程序。

①搜集评估信息;
②邀请专家协助开展评估;
③事发地交通运输主管部门编写事故(或险情)应急评估报告,发生Ⅱ级以上事故,或交通运输部启动应急响应时,省级交通运输主管部门应于应急响应终止后的 45 个工作日内将本级部门的应急工作总结、事故应急评估报告向部安质司报备。

8. 事故调查及原因分析

各级交通运输主管部门应当积极参与国务院或有关地方人民政府组织的事故调查工作,选派相应的技术专家和应急管理人员参加事故调查工作。技术专家和应急管理人员应当诚信公正、恪尽职守,遵守事故调查组的各项工作纪律。

交通运输主管部门派出的人员参与事故调查时,应注重从技术调查入手,提供技术咨询,促进事故技术调查更加深入,并为行业监管提供借鉴。重点分析事故发生的工程质量、技术管理等方面的主观因素,以及工程地质、水文、气象等方面的客观因素,并提出行业监管的改进建议等。

Ⅱ级以上事故调查完毕后 30 个工作日内,参与调查的人员应向部安质司提交技术调查总结材料。

五、应急保障

1. 日常应急机构运行

部安质司在日常状态下根据国家有关安全生产应急管理的法律、法规,拟定公路水运工程生产安全事故应急管理的政策、制度,制定和修订本预案,指导公路水运工程生产安全应急管理工作。跟踪、收集、分析事故信息,提出改进应急管理的工作建议,按规定组织或参与公路水运工程安全生产应急培训和演练、重大以上级别生产安全事故的调查处理等。

2. 人力保障

公路水运工程应急救援队伍建设遵循"专兼结合、上下联动"的原则。建设单位应发挥施工单位的自我救助能力,充分了解本项目可调配的应急救援人力和物力,建立兼职的抢险救援队伍和救援设备力量,或与社会专业救援队伍签订救援协议。武警交通部队纳入国家应急救援力量体系,是国家公路交通应急抢险救援保通专业队伍,救援力量调动使用应按照有关规定执行。

各级交通运输主管部门要重视公路水运工程应急技术专家管理、应急管理队伍建设和应急资源信息收集。

(1)应急技术专家:交通运输部成立公路水运工程建设领域安全生产应急专家组,主要由从事科研、勘察、设计、施工、监理、安全等专业的技术专家组成。应急专家按照部应急专家工作规则的要求,为事故分析评估、现场应急救援及灾后恢复重建等提供咨询意见。地方交通运输主管部门启动Ⅱ级及以下应急响应时,可提请部安质司协助选派部应急专家。

(2)应急管理队伍:主要由各级交通运输主管部门的安监、建设管理等相关处室及公路、港航、海事、质监机构的负责人和应急联络员组成,参与或组织公路水运工程生产安全事故应急救援工作。

(3)应急资源信息:充分了解、掌握本地区及邻近地区的专业(兼职)抢险救援队伍和应急技术装备等应急资源信息分布情况,为应急处置工作提供社会资源储备。

3. 财力保障

(1)应急保障所需的各项经费按照现行事权、财权划分原则,分级负担,并按规定程序列入各级交通运输主管部门年度财政预算。

(2)项目建设、施工单位应建立应急资金保障制度,制定年度应急保障计划,设立应急管理台账,按照国家有关规定设立、提取和使用安全生产专项费用,按要求配备必要的应急救援器材、设备。监理单位应加强对施工单位应急资金使用台账的审核。

(3)项目建设单位应按规定投保建筑工程一切险等险种。项目施工单位应按相关保险规定,为本单位员工及相关劳务合作人员缴纳工伤保险费,鼓励为危险岗位作业人员投保意外伤害险和安全生产责任险。

4. 宣传、教育和培训

各级交通运输主管部门应将应急宣传、教育和培训作为安全生产教育的重要内容,纳入年度培训计划。每年对应急工作人员进行培训;督导项目建设、施工、监理等单位结合当地政府的统一部署,有计划、有针对性地开展应急工作的宣传、教育和培训。

项目建设和施工单位应将应急培训纳入项目年度培训计划,有计划地对管理人员,尤其是施工一线工人进行培训,提高其专业技能。监理单位应督促施工单位定期组织安全培训,并审查其安全培训记录。应急培训教育可通过农民工夜校、安全技术交底、岗前警示教育等形式,采用多媒体、动漫、案例等手段,有效开展应急知识培训宣传教育,切实提高一线人员的应急逃生及避险技能。

5. 预案演练

各级交通运输主管部门应组织开展本级应急预案的演练。项目参建单位应根据工程特点,分门别类定期开展应急演练工作。

演练可通过桌面推演、实战演习等多种形式开展,解决操作性、针对性、协同配合等问题,提高快速反应能力、应急救援能力和协同作战能力。

应急演练组织单位应在演练过程中做好演练记录,应急演练结束后对演练进行总结和评价。

6. 责任与奖惩

公路水运工程生产安全事故应急管理工作实行领导负责制和责任追究制。

各级交通运输主管部门应对在应急工作中做出突出贡献的集体和个人给予宣传、表彰和奖励。

违反《交通运输部安全生产事故责任追究办法(试行)》(交安监发〔2014〕115号)第八条、第九条、第十条的情形,依此办法规定追究相关人员的责任,构成犯罪的移交司法部门,依法追究刑事责任。

六、评审与备案

1. 预案评审

各级交通运输主管部门应当组织有关专家对本部门编制的公路水运工程生产安全事故应急预案进行审定。

施工单位针对危险性较大的分部分项工程和风险等级较高的作业活动编制的专项应急预案和现场处置方案,应当组织专家评审,形成书面纪要并附有专家名单。

预案评审时应考虑应急预案的实用性、基本要素的完整性、预防措施的针对性、组织体系的科学性、响应程序的可操作性、应急保障措施的可行性、预案间的衔接性等内容。

2. 预案备案

各级交通运输主管部门按照本预案的规定制定相应的公路水运工程生产安全事故应急预案,并应及时向当地人民政府和上级交通运输主管部门备案。

国家高速公路、独立特大桥及特长隧道、10万吨级以上码头、航电枢纽等工程的项目综合应急预案,按规定向属地直接监管的负有安全生产监督管理职责的交通运输管理部门和安全生产监督管理部门备案。

施工单位制订的合同段施工专项应急预案和现场处置方案应向建设单位备案,并履行相关审批程序。

第三节 双重预防机制建设

双重预防机制是指以风险分级管控和隐患排查治理两种手段相结合的生产安全事故预防机制。开展双重预防机制建设,是安全管理工作的发展和进步。国务院安委会办公室2016年4月印发的《标本兼治遏制重特大事故工作指南》中提出"构建安全风险分级管控和隐患排查治理双重预防性工作机制"(简称双重预防机制)。交通运输部2017年4月27日印发《公路水路行业安全生产风险管理暂行办法》《公路水路行业安全生产事故隐患治理暂行办法》。

一、总体思路和工作目标

1. 总体思路

准确把握安全生产的特点和规律,坚持风险预控、关口前移,全面推行安全风险分级管控,进一步强化隐患排查治理,推进事故预防工作科学化、信息化、标准化,实现把风险控制在隐患形成之前、把隐患消灭在事故前面。

2. 工作目标

尽快建立健全安全风险分级管控和隐患排查治理的工作制度和规范,完善技术工程支撑、智能化管控、第三方专业化服务的保障措施,实现企业安全风险自辨自控、隐患自查自治,形成政府领导有力、部门监管有效、企业责任落实、社会参与有序的工作格局,提升安全生产整体预控能力,夯实遏制重特大事故的坚强基础。

二、着力构建企业双重预防机制

1. 全面开展安全风险辨识

各地区要指导推动各类企业按照有关制度和规范,针对本企业类型和特点,制定科学的安全风险辨识程序和方法,全面开展安全风险辨识。企业要组织专家和全体员工,采取安全绩效奖惩等有效措施,全方位、全过程辨识生产工艺、设备设施、作业环境、人员行为和管理体系等方面存在的安全风险,做到系统、全面、无遗漏,并持续更新完善。

2. 科学评定安全风险等级

企业要对辨识出的安全风险进行分类梳理,参照《企业职工伤亡事故分类》(GB 6441—1986),综合考虑起因物、引起事故的诱导性原因、致害物、伤害方式等,确定安全风险类别。对不同类别的安全风险,采用相应的风险评估方法确定安全风险等级。安全风险评估过程要突出遏制重特大事故,高度关注暴露人群,聚焦重大危险源、劳动密集型场所、高危作业工序和受影响的人群规模。安全风险等级从高到低划分为重大风险、较大风险、一般风险和低风险。其中,重大安全风险应填写清单、汇总造册,按照职责范围报告属地负有安全生产监督管理职责的部门。

3. 有效管控安全风险

企业要根据风险评估的结果,针对安全风险特点,从组织、制度、技术、应急等方面对安全风险进行有效管控。要通过隔离危险源、采取技术手段、实施个体防护、设置监控设施等措施,达到回避、降低和监测风险的目的。要对安全风险分级、分层、分类、分专业进行管理,逐一落实企业、车间、班组和岗位的管控责任,尤其要强化对重大危险源和存在重大安全风险的生产经营系统、生产区域、岗位的重点管控。企业要高度关注运营状况和危险源变化后的风险状况,动态评估、调整风险等级和管控措施,确保安全风险始终处于受控范围内。

4. 实施安全风险公告警示

企业要建立完善安全风险公告制度,并加强风险教育和技能培训,确保管理层和每名员工都掌握安全风险的基本情况及防范、应急措施。要在醒目位置和重点区域分别设置安全风险公告栏,制作岗位安全风险告知卡,标明主要安全风险、可能引发事故隐患类别、事故后果、管控措施、应急措施及报告方式等内容。对存在重大安全风险的工作场所和岗位,要设置明显警示标志,并强化危险源监测和预警。

5. 建立完善隐患排查治理体系

风险管控措施失效或弱化极易形成隐患,酿成事故。企业要建立完善隐患排查治理制度,制定符合企业实际的隐患排查治理清单,明确和细化隐患排查的事项、内容和频次,并将责任逐一分解落实,推动全员参与自主排查隐患,尤其要强化对存在重大风险的场所、环节、部位的隐患排查。要通过与政府部门互联互通的隐患排查治理信息系统,全过程记录报告隐患排查治理情况。对于排查发现的重大事故隐患,应当在向负有安全生产监督管理职责的部门报告的同时,制定并实施严格的隐患治理方案,做到责任、措施、资金、时限和预案"五落实",实现隐患排查治理的闭环管理。事故隐患整治过程中无法保证安全的,应停产停业或者停止使用相关设施设备,及时撤出相关作业人员,必要时向当地人民政府提出申请,配合疏散可能受到影响的周边人员。

三、双重预防机制建设监理

1. 基本要求

(1)双重预防机制是以风险分级管控和隐患排查治理两种手段相结合的生产安全事故预防工作机制。

(2)监理机构应督促并参与施工单位双重预防机制建设,在施工安全风险评估报告的基础上,开展风险分级管控;在重大风险管控的基础上,开展隐患排查治理,提升安全生产整体预控能力,夯实遏制安全事故的基础。

2. 监理工作内容

(1)监理机构应督促施工单位开展安全风险辨识,在安全风险辨识的基础上,开在安全风险评估,编制施工安全风险评估报告,落实安全风险分级管控措施;开展事故隐患排查治理,落实事故隐患排查治理和防控责任制度,改进安全生产工作。

(2)监理机构应审查施工单位报送的安全风险评估报告、安全风险清单、重大安全风险管控措施,审查重大安全事故隐患治理方案;检查施工现场安全风险分布图、安全风险公告栏,检查作业安全风险比较图、岗位安全风险告知卡;参与施工单位隐患排查治理,定期检查隐患排查治理台账的建立和记录情况。

第四节 安全风险分级管控

一、安全风险分级管控工作要求

(1)施工单位应实施安全风险分级管控,全面开展风险辨识,按规定开展安全风险评估,依据评估结论完善设计方案、施工组织设计、专项施工方案及应急预案。

(2)施工作业区应当根据施工安全风险辨识、评估结果,确定不同风险等级的管理要求,合理布设。在风险较高的区域应当设置安全警戒和风险告知牌,做好风险提示或采取隔离措施。

(3)施工过程中,应当建立风险动态监控机制,按要求进行监测、评估、预警,及时掌握风险的状态和变化趋势。重大风险应当及时登记备案,制定专项管控和应急措施,并严格落实。

(4)安全生产风险辨识评估、桥梁和隧道工程施工安全风险评估、路堑高边坡工程施工安全风险评估工作费用在项目安全生产费用中列支。

二、基本概念

(1)风险。不确定性对目标的影响。影响是偏离预期,通常指负面的。目标可以是不同方面(如:生命财产安全、环境保护、社会影响等)和层面(如:战略、组织范围、项目、产品和过程)的目标。

(2)风险管理。在风险方面,指导和控制组织的协调活动。

(3)致险因素。促使公路水路行业各类突发事件发生,或增加其发生的可能性,或扩大其损失程度,或增大其不良社会影响的潜在原因或条件。重点关注人、设施设备、环境和管理方面影响公路水路行业安全生产的各项因素。

(4)风险辨识。发现、确认和描述风险的过程。风险辨识包括风险原因和潜在后果的辨识。

(5)风险评估。将风险辨识的结果按照风险评估标准进行评估,以确定风险和(或)其量的大小、级别,及是否可接受或可容许。

(6)风险等级。单一风险或组合风险的大小,以后果和可能性的组合来表达。

(7)可能性。某事件发生的机会。

(8)后果。事件对目标的影响结果。一个事件可以产生一系列的后果。后果可以是确定或不确定的,以及对目标具有积极或消极的影响。

(9)风险管控。应对风险的措施。管控包括应对风险的任何流程、策略、设施设备、操作或其他行动。

(10)风险降低。减少风险的消极后果,降低其发生概率或二者兼有的行为。

三、施工安全风险辨识

1. 确定辨识范围

公路水路交通运输行业生产经营单位,应根据业务经营范围,综合考虑不同业务范围风险事件发生的独立性,以及历史风险事件发生情况,研究确定一个或以上风险辨识范围。

2. 划分作业单元

公路水路交通运输行业生产经营单位,应按照风险管理需求"独立性"原则,根据业务范围、生产区域、管理单元、作业环节、流程工艺等进行作业单元划分,并建立作业单元清单。

3. 确定风险事件

针对不同作业单元,结合日常安全生产管理实际,综合考虑历史风险事件发生情况,研究确定各作业单元可能发生的风险事件。风险事件分析表见表2-8。

风险事件分析表 表2-8

风险辨识范围(业务名称)	作业单元	典型风险事件

4. 分析致险因素

针对不同作业单元,按照人、设施设备(含货物或物料)、环境、管理四要素进行主要致险因素分析。致险因素分析表见表2-9。

致因因素分析表 表2-9

风险辨识范围(业务名称)	作业单元	典型风险事件	致 险 因 素			
			人的因素	设施设备因素	环境因素	管理因素

5. 编制风险辨识手册

针对本单位生产经营活动范围及其生产经营环节,按照相关法规标准和规范相关要求,编制风险辨识手册,明确风险辨识范围、划分作业单元、确定风险事件、分析致险因素。

全面辨识应每年不少于1次,专项辨识应在生产经营环节或其要素发生重大变化或管理部门有特殊要求时及时开展。安全生产风险辨识后形成风险清单。

四、施工安全风险评估

1. 评估对象与适用范围

1)评估对象

施工单位应对新建、改建、扩建以及拆除、加固等公路水运工程项目,在施工阶段,按有关规定进行施工安全风险评估。

2)适用范围

具有以下特点(满足下列条件之一)的公路项目,应开展施工安全风险评估。

(1)桥梁工程。

①多跨或跨径大于40m的石拱桥,跨径大于或等于150m的钢筋混凝土拱桥,跨径大于或等于350m的钢箱拱桥,钢桁架、钢管混凝土拱桥;

②跨径大于或等于140m的梁式桥,跨径大于400m的斜拉桥,跨径大于1000m的悬索桥;

③墩高或净空大于100m的桥梁工程;

④采用新材料、新结构、新工艺、新技术的特大桥、大桥工程;

⑤特殊桥型或特殊结构桥梁的拆除或加固工程;

⑥施工环境复杂、施工工艺复杂的其他桥梁工程。

（2）隧道工程。

①穿越高地应力区、岩溶发育区、区域地质构造、煤系地层、采空区等工程地质或水文地质条件复杂的隧道，黄土地区、水下或海底隧道工程；

②浅埋、偏压、大跨度、变化断面等结构受力复杂的隧道工程；

③长度3000m及以上的隧道工程，Ⅵ、Ⅴ级围岩连续长度超过50m或合计长度占隧道全长的30%及以上的隧道工程；

④连拱隧道和小净距隧道工程；

⑤采用新技术、新材料、新设备、新工艺的隧道工程；

⑥隧道改扩建工程；

⑦施工环境复杂、施工工艺复杂的其他隧道工程。

（3）路堑高边坡工程。

①高于20m的土质边坡、高于30m的岩质边坡；

②老滑坡体、岩堆体、老错落体等不良地质体地段开挖形成的不足20m的边坡；

③膨胀土、高液限土、冻土、黄土等特殊岩土地段开挖形成的不足20m的边坡；

④城乡居民居住区、民用军用地下管线分布区、高压铁塔附近等施工场地周边环境复杂地段开挖形成的不足20m的边坡。

2. 评估要求

施工单位应建立安全风险评估管理制度，明确安全风险评估的目的、范围、频次、准则和工作程序等。应在施工安全风险辨识的基础上开展施工安全风险评估，施工安全风险评估应符合下列规定：

（1）安全风险评估是指运用定性或定量的统计分析方法对安全风险进行分析、确定其严重程度，对现有控制措施的充分性、可靠性加以考虑，以及对其是否可接受予以确定的过程。

（2）施工单位应从发生危险的可能性和严重程度、可能发生的生产安全事故的特点和危害等方面，对风险因素进行分析，选择合适的风险评估方法，明确风险评估规则。

（3）施工单位应根据风险评估规则，对风险清单逐项评估，确定风险等级。

（4）施工安全风险评估应遵循动态管理的原则，当工程设计方案、施工方案、工程地质、水文地质、施工队伍等发生变化时，应重新进行风险评估。

3. 评估内容

公路工程施工安全风险评估分为总体风险评估和专项风险评估，评估工作原则上由项目施工单位具体负责。当被评估项目含多个合同段时，总体风险评估应由建设单位牵头组织，专项风险评估工作仍由合同施工单位具体实施。

1）总体风险评估

以全线的桥梁、隧道和路堑高边坡为评估对象，根据工程建设规模、地质条件、结构特点等孕险环境与致险因子，评估工程施工期间的整体安全风险大小，确定风险等级并提出控制措施。

公路桥梁和隧道工程施工安全总体风险评估推荐采用风险指标体系法。评估小组可根据工程实际情况，并结合自身经验，对指标体系进行改进。桥梁工程的总体风险评估主要考虑桥梁建设规模、地质条件、气候环境条件、地形地貌、桥位特征及施工工艺成熟度等评估指标;隧道工程的总体风险评估主要考虑隧道地质条件、建设规模、气候与地形条件等评估指标。

路堑高边坡总体风险评估的依据主要有地质勘察报告、施工图设计文件、评估人员的现场调查资料及行业标准、规范等。路堑高边坡总体风险评估方法推荐采用专家调查评估法和指标体系法。评估方法只考虑客观致险因子,不考虑主观因素(如人的素质、管理等)。

2)专项风险评估

当总体风险评估等级达到Ⅲ级(高度风险)及以上时,将其中高风险的施工作业活动(或施工区段)作为评估对象,根据其安全风险特点,进行风险辨识、分析、估测;并针对其中的重大风险源进行量化评估,划分风险等级,提出风险控制措施。

(1)桥梁和隧道工程。

通过对施工作业活动中或施工组织设计中的危险源普查,在分析物的不安全状态、人的不安全行为、工艺的不完善、制度的不健全基础上,确定重大危险源和一般危险源。对重大危险源发生事故的概率及损失进行分析,评估其发生重大事故的可能性与严重程度,对照相关风险等级标准,确定专项风险等级。

在专项风险评估中,风险估计和评价是风险评估的重点,风险评价中最关键的是风险因素概率和后果等级的取值。通过对足够的已知数据的分析来找出风险发生的分布规律,从而预测出其发生概率和后果大小;在缺少足够数据的情况下,由评估人员或专家根据隧道实际情况对风险等级进行综合判断。

(2)路堑高边坡。

路堑高边坡专项风险评估可分为施工前专项评估和施工过程专项评估。路堑高边坡分部分项工程开工前,应完成施工前专项风险评估,形成专项风险评估报告。路堑高边坡专项风险评估单元以单一的工程措施为对象,同时采取两种以上工程措施的,应结合工程实际,进行工序分解。

路堑高边坡施工过程中,出现如下情况之一的,应开展施工过程专项风险评估:

①经论证出现了新的重大风险源;

②风险源(致险因子)发生了重大变化,如现场揭露地质条件与事前判别的地质条件相差较大、主要施工工艺发生实质性改变、发生生产安全事故或重大险情等情况。

施工过程风险评估报告以报表形式反映,报表中应包含评估指标前后变化对比、现阶段风险评估等级、风险源及防控措施等。

4. 风险评估

1)风险评估指标体系确定

风险等级主要由风险事件发生的可能性(L)、后果严重程度(C)决定。

(1)指标体系分级标准。

①可能性指标分级标准。

可能性统一划分为五个级别,分别是:极高、高、中等、低、极低。可能性判断标准表见表2-10。

可能性判断标准表 表 2-10

序 号	可能性级别	发生的可能性	取 值 区 间
1	极高	极易	(9,10]
2	高	易	(6,9]
3	中等	可能	(3,6]
4	低	不大可能	(1,3]
5	极低	极大可能	(0,1]

注:可能性指标取值为区间内的整数或最多一位小数。

②后果严重程度分级标准。

后果严重程度统一划分为四个级别,特别严重、严重、较严重、不严重。后果严重程度判断标准表见表 2-11、后果严重程度等级取值表见表 2-12。

后果严重程度判断标准表 表 2-11

后果严重程度	后果严重程度总体判断标准定义
特别严重	(1)人员伤亡,可能发生人员伤亡数量达到中华人民共和国国务院《生产安全事故报告和调查处理条例》中特别重大事故伤亡标准; (2)经济损失,可能发生经济损失达到中华人民共和国国务院《生产安全事故报告和调查处理条例》中特别重大事故经济损失标准; (3)环境污染,可能造成特别重大生态环境灾害或公共卫生事件; (4)社会影响,可能对国家或区域的社会、经济、外交、军事、政治等产生特别重大影响
严重	(1)人员伤亡,可能发生人员伤亡数量达到中华人民共和国国务院《生产安全事故报告和调查处理条例》中重大事故伤亡标准; (2)经济损失,可能发生经济损失达到中华人民共和国国务院《生产安全事故报告和调查处理条例》中重大事故经济损失标准; (3)环境污染,可能造成重大生态环境灾害或公共卫生事件; (4)社会影响,可能对国家或区域的社会、经济、外交、军事、政治等产生重大影响
较严重	(1)人员伤亡,可能发生人员伤亡数量达到中华人民共和国国务院《生产安全事故报告和调查处理条例》中较大事故伤亡标准; (2)经济损失,可能发生经济损失达到中华人民共和国国务院《生产安全事故报告和调查处理条例》中较大事故经济损失标准; (3)环境污染,可能造成较大生态环境灾害或公共卫生事件; (4)社会影响,可能对国家或区域的社会、经济、外交、军事、政治等产生较大影响
不严重	(1)人员伤亡,可能发生人员伤亡数量达到中华人民共和国国务院《生产安全事故报告和调查处理条例》中一般事故伤亡标准; (2)经济损失,可能发生经济损失达到中华人民共和国国务院《生产安全事故报告和调查处理条例》中一般事故经济损失标准; (3)环境污染,可能造成一般生态环境灾害或公共卫生事件; (4)社会影响,可能对国家或区域的社会、经济、外交、军事、政治等产生较小影响

注:表中同一等级的不同后果之间为"或"关系,即满足条件之一即可。

后果严重程度等级取值表　　表2-12

后果严重程度	后果严重程度取值
特别严重	(55,100]
严重	(20,55]
较严重	(5,20]
不严重	(0,5]

(2) 指标体系确定方法。

① 可能性指标确定方法。

针对不同作业单元,搜集生产经营单位近年来突发事件发生情况频次数据,并根据最新辨识到的主要致险因素,结合行业实践经验,进行风险事件发生可能性评价,并通过可能性判断标准,进行突发事件发生可能性评分。

② 后果严重程度指标确定方法。

针对不同作业单元,分析风险事件发生后,可能造成的最大人员伤亡、经济损失、环境污染、社会影响,综合参考历史上类似事件后果损失,根据后果严重程度判断标准,进行后果严重程度指标评分。

2) 风险等级评估标准

公路水路交通运输行业安全生产风险等级(D)由高到低统一划分为四级:重大、较大、一般、较小。风险等级大小(D)由风险事件发生的可能性(L)、后果严重程度(C)两个指标决定,即 $D = L \times C$。

风险等级取值区间见表2-13。

风险等级取值区间表　　表2-13

风 险 等 级	风险等级取值
重大	10
较大	5
一般	2
较小	1

3) 整体风险评估标准

根据宏观管理需要,结合历史风险管理经验,进行区域(领域)范围不同等级风险数量阈值设置。当区域(领域)范围内某一等级的风险数量处于阈值范围内,则认为区域(领域)整体风险等级达到一定级别。当整体风险处于"重大风险"时,应根据"风险管控"要求,积极加强风险管控。

4) 风险等级的调整与变更

风险管理对象初评为"重大风险"后,针对不可接受风险,生产经营单位应针对主要致险因素(人、设施设备、环境、管理),及时通过人、财、物、技术等方面的投入,降低风险等级,后经重新评估后可变更风险等级。针对因主、客观因素,不可降低的"重大风险"应积极加强风险管控。

生产经营单位若发现新的致险因素出现,或已有主要致险因素发生变化,导致发生风险事件可能性,或后果严重程度显著变化时,应及时开展风险再评估,并变更风险等级。

五、施工安全风险评估报告

1. 编制要求

施工单位应根据施工安全辨识和评估,编制施工安全风险评估报告。施工安全风险评估报告的编制应符合下列规定:

(1)施工单位应当实施安全风险管理,建立施工安全风险评估制度,根据建设单位编制的项目工程总体安全风险评估报告,在编制施工组织设计的同时,开展合同段施工安全风险评估,编制合同段专项风险评估报告和重大风险管控方案。

(2)施工单位应成立风险评估小组,进行风险辨识、风险分析、风险估测,提出风险管理措施建议,形成合同段施工安全风险报告。

(3)合同段施工安全风险评估报告应由风险评估小组编制,组织专家评审修改形成最终报告,经评估小组人员及评估组长签名,施工企业技术负责人审核签字后,报监理工程师审核。

(4)评估工作负责人应当具有5年以上的工程管理经验,并有参与类似工程施工的经历,当施工单位的施工经验或能力不足时,可委托行业内安全评估机构承担相关风险评估工作。

(5)施工风险评估报告评审专家组不得少于5人,专家应由建设、设计、勘察、监理、施工等单位具有勘察、设计、施工管理经验的人员组成。

2. 施工安全风险评估报告内容

(1)编制依据。
①项目风险管理方针及策略;
②相关的国家和行业标准、规范;
③项目设计和施工方面的文件;
④项目各阶段(工程可行性研究、初步设计、详细设计等)等审查意见;
⑤设计阶段风险评估意见。
(2)工程概况(含现场调查资料)。
(3)评估过程和评估方法。
(4)评估内容。
①总体风险评估;
②专项风险评估,包括风险源普查、辨识、分析以及重大风险源的估测。
(5)对策措施及建议。
(6)评估结论。
①重大风险源风险等级汇总;
②Ⅲ级和Ⅳ级风险存在的部位、方式等情况;
③评估结果自我评价(分析评估结果的科学性、可行性、合理性)及遗留问题说明。
(7)附件(评估计算过程、评估人员信息、评估单位资质信息等)。

3. 风险管控

1）一般要求

生产经营单位应根据不同作业单元的风险等级,明确风险管控责任、制定相关制度、实施风险管控,将安全生产风险控制在可接受范围之内,防范安全生产事故发生。

2）管控责任

（1）生产经营单位应严格落实风险管控主体责任,结合生产经营业务风险管控需求,以及机构设置情况,按照"分级管理"原则,明确不同等级风险管控责任分工,并细化岗位责任。

（2）生产经营单位的主要负责人对本单位的风险管控工作全面负责,主要职责包括：组织建立健全风险管控规章制度,组织制订安全生产风险管控教育和培训计划,保证风险管控经费投入,开展安全生产风险管控督促检查,并定期开展"重大风险"管控措施落实情况监督检查,组织制订风险事件应急预案或措施,及时、如实上报安全生产风险事件。

（3）生产经营单位的安全管理部门对本单位的风险管控工作具体负责,主要职责包括：建立健全风险管控规章制度,制订安全生产风险管控教育和培训计划并组织实施,制订风险管控经费使用计划并监督实施,执行风险管控监督检查,监督落实"重大风险"管控措施,制订风险事件应急预案或措施并监督实施,及时、如实上报安全生产风险事件,定期开展风险管控工作总结和改进建议。

（4）生产经营单位的业务管理部门对本单位的风险管控具体负责,职责包括：落实风险管控规章制度,制订并落实风险管控措施,及时、如实上报安全生产风险事件,参加安全生产风险管控教育和培训,定期或不定期向安全管理部门进行风险管控工作汇报和改进建议。

（5）生产经营单位的基层管理单位实施具体风险管控,职责包括：落实风险管控规章制度,开展风险监测预警、警示告知、风险降低等风险管控工作,开展风险事件发生后的应急处置工作,参加安全生产风险管控教育和培训,定期或不定期向业务管理部门进行工作汇报和改进建议。

（6）生产经营单位委托第三方机构开展风险管控技术服务的,风险管控责任仍由生产经营单位承担。

3）管控制度

（1）生产经营单位应制定本单位的各项风险管控制度,包括风险监控预警、风险警示告知、风险降低、教育培训、档案管理、风险控制等工作制度。

（2）风险监控预警工作制度应明确以下内容：风险监控部门或人员、风险监控对象、监控重点、监控内容、监控要求、监控手段、预警内容、预警级别、预警阈值、预警方式、防御性响应等。

（3）风险警示告知工作制度应明确以下内容：警示对象、警示方式、警示内容等。警示对象包括：单位工作人员以及社会公众。

（4）警示方式包括：物理隔离、标志标牌、语音提醒、人工干预等。

（5）警示内容包括：风险类型、位置、风险危害、影响范围、致险因素、可能发生的风险事件及后果、安全防范与应急措施等。

（6）风险降低工作制度应明确以下内容：风险类型、级别、主要致险因素、风险降低措施、资金来源、风险降低要求、风险降低目标等。

(7) 教育培训工作制度应明确以下内容：教育培训内容、对象、形式、要求、考核等。

(8) 档案管理工作制度应明确以下内容：档案管理对象、管理内容、管理形式、管理有效期、使用方式、使用权限、更新要求、保密要求等。

(9) 风险控制工作制度应明确以下内容：分类别、分级别的风险控制工作机制、工作流程、技术要求等。

4）管控措施

(1) 监测预警。

生产经营单位应落实风险监测预警工作制度，根据不同的监控对象、监控重点、监控内容、监控要求，采取科学高效的方式，切实加强监测预警工作。

风险监测预警人员，应根据风险监测预警工作制度，由监测系统或人工实现对作业单元的实时状态和变化趋势的掌握，根据主要致险因素的管控临界值，实现异常预警，相关预警信息应及时报告相关管理部门和人员。

生产经营单位相关部门和人员收到预警信息后，应及时做好应急人员、物资、装备等防御性响应工作，防范安全生产事故发生。

生产经营单位存在重大风险的，应制订专项动态监测计划，实时更新监测数据或状态，并单独建档。

重大风险进入预警状态的，应依据有关要求采取措施全面立即响应，并将预警信息同步报送属地负有安全生产监督管理职责的管理部门。其他等级风险监测、预警等应严格执行生产经营单位分级管理制度。

(2) 警示告知。

生产经营单位应落实风险警示告知工作制度，将风险基本情况、应急措施等信息通过安全手册、公告提醒、标识牌、讲解宣传、网络信息等方式告知本范围从业人员和进入风险工作区域的外来人员，指导、督促做好安全防范。

在主要风险场所设置安全警示标识，标明警示内容，并将主要风险类型、位置、风险危害、影响范围、致险因素、可能发生的风险事件及后果、安全防范与应急措施告知直接影响范围内的相关部门和人员。

生产经营单位存在重大风险。应将重大风险的名称、位置、危险特性、影响范围、可能发生的安全生产事故及后果、管控措施和安全防范与应急措施告知直接影响范围内的相关单位或人员。

应在风险影响的场所（区域、设备）入口处，给出明显的警示标识，并以文字或图像等方式，给出进入重大风险区域注意事项提示。

其他等级风险警示告知工作应严格执行生产经营单位分级管理制度。

(3) 风险降低。

生产经营单位应落实风险降低工作制度，根据本单位的风险辨识、评估结果，针对人、设施设备、环境、管理等致险因素，采取有效的风险降低措施，降低风险等级。

生产经营单位存在重大风险的，应根据主要致险因素的可控性，积极制定风险降低工作制度，并建立重大风险降低专项资金，满足生产经营单位针对重大风险的管控需求。其他等级风险降低工作应严格执行生产经营单位分级管理制度。

（4）应急处置。

生产经营单位应加强风险事件应急处置体系建设，包括完善应急预案、理顺应急管理机制、组建专兼职应急队伍、储备应急物资和装备、加强应急演练等。

突发事件发生后，应依据《中华人民共和国突发事件应对法》，按照"分级负责、属地管理"的原则，严格执行行业、生产经营单位制订的相关应急预案、应急协调联动机制，接受地方政府、行业管理部门的统一应急指挥决策、应急协调联动、应急信息发布，并积极开展突发事件现场的应急处置工作。

重大风险应单独编制专项应急措施。定期开展重大风险应急处置演练。

5）登记备案

生产经营单位应落实重大风险信息登记备案规定，如实记录风险辨识、评估、监测、管控等工作，并规范管理档案。重大风险应单独建立清单和专项档案。应明确信息登记责任人，严格遵守报备内容、方式、时限、质量等要求，接受相关管理部门监督。

（1）重大风险信息报备主要内容包括基本信息、管控信息、预警信息和事故信息等。

①基本信息包括重大风险名称、类型、主要致险因素、评估报告，所属生产经营单位名称、联系人及方式等信息；

②管控信息包括管控措施（含应急措施）和可能发生的安全生产事故及影响范围与后果等信息；

③预警信息包括预警事件类型、级别、可能影响区域范围、持续时间、发布（报送）范围，应对措施等；

④事故信息包括重大风险管控失效发生的安全生产事故名称、类型、级别、发生时间、造成的人员伤亡和损失、应急处置情况、调查处理报告等；

⑤填报单位、人员、时间，以及需填报的其他信息。

上述第③、④款信息在预警或安全生产事故发生后登记或报备。

（2）重大风险信息报备方式包括：初次、定期和动态三种方式。

①初次登记，应在评估确定重大风险后5个工作日内填报。

②定期登记，采取季度和年度登记，季度登记截止时间为每季度结束后次月10日；年度登记时间为自然年，截止时间为次年1月30日。

③生产经营单位发现重大风险的致险因素超出管控范围，或出现新的致险因素，导致发生安全生产事故概率显著增加或预估后果加重时，应在5个工作日内动态填报相关异常信息。

（3）重大风险经评估确定等级降低或解除的，生产经营单位应于5个工作日内通过公路水路行业安全生产风险管理系统予以销号。

（4）重大风险管控失效发生安全生产事故的，应急处置和调查处理结束后，应在15个工作日对相关工作进行评估总结，明确改进措施，评估总结应向属地负有安全生产监督管理职责的交通运输管理部门报送。

6）教育培训

生产经营单位应结合本单位风险管理实际，针对全体员工特别是关键岗位人员，加强风险管理教育培训，明确教育培训内容、对象、时间安排等。

7)档案管理

生产经营单位应落实档案管理制度,规范档案管理,如实记录风险辨识、评估、管控,以及教育培训、登记备案等工作痕迹和信息,遵守行业管理部门相关信息报备要求,重大风险应单独建档。

第五节　安全隐患排查治理

为加强和规范公路水路行业安全生产隐患治理工作,督促从事交通运输生产经营活动的企事业单位(以下简称生产经营单位)落实安全生产主体责任,防范和遏制公路水路行业安全生产事故发生,保障人民群众生命财产安全,依据《中华人民共和国安全生产法》和交通运输有关法规制度,制定《公路水路行业安全生产隐患治理暂行办法》,自2018年1月1日实施。

一、概述

(1)安全生产隐患,是指生产经营单位违反安全生产法律、法规、规章、标准、规程和安全生产管理制度等规定,或因其他因素在生产经营活动中存在的可能导致安全生产事故发生的人的不安全行为、物的不安全状态、场所的不安全因素和管理上的缺陷。

(2)生产经营单位是隐患治理的责任主体,生产经营单位主要负责人对本单位隐患治理工作全面负责,应当部署、督促、检查本单位或本单位职责范围内的隐患治理工作,及时消除隐患。

(3)交通运输部指导全国公路水路行业安全生产隐患治理管理工作。地方交通运输管理部门和有关部属单位指导管辖范围内安全生产隐患治理管理工作。属地负有安全生产监督管理职责的交通运输管理部门具体负责管辖范围内生产经营单位安全生产隐患治理的监督,督促生产经营单位落实重大隐患治理和报备。

(4)隐患治理工作应坚持"单位负责、行业监管、分级管理、社会监督"的原则。

二、分类分级

隐患分为重大隐患和一般隐患两个等级。重大隐患是指极易导致重特大安全生产事故,且整改难度较大,需要全部或者局部停产停业,并经过一定时间整改治理方能消除的隐患,或者因外部因素影响致使生产经营单位自身难以消除的隐患。一般隐患是指除重大隐患外,可能导致安全生产事故发生的隐患。

三、隐患排查治理

(1)施工单位应建立事故隐患排查制度,明确事故隐患排查,告知(预警)、整改、评估验收、报备、奖惩考核、建档等内容,逐级明确事故隐患治理责任,落实到具体岗位和人员。

(2)施工单位应落实事故隐患排查治理和防控责任制度,组织事故隐患排查治理工作,按规定对隐患排查、登记、治理、销号等全过程予以记录,并向从业人员通报,实行常态化、闭环管理。

①排查登记。

施工单位项目负责人应根据所在省统一的排查要求对各施工工序及设备、危险物品、现场环境与驻地等开展一次全面排查,将排查出的事故隐患分级建档,登记编号,对重大事故隐患由业主单位报当地交通运输主管部门。当事故隐患等级可能随时间、外界条件变化时,应注重动态监控并在档案中及时调整其等级,对升级为重大事故隐患的予以补报,对降级的事故隐患亦应相应报告。

②公示公告。

施工项目部应当如实向施工作业班组、作业人员详细告知作业场所和工作岗位存在的危险因素、危险特征及防范措施,由双方签字确认。在作业场所明显部位设置重大事故隐患公示牌;制订应急预案并告知作业人员与现场相关人员,必要时应组织演练。

在上述场所应设置明显安全警示标志,在无法封闭施工的工地,还应当悬挂当日施工现场危险告示,以告知路人和社会车辆。

建议事故隐患公示牌尺寸不宜小于 $40cm \times 60cm$,版面宜采用黄色底版黑色字体,做到1个隐患1块牌,并根据变化调整,由专职安全员负责动态管理。事故隐患公示牌应包含事故隐患名称、隐患等级、临界危险特征、防控措施、涉险人员名单以及施工责任人、专职安全员、监理人员、业主监督人等信息。

③防范或整改。

施工单位对处在危险区域有潜在危险的驻地坚决搬迁,对有危险的作业点进行有效防范,对施工机具登记管理,在使用维修前应加强检查,对所有隐患的防范措施应一一审核是否有可操作性,是否有效。监理单位应加强对防范整改的监督检查,并对施工单位的整改情况加以书面确认。业主单位应制订奖惩措施,对无防范措施或措施无效及整改不力的施工项目部严格惩处,对仍存在重大及特别重大事故隐患的场所、部位、立即停工整顿。

④验收销号。

建设单位应制定本项目隐患排查治理的验收销号标准。当有完善有效的防范措施时可验收,但应确保无隐患或施工完工方可销号。在建设单位组织验收销号前,施工单位应先组织自验,项目验收销号结果应按项目管理的隶属关系报交通运输主管部门。对难以按时消除事故隐患的,应制订监控措施,落实责任人和整改时限。

⑤监督检查。

根据事故隐患的严重程度和有关规定,省级交通运输主管部门对存在重大事故隐患的项目,应纳入重点督查计划,落实现场督导人员和措施;对未通过验收或销号的项目,应督促建设单位查清原因,落实监控和治理措施。

(3)施工单位应根据有关法律法规、标准规范等,组织制订各部门、岗位、场所、设备设施的隐患排查治理标准或排查清单,明确隐患排查的时限、范围、内容和要求,并组织开展相应的培训。

隐患排查的范围应包括所有与施工生产相关的场所、人员、设备设施和活动,包括分包单位和供应商等相关服务范围。

(4)施工单位应建立事故隐患日常排查、定期排查和专项排查工作机制。

(5)隐患排查应及时填写记录,依据确定的隐患等级划分标准对发现或排查出的事故隐患进行判别,确定事故隐患等级并进行登记,形成事故隐患清单。应将重大事故隐患向建设单位及安全生产监督管理部门备案。

(6)对于一般事故隐患,事故单位应按照职责分工立即组织整改,确保及时进行治理。

①现场立即整改隐患。

违反操作规程和劳动纪律行为的隐患,属于人的不安全行为的一般隐患,排查人员一旦发现,应当要求立即整改,并如实记录,以备对此类行为统计分析,确定是否为习惯性或群体性隐患。有些设备设施方面简单的不安全状态,如安全装置没有启用、现场混乱等物的不安全状态等一般隐患,也可以要求现场立即整改。

②限期整改隐患。

有些隐患难以做到立即整改的,但也属于一般隐患的,应限期整改。限期整改通常由排查人员或排查主管部门对隐患所属单位发出"隐患整改通知",内容中需要明确列出如隐患情况的排查发现时间和地点、隐患情况的详细描述、隐患发生原因的分析、隐患整改责任的认定、隐患整改负责人、隐患整改的方法和要求、隐患整改完毕的时间要求等。

限期整改需要全过程监督管理,除对整改结果进行"闭环"确认外,也要在整改工作实施期间进行监督,以发现和解决可能临时出现的问题,防止拖延。

(7)对于重大事故隐患,施工单位应当在确定后5个工作日内向直接监管的交通运输主管部门报备,其中涉及民爆用品、危险化学品及特种设备等重大事故隐患的,还应向相应的主管部门报备。

①重大事故隐患整改。

项目主要负责人应组织制订专项隐患治理整改方案,并确保整改措施、责任、资金、时限和预案"五到位"。整改方案包括:

a. 整改的目标和任务。

b. 整改方案或整改期的安全保障措施。

c. 经费和物质保障措施。

d. 整改责任部门和人员。

e. 整改时限和节点要求。

f. 应急处置措施。

g. 跟踪督办及验收部门和人员。

②重大事故隐患挂牌督办。

各级交通运输主管部门应当对以下重大隐患实行挂牌督办:

a. 交通运输主管部门(或项目管辖部门)督查、巡视发现的重大隐患;

b. 企业或个人报告或举报并经查实的重大隐患;

c. 同级安全监管部门移交的重大隐患;

d. 其他需要挂牌督办的重大安全生产问题。

公路工程重大隐患挂牌督办按照属地管理的原则进行。国务院交通运输主管部门负责监督指导各地区重大隐患挂牌督办工作;省级交通运输主管部门负责挂牌督办下一级交通运输主管部门上报的重大隐患,或认为应当直接督办的重大隐患;设区的市级交通运输主管部门按职责负责督办本地区存在的重大隐患。

涉及跨地区、跨部门的工程项目存在重大隐患的,由项目管辖部门进行挂牌督办;对于问题特别严重、可能导致重特大事故或重大不良社会影响的重大隐患,可视情况上报省、自治区、直辖市交通运输主管部门或同级政府安全生产委员会挂牌督办。重大隐患应由其他部门处理的,移送其他部门并登记备查。

(8)施工单位在事故隐患整改过程中应采取相应的监控防范措施,防止发生次生事故。

(9)事故隐患整改完成后,施工单位应按规定成立事故隐患整改验收组进行专项验收或组织专家对重大事故隐患治理情况进行评估,出具整改验收意见,并签字确认。重大事故隐患整改验收通过的,施工单位应将验收结论向建设单位及安全生产监督管理部门、直接监管的交通运输主管部门报备,并申请销号。

(10)施工单位应对重大事故隐患形成原因及整改工作进行分析评估,及时完善相关制度和措施,依据有关规定和制度对相关责任人进行处理,并开展有针对性的教育培训。

(11)施工单位应对事故隐患排查治理情况如实记录,建立相关台账,并定期对本单位事故隐患治理情况进行统计分析,及时梳理、发现安全问题和趋势,形成统计分析报告,改进安全生产工作。

第六节　平安工地建设监理内容

一、平安工地概述

依据《公路水运工程平安工地建设管理办法》(交安监法〔2018〕43号),经依法审批、批准或者备案的公路水运基础设施新建、改建、扩建工程在施工期间,建设、施工、监理单位需开展平安工地建设活动,平安工地建设以落实安全生产主体责任为核心,以施工过程风险防控无死角、事故隐患零容忍、安全防护全方位为目标,推进施工现场安全文明与施工作业规范有序,不断深化平安交通发展。

平安工地建设管理主要包括工程开工前的安全生产条件审核,施工前的安全生产条件核查,施工过程中的平安工地建设、考核评价等。

交通运输部指导全国公路水运工程平安工地建设监督管理工作,负责组织制定《公路水运工程平安工地建设考核评价指导性标准》(以下简称《标准》);交通运输部长江航务管理局负责长江干线航道工程平安工地建设监督管理工作;省级交通运输主管部门指导辖区公路水运工程平安工地建设监督管理工作,负责组织制定本地区公路水运工程平安工地建设监督管理制度和考核评价标准,属地负有安全生产监督管理职责的交通运输主管部门负责管辖范围内的公路水运工程平安工地建设监督管理工作。

二、平安工地建设内容

公路水运工程建设项目应当保障安全生产条件,落实安全生产责任,建立项目安全生产管理体系,实现安全管理程序化、现场防护标准化、风险管控科学化、隐患治理常态化、应急救援规范化,并持续改进。

（1）公路水运工程项目应当具备法律、法规、规章和工程建设强制性标准规定的安全生产条件，并在项目招(投)标文件、合同文本，以及施工组织设计和专项施工方案中予以明确。从业单位应当保证本单位所应具备的安全生产条件必需的资金投入，任何单位和个人不得降低安全生产条件。

（2）公路水运工程项目从业单位应当依法依规制定完善全员安全生产责任制，明确各岗位的责任人员、责任范围和考核标准等内容，并进行公示。施工、监理单位项目负责人安全生产责任考核结果应作为合同履约考核内容，并每年定期向建设单位报送。

（3）公路水运工程项目从业单位应当贯彻执行安全生产法律法规和标准规范，以施工现场和施工班组为重点，加强施工场地布设、现场安全防护、施工方法与工艺、应急处置措施、施工安全管理活动记录等方面的安全生产标准化建设。

（4）公路水运工程实施安全风险分级管控。项目从业单位应当全面开展风险辨识，按规定开展设计、施工安全风险评估，依据评估结论完善设计方案、施工组织设计、专项施工方案及应急预案。

施工作业区应当根据施工安全风险辨识、评估结果，确定不同风险等级的管理要求，合理布设。在风险较高的区域应当设置安全警戒和风险告知牌，做好风险提示或采取隔离措施。施工过程中，应当建立风险动态监控机制，按要求进行监测、评估、预警，及时掌握风险的状态和变化趋势。重大风险应当及时登记备案，制订专项管控和应急措施，并严格落实。

（5）安全生产事故隐患排查治理实行常态化、闭合管理。项目从业单位应当建立健全事故隐患排查治理制度，明确事故隐患排查、告知(预警)、整改、评估验收、报备、奖惩考核、建档等内容，逐级明确事故隐患治理责任，落实到具体岗位和人员。按规定对隐患排查、登记、治理、销号等全过程予以记录，并向从业人员通报。

重大事故隐患应当在确定后 5 个工作日内向直接监管的交通运输主管部门报备，其中涉及民爆物品、危险化学品及特种设备等重大事故隐患的，还应向相应的主管部门报备。

重大事故隐患整改应当制订专项方案，确保责任、措施、资金、时限、预案到位。整改完成后应当由施工单位成立事故隐患整改验收组进行专项验收，可组织专家对重大事故隐患治理情况进行评估。整改验收通过的，施工单位应将验收结论向直接监管的交通运输主管部门报备，并申请销号。

（6）公路水运工程从业单位应当按要求制订相应的项目综合应急预案、施工合同段的专项应急预案和现场处置方案，并定期组织演练。依法建立项目应急救援组织或者指定工程现场兼职的、具有一定专业能力的应急救援人员，定期开展专业培训。结合工程实际编制应急资源清单，配备必要的应急救援器材、设备和物资，进行经常性维护、保养和更新。

三、监理机构平安工地建设

1. 基本要求

（1）监理机构应按交通运输部《公路水运工程平安工地建设管理办法》(交安监法〔2018〕43号)的有关规定，开展监理单位平安工地建设活动。

（2）监理单位应当将平安工地建设作为安全监理的主要内容，在危险性较大工程开工前及时开展安全生产条件审核；结合安全生产标准化建设的有关要求，对监理范围内的合同段平安工地建设管理情况进行监督检查。

（3）建设单位应当建立平安工地建设、考核、奖惩等制度，在项目开工前组织安全生产调好审核，每半年对施工、监理合同段进行一次平安工地建设考核评价。开工前生产条件审核结果以及施工过程中的平安工地建设考核评价结果，应及时通过平安工地建设管理系统，向直接监管的交通运输主管部门报送。

2. 监理机构平安工地建设

（1）监理机构应在工程项目开工前，根据工程项目特点，编制平安工地建设监理方案，明确平安工地建设规划和计划，开展平安工地建设的教育与培训，在安全监理责任制度及考核制度中列入平安工地创建工作责任和考核内容，将平安工地建设监理工作要求落实到位。

（2）平安工地建设监理方案可作为安全监理计划的主要内容，也可单独编制，作为安全监理计划的补充文件，其主要内容包括：

①编制依据。

主要包括交通运输部《公路水运工程平安工地建设管理办法》（交安监法〔2018〕43号）及其附件、监理合同文件、监理规范，相关的法律、法规和规章和主要施工安全技术规范。

②平安工地建设目标。

包括监理合同文件、建设单位安全生产管理办法等明确的平安工地建设目标，监理机构平安工地建设目标，并制订相应的工作指标和阶段性目标。

监理机构平安工地建设目标，应符合或严于建设单位明确的平安工地建设目标，与监理机构安全监理工作内容相适应，并另外形成文件，便于全体监理人员贯彻和实施。

③组织机构。

监理机构宜成立的平安工地建设活动领导小组或负有平安工地建设职责的安全监理领导小组，明确组成人员及其职责，分工落实"平安工地"建设的各项工作，建立健全从总监理工程师（或驻地监理工程师）、安全监理工程师（专职）、专业监理工程师（兼职）到监理员（兼职）在内的监理机构平安工地建设网络体系。

成立平安工地建设领导小组时，监理机构平安工地建设领导小组应由总监或驻地监理工程师任组长，副总监或副驻地监理工程师、安全监理工程师任副组长，各专业监理工程师为组员。

监理机构平安工地建设领导小组负责监理机构"平安工地"建设工作的组织实施，制订平安工地建设监理方案，建立和完善监理机构平安工地建设制度、管理体系，制订阶段性目标并进行检查考核和自我评价，建立并及时收集整理平安工地建设监理资料等。同时，监督、检查并定期考核评价施工单位平安工地建设工作开展情况。及时组织召开有关"平安工地"建设工作会议，协调有关问题，落实上级部门的安全要求。

④监理机构平安工地建设。

包括监理机构平安工地建设的工作计划和实施方案，明确监理机构平安工地建设程序、内容、方法、考核和奖惩等，并严格执行。

监理机构应将平安工地建设目标分解为具有可考核性的工作指标，并将工作指标细化和分解,制订阶段性指标和实现平安工地建设指标、工作指标的措施。

监理机构应建立平安工地建设目标考核与奖惩的相关制度,按交通运输部《公路水运工程平安工地建设管理办法》(交安监法〔2018〕43号)的规定,每季度对平安工地建设责任落实、目标完成情况进行考核和奖惩。

⑤平安工地建设监理。

包括监理机构对监理范围内的合同段平安工地建设管理情况进行监督检查的工作计划、程序、内容和方法等。

⑥保障措施。

包括保证平安工地建设活动有效开展、平安工地建设目标顺利实现所采取的宣传、教育培训、安全管理、监督检查、考核评价等。

(3)监理机构对合同段工程开工前安全生产条件审核的同时,应进行工程项目开工前安全生产条件中监理单位相关内容的自查,自查结果与合同段开工前安全生产条件核查结果一同报建设单位,作为建设单位进行工程项目开工前安全生产条件核查的参考。

自查内容包括与建设单位签订的安全生产协议书、总监和安全监理工程师的安全培训合格证和任命书、成立安全监理组织的文件、安全技术措施和施工现场临时用电方案的审查意见和审批表等。

(4)监理机构平安工地建设的主要内容包括责任落实、审查审批、安全建设与督促整改、监理人员管理、安全生产专项工作、安全监理资料管理及安全监理效能七部分。

(5)建设单位考核评价结果不合格时,监理机构应当及时按平安工地建设监理单位考核评价标准规定进行整改,并提请建设单位复评。

四、评价考核

1. 考核评价方法

(1)平安工地建设考核评价,包括安全生产条件核查、施工、监理、建设等从业单位考核评价两方面。

安全生产条件核查,包括工程项目开工前安全生产条件核查表、危险性较大的分部分项工程施工前安全生产条件核查表两部分。

施工单位考核评价,包括施工单位基础管理考核评价表、施工单位施工现场考核评价表两部分。其中施工现场考核评价,由通用部分、专业部分两部分组成。

(2)考核评价采取扣分制,扣分上限为各考核项总赋分值。其中,《公路水运工程平安工地建设考核评价指导性标准》(以下简称《标准》)中标记"＊"的考核项目为必须考核的指标项。

(3)安全生产条件符合率 = 符合项/(符合项 + 基本符合项)。

安全生产条件是公路水运工程项目开工应当具备法律法规和技术标准规定、满足合同约定的基础条件,不得有不符合项。安全生产条件符合项,是指安全生产条件满足合同约定,符合法律法规和技术标准要求;基本符合项,是指该项安全生产条件总体满足,但在满足程度上还需要提升。

安全生产条件,由工程项目开工前安全生产条件、危险性较大的分部分项工程施工前安全生产条件两部分组成。其中,危险性较大的分部分项工程施工前安全生产条件,需按施工进度分阶段经监理单位审核、建设单位确认;这部分的安全生产条件是动态的,在计算这部分安全生产条件时,要结合施工单位进场报验单情况予以逐项确认统计,在监理、建设单位批复意见中明确要求修改、完善的,应视为基本符合项。

根据考核期内安全生产条件的符合程度,在当期施工单位考核评价总分的基础上扣除相应分数(内插法)。当安全生产条件符合率在60%以下,视情节扣除10~30分;当安全生产条件符合率在60%(含)~85%之间,视情节扣除5~10分;当安全生产条件符合率超过85%(含)以上的,则不扣分。

(4)施工单位考核评价分数 =(施工单位基础管理考核评价分数×0.4 + 施工单位施工现场考核评价分数×0.6)- 安全生产条件符合程度的扣分值。

①施工单位基础管理考核评价分数 =(考核项目实得分/考核项目应得分)×100。

②施工单位施工现场考核评价分数 =(考核项目实得分/考核项目应得分)×100。

③施工单位施工现场考核评价内容:公路工程为《标准》中表3.1和表3.2。

(5)监理单位考核评价分数 =(考核项目实得分/考核项目应得分)×100。

(6)建设单位考核评价分数 =(考核项目实得分/考核项目应得分)×100。

(7)工程项目考核评价分数 =[建设单位考核评价分数×0.2 + Σ监理单位考核评价分数/监理单位个数×0.2 + Σ(施工单位考核评价分数×合同价)/Σ施工单位合同价×0.6]。

公路水运工程项目年度考核结果应按照建设单位在本年度考核周期内考核结果累计的平均值计算。

各级交通运输主管部门抽查发现平安工地建设流于形式、考核弄虚作假、评价结果不合格等情况,应当要求项目建设单位组织整改、重新考核,并在信息系统予以记录;情节严重的应当通报批评,约谈建设单位负责人、施工和监理企业法定代表人;对存在重大安全风险未有效管控、重大事故隐患未及时整改的施工作业,应当责令停工整改、挂牌督办;对存在违法违规行为的从业单位和人员,应当给予安全生产信用不良记录,依法实施行政处罚。

2.考核评价结果

(1)平安工地建设考核评价按照百分制计算得分,计算得分精确到小数点后1位。考核评价结果分为合格、不合格两类。考核评价分数70分及以上的为合格,70分以下为不合格。

(2)施工单位考核评价结果即为施工合同段考核评价结果,监理单位考核评价结果即为监理合同段考核评价结果。

以施工总承包、PPP模式等方式组织项目建设、施工、监理工作的,按照项目管理机构内部岗位定位及分工,开展平安工地建设管理考核评价。

(3)所有的施工、监理合同段考核评价结果均合格,工程项目总体考核评价结果方为合格。

(4)施工、监理合同段考核评价结果不合格的,该施工、监理合同段应当立即整改,整改完成后由建设单位组织复评,复评仍不合格的施工、监理合同段应当全部停工整改,并及时向直接监管的交通运输主管部门报告。

对已经发生重特大生产安全责任事故、存在未及时整改的重大事故隐患、被列入安全生产黑名单的合同段,直接评为不合格。

(5)发生 1 起一般及以上生产安全责任事故,负有主要责任的施工合同段直接评为不合格,负有直接责任的监理合同段在考核评价得分基础上直接扣 10 分;发生 2 起一般或 1 起较大生产安全责任事故,负有直接责任的监理合同段在考核评价得分基础上直接扣 15 分,建设单位在考核评价得分基础上直接扣 15 分。

(6)项目因安全生产问题被停工整改 2 次以上,被主管部门通报批评、挂牌督办、行政处罚、约谈项目法人及企业法人,或逾期不落实书面整改要求的,或在考核评价过程中发现存在明显安全管理漏洞、事故隐患治理不力反复存在的,可根据实际情况在工程项目计算得分的基础上酌情扣 5~15 分。

3. 平安工地考核评价机制

(1)施工单位。

施工单位是平安工地建设的实施主体,应当确保项目安全生产条件满足《标准》要求,当项目安全生产条件发生变化时,应当及时向监理单位提出复核申请。

合同段开工后到交工验收前,施工单位应当每月至少开展一次平安工地建设情况自查自纠,及时改进安全生产管理中的薄弱环节;每季度至少开展一次自我评价,对扣分较多的指标及反复出现的问题,应当采取针对性措施加以完善。施工单位自我评价报告应报监理单位。

(2)监理单位。

监理单位应当将平安工地建设作为安全监理的主要内容,危险性较大的分部分项工程开工前按照《标准》要求及时开展安全生产条件审核,并将审核结果报建设单位。

施工过程中,监理单位应当按照《标准》和要求,每季度对监理范围内的合同段平安工地建设管理情况进行监督检查,发现问题及时督促整改,整改后仍不符合要求的合同段应当责令停工,并向建设单位报告;情节严重的还应当向直接监管的交通运输主管部门书面报告。

(3)建设单位。

建设单位是施工、监理合同段平安工地建设考核评价的主体,应当建立平安工地建设、考核、奖惩等制度,将平安工地建设情况纳入合同履约管理,加强过程督促检查,对项目平安工地建设负总责。

建设单位应当按照《标准》要求,在项目开工前组织安全生产条件审核,每半年对项目所有施工、监理合同段组织一次平安工地建设考核评价,对自身安全管理行为进行自评,建立相应考核评价记录并及时存档;开工前安全生产条件审核结果以及施工过程中的平安工地建设考核评价结果,应当及时通过平安工地建设管理系统,向直接监管的交通运输主管部门报送。

(4)交通运输主管部门。

省级交通运输主管部门应当明确本地区各等级公路水运工程平安工地建设监督管理责任主体;结合本地区实际,制定相应的考核评价标准体系。

地方各级交通运输主管部门应当根据职责分工,在制订年度安全督查计划时,将本地区公路水运工程平安工地建设情况作为重点内容,每年对辖区内公路水运工程项目建设单位的平安工地建设管理情况至少组织一次监督抽查,同时根据建设单位报送的平安工地建设考核评价情况,抽查一定比例的施工、监理合同段。具体抽查比例由省级交通运输主管部门确定,最低不少于 10%。对施工期限不足一年的项目,直接监管的交通运输主管部门应当在施工期间至少抽查一次。对发现存在重大事故隐患的项目要加大抽查频率。监督抽查重点应当包括项目建设单位考核评价工作的规范性、安全风险防控与事故隐患排查治理的实施情况等。

年度考核结果由省级交通运输主管部门统一对外公示。

省级交通运输主管部门应定期总结分析本地区平安工地建设管理情况，并将平安工地建设成效显著的项目树为典型，及时推广经验，加大宣传力度，通过信用加分等方式予以鼓励。

交通运输部应建立统一的公路水运工程平安工地建设管理系统。各级交通运输主管部门对公路水运工程建设项目平安工地建设监督抽查结果、项目建设单位考核评价公示公布均应通过该系统运行。每年一季度末，省级交通运输主管部门应通过该系统填报上一年度本地区高速公路和大型水运工程建设项目平安工地建设监督抽查情况以及考核结果。

交通运输部于每年第二季度对外公布上一年度高速公路和大型水运工程建设项目平安工地建设监督抽查情况。

第三章 招标和施工准备阶段安全监理

第一节 招标阶段安全监理

一、审查施工(投标)单位的资质和安全生产许可证

1.协助建设单位编制招标文件中相关安全生产的条款

(1)根据工程性质、规模和施工工艺特点,在编制招标文件时对投标单位资质和诚信记录设定相应条件。

(2)招标文件中应要求投标单位提供企业的安全生产许可证、三类人员(企业主要负责人、项目经理、专职安全管理员)安全资格证书。

(3)招标文件应结合本工程实际情况,单独列出相关安全、文明施工技术措施费用的清单项目,要求投标单位在投标文件中明确相应的报价,安全生产费用的报价一般不低于投标价的1.5%,且不得作为竞争性报价,并在招标文件中明确支付条件、使用要求和调整方式等内容。

(4)招标文件中应明确要求投标单位在编制投标文件时必须承诺的安全生产目标、安全职责、安全管理工作内容及要求、现场配备专职安全管理人员的条件和数量、安全奖惩措施、安全管理网络、安全管理制度和操作规程要求、安全技术措施、安全文明施工技术费用使用计划等专用条款,并提供合同签订时需要的安全生产协议的格式文本。

(5)招标文件中应明确要求投标单位在提供投标文件时要在安全专用条款中明确承诺所配套的文件、计划、协议书和专职安全管理人员名单,以及初步认定的危险性较大的分部工程的施工方案和投入大中型设备、安全设施、特殊工种的清单。

(6)在招标文件中可要求投标单位提供相关的安全生产奖惩记录和主管部门评价记录,作为评标加减分的参考依据。

2.协助建设单位对投标单位资格预审及对投标文件符合性的核查

1)资格预审

(1)审查投标单位的资质证书(副本原件)、营业执照(副本原件)、诚信记录、资信等级是否符合招标文件要求。

(2)审查投标单位的安全生产许可证(副本原件)是否为有效证件。

2)投标文件符合性的审查

根据招标文件的要求,对投标文件中的施工生产安全目标,从以下几个方面进行审查。

（1）安全生产管理机构。审查投标文件中安全生产管理机构的设置。应针对工程项目建立健全的安全生产管理机构，配备专职安全管理人员，专职安全管理人员的数量、条件应满足招标文件的要求。

（2）安全生产管理网络。投标单位应依据工程项目，成立安全领导小组，合理配备现场专职安全管理人员，形成安全生产管理网络。

（3）安全生产规章制度和操作规程。投标文件应包括安全生产责任制，监理完善的安全生产保证体系，明确各项安全管理的制度和措施，以及本项目相关的安全生产操作规程。

（4）大中型机械设备、安全设施和特殊工种清单。投标单位在投标文件中必须明确本项目所需要的大、中型设备，安全设施和特殊工种清单。重点审查提供适用于工程项目的主要施工设备型号、性能、数量，以及所有从事特殊工种作业人员的上岗证明材料。

（5）安全生产、文明施工的技术措施，安全费用的报价清单和使用计划。审查投标单位是否按照招标文件编制要求，提出了关于安全、文明施工的技术措施及本项目相关的安全生产操作规程。

（6）安全生产方面奖惩情况。投标单位必须在投标文件中，并提供有关主管部门对企业安全生产方面的奖惩记录。

二、协助建设单位拟定工程施工安全生产协议书

协助建设单位拟定工程施工安全生产协议，在起草协议之前必须了解协议双方各自的安全生产责任。

1. 建设单位的安全生产责任

（1）保证安全生产专项资金的投入。按照合同约定，及时向施工单位支付安全防护、文明施工措施费，并说明对施工单位落实安全防护、文明施工的奖惩措施。

（2）核查施工单位和指定分包单位的安全资质。

（3）向施工单位提供与施工现场相关的地下管线资料，并要求施工单位采取相应措施加以保护。

（4）向施工单位提供安全生产要求和注意事项，及时传达贯彻交通运输主管部门下达的有关安全生产的文件、指示，并掌握执行情况。

（5）审核施工单位编制的施工组织设计和专项安全施工方案中的安全技术措施，并督促施工单位落实。

（6）督促施工单位对施工人员进行安全教育。

（7）如向施工单位提供施工机具、电气设时时，应符合安全生产管理规定，并办理书面租赁和验收手续，不得向无合法操作资格的单位提供设备、设施。

（8）不定期地对施工单位实施安全生产检查，按合同约定的条款对承（分）包单位实施奖罚，并督促对事故隐患限期整改。

（9）按规定及时向交通运输主管部门报告事故，并根据交通运输主管部门的意见，组织或协助有关主管部门对事故进行调查和处理，并督促施工单位向有关单位报告事故。

2. 施工单位安全生产责任

(1) 按规定主动接受建设单位的安全检查、审核。

(2) 按照建设单位的安全生产规章制度和提出的要求,认真落实安全生产责任制、安全操作规程等,并将项目安全管理网络和安全管理人员的名单报建设单位备案。

(3) 及时传达、贯彻交通运输主管部门和建设单位有关安全生产的文件、指示。

(4) 根据合同要求,施工组织设计中的安全技术措施或专项安全施工方案应报监理单位审查。根据审查批准后的施工组织设计中的安全技术措施和专项安全施工方案,落实相关工作。

(5) 应当确保安全防护、文明施工措施费用专款专用,在财务管理中要单独列出安全防护、文明施工措施费用清单,以备建设单位组织核查。

(6) 进入施工现场前应对全体职工进行安全教育。

(7) 定期(每月不少于两次)进行安全检查和每日安全巡查,并对重大危险源的部位进行监护。

(8) 向建设单位借用机电设备、设施,必须办理租赁和验收的书面手续。

(9) 按照建设单位安全生产标准组织检查,根据合同约定接受建设单位的安全生产奖罚,对查出的隐患要及时整改。

(10) 若发生重大伤亡事故,除及时向监理单位、建设单位报告外,还应按规定及时向有关主管部门报告。

第二节 施工准备阶段安全监理

一、安全监理的工作准备

1. 组织监理人员开展安全教育,确定工作内容

(1) 监理单位应根据工程规模和特点,派出能满足施工现场安全管理要求的相关监理人员进驻现场。并对安全监理人员进行培训教育。

① 安全监理人员管理工作内容。

工作内容主要是安全监理人员的配备及持证情况,监理人员花名册及人员变动情况,安全培训教育、安全监理日志等。其要点如下:

a. 提供总监、分管安全副总监、安全专监的安全监理培训证件扫描件或复印件。

b. 提供总监办监理人员花名册。花名册有姓名、监理岗位、身份证号、安全监理培训证号、分管范围等。

c. 监理人员在岗记录或离岗记录(可用监理考勤表),以及监理人员变动记录(包含人员变更资料)。

d. 制订监理安全培训教育计划,按计划落实,做好安全培训记录。

e. 填写安全监理日志。

② 安全监理人员管理工作职责。

a. 安全专监负责收集总监、分管安全副总监、安全专监的安全培训考试合格证书(或证

件)扫描件或复印件,以及监理人员造册登记;行文向建设单位报备,分管安全副总监检查安全专监的工作情况。

b. 安全专监填写安全监理日志,总监或总监授权人及时复查并签名确认;其他监理人员在巡视记录或监理日记上反映管段范围内安全生产管理内容,分管安全副总监或安全专监核查其他岗位监理人员安全生产管理的记录情况。

c. 当安全监理人员变动或岗位变动,安全专监负责人员变动信息的更新,分管安全副总监负责核查。

d. 分管安全副总监、安全专监制订监理人员培训教育计划,并组织实施。总监检查培训教育计划制订、落实情况。

(2)应及时落实安全监理的相关组织结构,在编制监理计划中确定安全监理方案,明确各级监理人员安全职责范围,并与建设单位、施工单位建立正常的工作程序和联系渠道。

(3)监理工程师应组织监理人员熟悉设计文件和施工周边环境,学习施工、监理合同文件,熟悉掌握合同文件中的安全监理工作内容和要求,并按照监理计划中的安全监理方案和专项安全监理细则中的内容对监理人员进行安全交底和进入工地现场的自身安全教育。

(4)监理人员应参加技术单位组织的设计交底会,了解设计对结构安全的技术要求和施工过程的安全注意事项。

(5)监理工程师编制的监理计划应包括安全监理方案,并根据工程特点和高危作业的施工,编制专项安全监理细则。

(6)建立和完善安全监理组织网络,确定各项安全监理管理工作内容,指定安全监理责任制及各级监理岗位安全职责,将安全监理责任分解到各监理岗位,并纳入监理工作质量考核办法并进行定期检查考核。

(7)审核专项安全施工方案。施工单位编制的专项安全施工方案应由施工单位专业技术人员编制,项目负责人审核,并经施工单位技术负责人批准(对规定应组织专家论证的,需附专家论证意见)。在项目开工前,应报监理机构,先由专业监理工程师核查,然后由总监理工程师(或驻地监理工程师)审核签字。

(8)审查分包单位安全生产资质。分包工程开工前,安全监理人员应审查施工单位报送的分包单位安全生产许可证、三类人员的安全资格证书及特殊工种作业人员上岗资格证书。

(9)核查进场机械设备及安全设施。施工单位应对进场设备、安全设施的验收(检测)合格证及人员的上岗证进行自检验收,自检合格后,报安全监理核查,安全监理核查同意后,方可投入现场使用。

(10)审查工程开工申请报告。工程开工前,施工单位要提出书面开工申请报告,然后由监理工程师审查现场准备情况,如各项安全工作审批手续是否完善,现场技术、管理、施工作业等人员是否到位,机械设备及安全设施等是否已到达现场并处于安全状态。符合开工条件时,监理工程师批准开工申请,并报建设单位备案。

(11)制订安全监理程序、记录方法和表格。监理工程师应组织相关监理人员根据施工合同文件中安全生产的要求并结合工程项目设计制订安全监理程序。在选用现行《公路工程施工监理规范》(JTG G10)所列表格的基础上,补充、完善并同意指定安全监理工作的各种记录格式、报表,送交建设单位备案。

2. 安全监理计划的编制

1) 安全监理计划的编制

安全监理计划应在合同段工程开工之前完成(一般情况下,在进场后一个月内完成)。

总监组织安全专监、分管安全副总监编制安全监理计划,编制人员、审核人员在安全监理计划总监办内审表签字确认。总监办负责填写安全监理计划审批申请表并上报公司审批,公司技术负责人签字确认并盖公司公章。公司审批后,总监办用红头文件以"请示"文种报建设单位审批。

2) 安全监理计划的内容

安全监理计划编制内容必须合规。至少包含以下章节及主要内容:

(1) 工程概况。

(2) 监理依据。

(3) 安全监理工作范围、内容、目标及目标分解。

(4) 安全监理组织机构、监理岗位职责。

(5) 安全监理工作制度建设。

(6) 安全监理工作计划。

(7) 安全监理人员与设备设施进退场计划。

(8) 安全监理控制清单,包含初步认定的危险性较大的分部分项工程一览表;初步认定需复核安全许可验收手续的大中型施工机械和安全设施一览表;初步确定需编制的专项安全监理细则一览表;监理方法与措施。

(9) 监理程序及表格。

3) 安全监理计划装订

安全监理计划装订顺序要求:封面、建设单位批复文件、总监办请求建设单位对安全监理计划进行批复的文件、总监办向公司报批的表格或文件、目录、安全监理计划正文。最后装订成册。

3. 安全监理细则的编制

1) 安全监理细则的编制

安全监理细则应在安全监理计划批复后开始编制,合同段工程开工之前完成(一般情况下,在进场后一个月内完成)。

各专监、处室主任负责编制安全监理细则,并在安全监理实施细则编审表签字确认。安全专监、分管安全副总监负责,其他专监配合编制安全监理细则;编制工作完成后安全专监、分管安全副总监在安全监理实施细则编审表签字确认;安全监理细则由总监负责审批,并在安全监理实施细则报审表签署审批意见。总监办以红头文件将审批后的安全监理实施细则印发给总监办职能部门、管段施工单位实施。

危险性较大的分部分项工程必须编制安全监理实施细则。危险性较大的分部分项工程按《公路工程施工安全技术规范》(JTG F90—2015)附录 A 规定的标准进行划分。

2) 安全监理细则的内容

安全监理实施细则编制内容必须合规。其至少包含以下章节及内容:

(1)危险性较大分部分项工程施工现场环境状况和安全监理工作特点;
(2)安全监理人员安排及分工;
(3)现场安全监理检查的控制要点;
(4)安全监理工作方法和措施;
(5)监理程序及表格和资料目录。
3)安全监理计划装订

安全监理细则装订顺序要求:封面、总监办红头文件、安全监理细则正文。所有手续齐全后装订成册。

二、核查施工企业资质条件

(1)驻地办应审核施工单位报送的企业安全生产许可证及相应资质等级证书,驻地监理工程师签认后报总监办和建设单位备案。

(2)施工单位及分包单位安全生产许可证及相应等级资质证书应符合下列规定:

①承包类别和承包工程范围应与其资质证书认定的业务范围相适应。

②安全生产许可证及相应等级资质证书应在有效期内。施工过程中,如施工单位资质证书或安全许可证已到有效期限,应督促其及时向上级部门办理有关手续,并按规定报监理机构核查备案。

③核查发现施工单位超越本企业资质等级或以其他企业的名义承揽工程、安全生产许可证及相应等级资质证书逾期未办理延期的,应向颁发许可机关、主管部门或监察机关等有关部门举报。

三、审查施工单位安全生产管理体系

(1)检查施工单位安全管理体系中的管理机构,总、分包现场项目经理和专职安全生产管理人员执证上岗、安全员数量配备情况。认真进行施工单位安全人员管理与培训检查。

①检查内容。

在开工令下达之前完成(一般在进场后一个月内完成)检查工作。主要检查施工单位安全生产管理人员履约到位、持证情况。其要点如下:

a.总监办检查前发文通知被检单位,明确检查时间、内容、准备书面材料等。

b.检查企业主要负责人、项目负责人、专职安全生产管理人员(简称"三类人员")持证的合规性。施工单位填写施工单位安全生产管理体系审查台账,并提交以下资料:企业主要负责人安全证件、项目负责人、专职安全生产管理人员安全证件彩印件一式三份,并加盖项目经理部公章。

c.检查安全证件合规性。"三类人员"必须取得交通运输主管部门颁发的"安全生产考核合格证书",若"三类人员"中有一个无证,则不合格。

d.检查项目负责人授权合规性。应有公司书面授权书。

e.检查专职安全生产管理人员配备数量合规性。

a)按照年度施工产值配备专职安全生产管理人员,不足5000万元的至少配备1名;5000

万元以上不足 2 亿元的按每 5000 万元不少于 1 名的比例配备;2 亿元以上的不少于 5 名,且按专业配备。

b)对施工单位合同安全生产管理人员履约情况进行检查。

f.将检查结果向建设单位报备。

②安全培训检查内容。

在施工单位提交交底核查申请后 3 天内完成检查工作。主要核查施工单位从业人员安全生产培训教育计划及落实情况。工作要点如下:

a.核查从业人员是否全员先培训后上岗。安全培训教育的分类:"三类人员"培训教育、特种作业人员培训教育、进场安全教育、三级安全教育、班前安全教育等;三级安全教育即"公司级""项目部级""班组级"三级。

b.核查受教育人是否亲笔签名和培训记录。

c.核查培训教育后的考核结果。

d.核查施工单位是否制订安全生产培训教育计划,培训教育学时是否符合要求。

(2)检查施工单位的安全生产责任制度、安全生产教育培训制度、安全生产规章制度和操作规程、消防安全责任制度、安全生产事故应急救预案、安全施工技术交底制度,以及设备的租赁、安装拆卸、运行维护保养、自检验收管理制度等是否健全和完善。

(3)检查施工现场各种安全标志和临时设施的设置。

(4)检查、督促施工单位与分包单位之间签订的施工安全生产协议书。

(5)检查施工单位安全技术措施或文明施工措施费用的使用计划。

(6)督促施工单位制订安全事故应急救援方案、监控对重点部位和重点环节制订的工程项目危险源监控措施和应急救援方案的实施。

(7)对有关施工单位安全生产管理体系的检查项目,由项目监理机构在第一次工地会议上,书面向施工单位告知。

(8)明确本项目工程安全事故上报与处理程序,要求事故单位在第一时间内按预定程序上报建设单位、所在地安全生产监督管理部门、交通运输主管部门、公安部门、工会等相关部门,不得隐瞒和拖延上报。

四、审查施工单位的特种作业人员、施工机械设备、设施管理

1. 特种作业人员管理

施工提交工程开工申请后,在合同规定时限内完成检查工作。主要核查施工单位特种人员持证上岗情况。其要点如下:

(1)特种作业人员种类。见第一章第一节。

(2)核查施工单位提交特种作业人员进场审查时间是否符合规定。在合同段工程开工前及该工程开工前,施工单位以特种作业人员进场审查表向监理报检。

(3)核查特种作业人员证件合规性。施工单位提供特种作业人员花名册,证件应与花名册人员相符;核查证件时间有效性、证件作业范围有效性(注:施工单位提供的材料复印件,要注明"经核实,该复印件与原件相符",并加盖施工单位项目部公章)。

(4)核查安全培训教育及考核情况。检查培训教育记录、考核结果。

(5)检查特种作业安全交底。

(6)检查施工单位特种作业人员台账更新情况。

2.特种(专用)设备管理

在施工单位提交分部分项工程开工申请后,在合同规定的时限内完成核查工作。主要核查特种设备(专用)使用登记情况、特种(专用)设备管理、特种设备操作人员持证情况。其要点如下:

(1)核查特种设备进场许可。工程施工前,施工单位应填写进场机械设备进场审批表,逐台将设备的型号、规格名称、购置时间等内容填入特种设备使用登记表[特种设备名录详见《公路工程施工安全技术规范》(JTG F90—2015)附录 E]。

(2)核查特种设备使用许可。是否有资质单位的检验合格证或使用登记证书(注:特种设备使用单位应当在特种设备投入使用前或者投入使用后 30 日内,向负责特种设备安全监督管理的部门办理使用登记,取得使用登记证书。登记标志应当置于该特种设备的显著位置)。特殊设备未经检验、检测、未取得检测合格证的,则不合格。

(3)核查特种设备管理台账。是否按"一机一档"建立管理档案。

(4)核查承担特种设备的安装调试、拆除等工作的单位资质是否符合要求。拆装方案是否符合要求,需经专家论证的,检查是否有专家论证结果及施工单位方案落实情况。

(5)核查操作人员安全培训教育、持证上岗、安全交底情况。

(6)特种设备管理制度、特种设备事故应急救援预案制订情况。

3.施工机械设备管理

在施工单位提交工程开工申请后,应在合同规定时限内完成核查工作。主要核查施工设备管理、操作人员持证情况。其要点如下:

(1)核查施工设备进场许可。工程施工前,施工单位填写机械设备进场审批表。

(2)核查机械设备使用许可。是否有产品合格证或检测合格证。未经检验、检测、未取得检测合格证的,则不合格。

(3)核查施工设备管理台账。是否按"一机一档"建立管理档案。

(4)核查操作人员安全培训教育、持证上岗、安全交底情况。

(5)设备操作规程制订情况。

五、审查安全技术措施或者专项施工方案

1.审查安全技术措施

安全技术措施包括:防火、防毒、防爆、防尘、防洪、防触电、防坍塌、防物体打击、防机械伤害、防溜车、防高空坠落、防交通事故、防寒、防暑、防疫、防环境污染等方面的措施。

施工安全技术措施是针对每项工程在施工过程中可能发生的事故隐患和可能发生安全问题的环节进行预测,从而在技术上和管理上采取措施,消除施工过程中的危险因素,防范安全事故的发生。

监理工程师在审查施工单位编制的施工组织设计时,应根据工程项目的特点制订相应的安全监理措施。因此,施工安全技术是工程施工安全生产的指令性文件,是施工现场安全管理

和监理的重要依据。

(1)施工安全技术措施主要包括：

①进入施工现场的安全规定；

②地面、深坑、隧道施工作业的防护；

③水上、高处及立体交叉施工作业的防护；

④施工用电安全技术措施；

⑤机械、机具使用过程中的安全防护及夜间施工安全防护；

⑥为确保安全,对于采用新工艺、新材料、新技术制订的专项安全技术措施；

⑦预防自然灾害(台风、雷击、洪水、地震、高温、寒冻、泥石流等)的措施。

(2)安全技术措施的内容。

①安全管理目标。

②安全生产组织体系、责任体系以及安全生产条件。

③安全生产责任制、安全生产管理制度、施工作业操作规程。

④符合有关安全要求的施工场地布置图及说明。

⑤符合国家有关安全规定的安全防护用具、机械设备、施工机具清单。

⑥施工现场防火措施。

⑦危险性较大工程及施工现场重大危险源清单及监控措施。

⑧项目安全技术要点。

⑨生产安全事故应急预案。

⑩施工人员安全教育计划、安全技术交底安排。

⑪安全生产专项费用使用计划。

(3)安全技术措施审查内容。

①审查安全技术措施编制内容合规性。

②审查施工单位报审时间合规性。在合同段工程开工之前,施工单位应按合同规定时限填写总体施工组织设计报审表,并将总体施工组织设计报总监办审批。

③审查施工单位内部编制与审批程序合规性。包括总体施工组织设计是否由施工单位技术、安全、质量部门审核,是否由施工单位技术负责人签字,是否为手签,是否加盖施工单位公章。

④审查安全技术措施合规性。包括安全技术措施是否符合强制性标准。

有一项不符合要求,监理工程师不得同意工程开工。

2.审查专项施工方案

监理工程师应依据《公路水运工程安全生产监督管理办法》第二十三条所指的九项分部分项工程,督促施工单位在施工前单独编制专项安全施工方案。另外根据现行《施工现场临时用电安全技术规范》(JGJ 46),对于施工现场临时用电设备数量在 5 台及以上,或用电设备容量在 50kW 及以上的,应监督施工单位编制临时用电专项安全方案。

(1)危险性较大工程划分。

依据交通运输部《公路水运工程安全生产监督管理办法》,施工单位应在施工组织设计中编制安全技术措施和施工现场临时用电方案,对危险性较大的工程(表3-1)应当编制专项施工方案,并附安全验算结果,且需施工单位技术负责人、监理工程师审查同意并签字后实施,由安全生产管理人员进行现场监督。

危险性较大分部分项工程划分　　　　　表3-1

序号	类　　别	需编制专项施工方案	需专家论证、审查
1	基坑开挖、支护、降水工程	1.开挖深度不小于3m的基坑(槽)开挖、支护、降水工程。 2.深度小于3m但地质条件和周边环境复杂的基坑(槽)开挖、支护、降水工程	1.深度不小于5m的基坑(槽)土石方开挖、支护、降水工程。 2.深度小于5m,但地质条件、周边环境复杂和地下管线复杂,或影响毗邻建(构)筑物安全,或存在有毒有害气体分布的基坑(槽)土石方开挖、支护、降水工程
2	滑坡处理和填、挖方路基工程	1.滑坡处理。 2.边坡高度大于20m的路堤或地面斜坡坡率陡于1∶2.5的路堤,或不良地质地段、特殊岩土地段的路堤。 3.土质挖方边坡高度大于20m、岩质挖方边坡高度大于30m,或不良地质、特殊岩土地段的挖方边坡	1.中型及以上滑坡处理。 2.边坡高度大于20m的路堤或地面斜坡坡率陡于1∶2.5的路堤,或不良地质地段、特殊岩土地段的路堤。 3.土质挖方边坡高度大于20m、岩质挖方边坡高度大于30m,且处于不良地质、特殊岩土地段的挖方边坡
3	基础工程	1.桩基础。 2.挡土墙基础。 3.沉井等深水基础	1.深度不小于15m的人工挖孔桩或开挖深度不超过15m,但地质条件复杂或存在有毒有害气体分布的人工挖孔桩工程。 2.平均高度不小于6m且面积不小于1200m^{2}的砌体挡土墙工程。 3.水深不小于20m的各类深水基础
4	大型临时工程	1.围堰工程。 2.各类工具式模板工程。 3.支架高度不小于5m;跨度不小于10m,施工总荷载不小于10kN/m^2;集中线荷载不小于15kN/m。 4.搭设高度24m及以上的落地式钢管脚手架工程;附着式整体和分片提升脚手架;悬挑式脚手架工程;吊篮脚手架工程;自制卸料平台、移动式操作平台工程;新型及异形脚手架工作。 5.挂篮。 6.便桥、临时码头。 7.水上作业平台	1.水深不小于10m的围堰工程。 2.高度不小于40m的墩柱、高度不小于100m索塔的滑模、爬模、翻模工程。 3.支架高度不小于8m;跨度不小于18m,施工总荷载不小于15kN/m^2;集中线荷载不小于20kN/m。 4.50m及以上落地式钢管脚手架工程。用于钢结构安装等满堂重支架体系,承受单点集中荷载7kN以上。 5.猫道、移动支架

续上表

序号	类别	需编制专项施工方案	需专家论证、审查
5	桥涵工程	1. 桥梁工程中的梁、拱、柱等构件施工。 2. 打桩船作业。 3. 施工船作业。 4. 边通航边施工作业。 5. 水下工程中的水下焊接、混凝土浇筑等。 6. 顶进工程。 7. 上跨或下穿既有公路、铁路、管线施工	1. 长度不小于40m预制梁的运输与安装、钢箱梁吊装。 2. 跨度不小于150m钢管拱的安装施工。 3. 高度不小于40m的墩柱、高度不小于100m的索塔等的施工。 4. 离岸无掩护条件下的桩基施工。 5. 开敞式水域大型预制构件的运输与吊装作业。 6. 在三级及以上通航等级航道上进行的水上、水下作业。 7. 转体施工
6	隧道工程	1. 不良地质隧道。 2. 特殊地质隧道。 3. 浅埋、偏压及邻近建筑物等特殊环境条件隧道。 4. Ⅳ级及以上软弱围岩地段的大跨度隧道。 5. 小净距隧道。 6. 瓦斯隧道	1. 隧道穿越岩溶发育区、高风险断层、砂层、采空区等工程地质或水文地质条件复杂地质环境；Ⅴ级围岩连续长度占总隧道长度10%以上且长度超过100m；Ⅵ级围岩的隧道工程。 2. 软岩地区的高地应力、膨胀岩、黄土、冻土等地段。 3. 埋深小于1倍跨度的浅埋地段；可能产生坍塌或滑坡的偏压地段；隧道上部存在需要保护的建筑物地段；隧道下穿水库或河沟地段。 4. Ⅳ级及以上软弱围岩地段跨度不小于18m的特大跨度隧道。 5. 连拱隧道；中夹岩柱小于1倍开挖跨度的小净距隧道；长度大于100m的偏压棚洞。 6. 高瓦斯或瓦斯突出隧道。 7. 水下隧道
7	起重吊装工程	1. 采用非常规起重设备、方法，且单件起吊重量在10kN以上起重吊装工程。 2. 采用起重机械进行安装的工程。 3. 起重机械设备自身的安装、拆卸	1. 采用非常规起重设备、方法，且单件起吊重量在100kN及以上起重吊装工程。 2. 起吊重量在300kN及以上起重设备安装、拆卸工程
8	拆除、爆破工程	1. 桥梁、隧道拆除工程。 2. 爆破工程	1. 大桥及以上桥梁拆除工程。 2. 一级及以上公路隧道拆除工程。 3. C级及以上爆破工程、水下爆破工程

（2）专项施工方案的内容。
①工程概况。
②编制依据。
③分部分项工程影响安全的风险源分析及相关预防措施，包括组织保障、安全技术措施等施工安全保证措施。
④设计计算书和设计施工图等设计文件。
⑤施工准备。包括施工进度计划、材料与设备计划。
⑥施工部署。包括技术参数、工艺流程、施工方法、施工技术要点。
⑦人员计划。专职安全生产管理人员、特种作业人员资格等要求。
⑧施工控制。检查验收、安全评价、预警观测措施。
⑨应急预案及处置措施。
⑩专项施工方案是否包含有项目负责人轮流带班生产方案。
（3）监理工程师对专项安全方案的审查。
①施工单位应当分别编写各危险性较大的分部分项工程的专项安全施工方案，并在施工前办理监理报审。
②监理工程师应按下列方法主持审查。
程序性审查：专项安全施工方案按规定需经专家论证、审查的，是否执行；专项安全施工方案是否经施工单位技术负责人签认，不符合程序的应退回。
符合性审查：专项安全施工方案必须符合强制性标准的规定，并附有安全验算的结果；需经专家论证、审查的项目应附有专家审查的书面报告，专项安全施工方案应有紧急救护措施等应急救援预案。
针对性审查：专项安全施工方案应针对本工程特点以及所处环境、管理模式，且具有可操作性。
③专项安全施工方案经专业监理工程师审查后，应在报审表上填写监理意见，并由监理工程师签认。
④特别复杂的专项安全施工方案，项目监理机构应报请工程监理单位技术负责人主持审查。
⑤需经专家论证的专项施工方案审查注意事项如下：
a. 专家人数为5名及以上且符合相关专业要求；与本工程有利害关系的人员不得以专家身份参加专家论证会。
b. 专家论证主要内容：
a）专项施工方案是否完整、可行。
b）专项施工方案计算书和验算依据是否符合有关标准规范。
c）安全施工的基本条件是否满足现场实际情况。
d）专家组明确的书面意见、论证报告及专家签字。
c. 需专家论证的专项施工方案审批流程：施工单位提交专家论证报告及根据论证报告修改完善专项施工方案，施工单位技术负责人、总监、建设单位签字同意后，方可组织实施。
（4）危险性较大分部分项工程的施工，是安全监理重点巡视的部位。

六、审查施工安全风险评估报告、重大风险管控方案

施工安全风险评估报告的核查应在该工程开工之前完成。分管安全副总监、安全专监应核查并形成书面核查意见填入专项施工方案报审表并报总监审批。总监将监理书面核查意见填入专项施工方案报审表并加盖总监办公章向建设单位报备。没有专项风险评估报告的或未按风险评估报告进行改进的,总监办不得签发开工令。安全专监应将总监办核查工作填入安全应急预案审查台账,分管安全副总监应检查安全专监工作记录情况。

1. 风险评估报告内容

(1)编制依据。
(2)工程概况。
(3)评估过程和评估方法。
(4)评估内容。
(5)对策措施及建议。
(6)评估结论[风险等级的划分标准详见《高速公路路堑高边坡工程施工安全风险评估指南》中施工总体风险分级标准(表3-3)和《公路桥梁与隧道工程施工安全风险评估制度及指南解释》中施工总体风险分级标准(表3-3-2)、施工总体风险分级标准(表3-3-4)]。

2. 审查的内容

主要核查施工单位风险评估工作开展情况、评估程序、评估深度、管控措施合理性。
(1)核查专项风险评估报告内容合规性。
(2)审查报审时间合规性。在工程开工之前,施工单位填写专项施工方案报审表,一式三份将施工安全风险评估报总监办审批。
(3)审查施工单位内部编制与审核程序合规性。包括施工安全风险评估是否由施工单位(中标单位)技术负责人组织编审,其签名是否为手签,是否加盖施工单位(中标单位)公章。
(4)核查专项风险在Ⅲ级及以上风险的施工作业活动风险控制,是否符合以下规定:
①重大风险源的监控与防治措施、应急预案经由施工单位(中标单位)和项目总监审批,建设单位组织的专家或安全评价机构进行论证或复评估后才能实施。
②施工单位应建立重大危险源的监测及验收、日常巡查、定期报告等工作制度,并组织实施。
③施工单位项目负责人或技术负责人在工程施工前应进行安全技术教育与交底。
④风险等级为Ⅳ级且无法降低时,必须提高现场防护标准,视情况开展第三方施工监测;未采取有效措施的,不得施工。
⑤核查风险评估报告是否有结论。
⑥核查施工单位是否按风险评估报告的修改意见进行修正、改进,未修正改进的不得施工。

3. 重大风险管控方案审查

重大危险源防控措施的审查应在重大危险源清单收悉后7天内进行,并在合同段工程开工之前完成。

1)管控方案内容
(1)根据辨识确定一般危险源、较大危险源、重大危险源,并确定是否将危险源分级。
(2)危险源的控制程序和控制措施或管理办法。
(3)按照分别对待、重点监控原则,将较大危险源、重大危险源列出作为重点监控对象。
(4)是否制订重大风险源安全管理方案。
2)审查的内容
(1)核查重大危险源管理清单是否制订。核查施工单位是否建立重大危险源管理(清单)台账。
(2)核查重大风险源安全管理方案是否制订。
(3)核查施工单位重大危险源清单的内部编制与审核程序的合规性:是否由施工单位技术、安全、质量等部门技术人员审核,是否由施工单位项目技术负责人审批,其签名是否为手签,是否加盖施工单位项目部公章。
(4)核查施工单位报审时间是否符合要求:在合同段工程开工之前,施工单位应填写重大危险源管理台账并报总监办审核。
3)重大危险源防控措施的审查、验收
分管安全副总监、安全专监审查并形成书面意见,报总监审核。安全专监将总监办审查工作填写重大危险源管理台账,分管安全副总监检查台账建立情况。未建立重大危险源清单的,不得同意工程开工。
该工程开工前,总监组织分管安全副总监、安全专监以及专业监理工程师,对重大危险源安全控制措施进行检查验收,安全专监填写重大危险源安全防范措施验收表,验收合格后方可批准开工。

七、审查施工单位应急预案

1. 审查施工合同段综合应急预案

总监办应在施工合同段应急预案收悉后,在监理合同规定时限内,且在合同段工程开工之前完成。分管安全副总监、安全专监核查并形成书面意见填入专项施工方案报审表并报总监审批。总监将监理书面审批意见填入专项施工方案报审表并加盖总监办公章向建设单位报备。安全专监将总监办核查工作填入安全应急预案管理台账,分管安全副总监检查记录情况。

1)综合应急预案内容
(1)编制依据。
(2)指导思想、实施原则和工作目标。
(3)施工合同段工程概况、危险性较大分部分项工程内容。
(4)危险性较大分部分项工程风险源分析以及具体预防措施。
(5)实施预案的应急组织机构与职责。
(6)预案的启动、实施和演练。
(7)与专项预案之间的联动方式。

2）审查的内容

（1）核查施工合同段综合应急预案内容是否齐全。

（2）核查施工单位报审时间是否符合要求，在合同段工程开工之前，施工单位应填写专项施工方案报审表，并将施工合同段应急预案报总监办审批。

（3）核查施工合同段综合应急预案施工单位内部编制与审核程序是否符合要求，施工合同段综合应急预案是否由施工单位项目技术负责人组织编制，其签名是否为手签，是否加盖施工单位项目部公章。

（4）核查应急演练方案、技术交底、演练记录、演练总结、修改完善及再交底情况。

2. 审查专项应急预案

专项应急预案的审查应在监理合同规定时限内进行，且在该分部分项工程开工之前完成。总监办核查责任人。分管安全副总监、安全专监核查并形成书面意见填入专项施工方案报审表并报总监审批。总监将监理书面审批意见填入专项施工方案报审表，并加盖总监办公章向建设单位报备。安全专监将总监办核查工作填入安全应急预案管理台账，分管安全副总监检查记录情况。

1）专项应急预案内容

（1）编制依据。

（2）指导思想、实施原则和工作目标。

（3）工程概况、危险性较大分部分项工程内容。

（4）危险性较大分部分项工程风险源分析以及具体预防措施。

（5）实施预案的应急组织机构与职责。

（6）预案的启动、实施和演练。

（7）与现场处置方案之间的联动方式。

2）审查的内容

（1）核查专项应急预案内容是否齐全。

（2）核查施工单位报审时间是否符合要求：在合同段工程开工之前，施工单位应填写专项施工方案报审表，并将专项应急预案报总监办审批。

（3）核查专项应急预案施工单位内部编制与审核程序是否符合要求：专项应急预案是否由施工单位项目技术负责人组织编制，其签名是否为手签，是否加盖施工单位项目部公章。

（4）核查施工合同段综合应急预案的评审或论证情况。

（5）核查应急演练交底、演练记录、演练总结及修改完善情况。

3. 审查现场处置方案

总监办应在现场应急处置方案收悉后，在监理合同规定时限内进行审查，并在该工程开工之前完成。分管安全副总监、安全专监核查并形成书面意见填入专项施工方案报审表报总监审批。总监将监理书面审批意见填入专项施工方案报审表并加盖总监办公章向建设单位报备。安全专监将总监办核查工作填入安全应急预案管理台账，分管安全副总监检查工作记录情况。分管安全副总监、安全专监检查施工单位演练情况。

1）现场处置方案内容
（1）编制依据。
（2）确定可能发生的安全事故类型。
（3）应急救援原则。
（4）事故报告程序和责任人。
（5）事故现场各项有针对性的应急处置措施及落实要求。
（6）各级别单位接到事故报告后的应急启动和主要措施。
（7）所有单位的应急过程所遵循的指挥与配合原则。

2）审查的内容
（1）核查现场应急处置方案编制内容是否齐全。
（2）核查施工单位报审时间是否符合要求；在该工程开工之前，施工单位填写专项施工方案报审表，一式三份将现场应急处置方案报总监办审批。
（3）核查现场应急处置方案施工单位内部编制与审核程序合规性。包括现场应急处置方案是否由施工单位项目技术负责人组织编制，其签名是否为手签，是否加盖施工单位项目部公章。

第三节 施工安全生产条件核查

安全生产条件是公路水运项目开工应当具备的基础条件，包括符合法律、法规、规章、标准规定，满足合同约定，不得有不符合项。安全生产条件，包括工程项目开工前安全生产条件、危险性较大的分部（项）工程施工前安全生产条件两部分。

一、安全生产条件核查要求

（1）施工单位应确保满足项目安全生产条件，合同段工程开工前、危险性较大的分部（项）工程开工前，应将安全生产条件落实情况自查结果报监理机构核查。当项目安全生产条件发生变化时，应当及时向监理机构提出复核申请。
（2）监理机构应按有关规定对施工单位开展安全生产条件核查，并将审核结果报建设单位。
（3）建设单位应将开工前安全生产条件审核结果向直接监管的交通运输主管部门报送。

二、核查合同段工程安全生产条件

（1）总监办收到施工单位提交的合同段工程开工安全生产条件核查清单后，应对合同段工程安全生产条件进行核查。
（2）总监办应对合同段工程安全生产条件进行核查，经总监理工程师签认后，附总监办安全生产条件自查情况报建设单位，作为建设单位进行工程项目开工前安全生产条件核查的参考，并作为总监办平安工地建设监理资料。
（3）监理机构应核查的合同段安全生产条件内容包括：
①施工单位应当取得安全生产许可证及相应等级的资质证书，设置安全生产管理机构，按

要求配备专职安全生产管理人员。施工单位的项目负责人和安全生产管理人员应当经交通运输主管部门对其进行安全生产知识和管理能力考核,并考核合格。

②施工单位应保证本单位应具备的安全生产条件所必需的资金投入。在工程投标报价中应当包括安全生产费用并单独计提,不得作为竞争性报价;在工程开工前,应编制安全生产费用使用总体计划,并报监理审查。

③施工单位应建立安全保证体系并符合施工组织设计的规定。施工组织设计文件中应按有关规定编制安全技术措施、专项施工方案(或专项施工方案编制计划)和施工现场临时用电方案、专项保护方案、交通导改方案、应急救援预案,并经监理审批。

④施工单位应参加设计交底,掌握工程设计意图、设计标准和要点,了解对施工安全控制的要求,澄清有关问题。必要时需编写设计交底会议纪要。

⑤施工单位临时场站、驻地选址等应符合安全性要求,按规定设置警戒区和风险告知牌、安全警示标志、安全防护设施,并按规定组织验收。

⑥施工单位应根据建设单位总体风险评估报告,开展专项风险评估工作,编制专项风险评估报告,制订重大风险管控方案。

⑦施工单位应针对工程项目特点和风险评估情况制订合同段施工专项应急预案和现场处置方案。

三、审核危险性较大工程施工安全生产条件

《公路水运工程平安工地建设管理办法》(交通运输部交安监发〔2018〕43号)第十四条:"监理单位应当将平安工地建设作为安全监理的主要内容,危险性较大的分部(项)工程开工前按照《标准》要求及时开展安全生产条件审核,并将审核结果报建设单位"。

(1)驻地办收到施工单位提交的分部(项)工程开工前安全生产条件核查申请后,应及时开展危险性较大的分部(项)工程开工前安全生产条件审核。

(2)驻地办应核查的分部(项)工程开工前安全生产条件内容主要包括:

①按规定开展专项风险评估工作,编制专项风险评估报告,制订重大风险管控方案。

②按规定编制专项施工方案,并附安全验算结果,经施工单位技术负责人、监理工程师签字后实施,经专家论证、审查的专项施工方案应附专家论证、审查意见。

③施工单位按规定对从业人员进行安全生产教育、培训和技术交底;特种作业人员按规定取得相应作业资格。

④施工机械、设施、机具以及安全防护用品、用具和配件等应具有生产(制造)许可证、产品合格证或者法定检验检测合格证明。

特种设备使用单位应依法取得特种设备使用登记证书,建立特种设备安全技术档案,并将登记标志置于该特种设备的显著位置。

⑤组织有关单位进行验收,或者委托具有相应资质的检验检测机构对翻模、滑(爬)模等自升式架设设施,以及自行设计、组装或者改装的施工挂(吊)篮、移动模架等设施进行验收。

⑥按规定编制合同段施工专项应急预案和现场处置方案,依法建立应急救援组织或者指定工程现场兼职的、具有一定专业能力的应急救援人员,配备必要的应急救援器材、设备和物资。劳务分包、专业分包等单位应有符合法律法规的资质条件。施工单位与从业人员订立的

劳动合同,应载明保障从业人员劳动安全、防止职业危害等事项。

⑦施工现场的办公、生活区与作业区应分开设置。办公、生活区的选址应当符合安全性要求,施工单位应根据企业规定组织验收。

⑧应按规定办理跨线施工、交通管制及水上水下作业等相关手续。

⑨从业单位应当依法参加工伤保险,并为从业人员交纳保险费。应为危险性较大的作业岗位人员购买意外伤害险。

第四章 施工和交工验收阶段安全监理

第一节 施工阶段安全监理

施工阶段,监理单位应派专人对施工现场安全情况进行巡视检查,对发现的各类安全隐患,应书面通知施工单位,并督促其立即整改;情况严重的,监理单位应及时下达工程停工令,要求施工单位停工整改,并同时报告建设单位。隐患消除后,监理单位应检查整改结果,签署复查或复工意见。施工单位拒不整改的,监理单位应当及时向建设单位或工程所在地交通运输主管部门报告。施工阶段监理工程师安全监理的工作程序如图4-1所示。

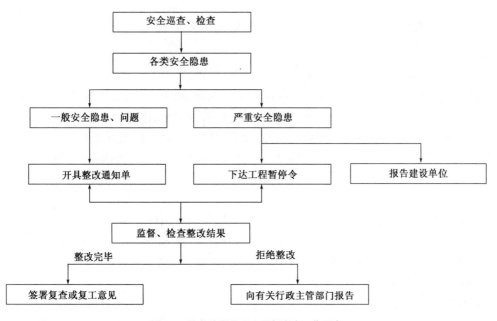

图4-1 施工阶段监理工程师安全工作程序

一、施工现场日常安全监理的工作程序和内容

1.日常安全监理

(1)加强监督。

①监督施工单位按照国家有关法律、法规、工程建设强制性标准和经审查同意的施工组织

设计或专项施工方案组织施工,制止违规作业。

②监督施工单位定期进行安全生产自查,工作班组检查、项目部检查、公司检查,并将检查结果报送项目监理部。

③督促施工单位定期进行自查自评。工程监理单位根据现场安全实况和自查自评情况,认真、公正地进行审查评价,填写有关报表,并报送当地交通运输主管部门或其授权的建设工程安全监督管理机构(部门)备案。

(2)巡视检查。

监理工程师应对施工现场安全生产情况进行巡视检查,监督施工单位落实各项安全措施,发现有违规施工和存在安全事故隐患的,应要求施工单位整改;情况严重的,由总监理工程师下达工程停工令,并报建设单位。施工单位拒不整改或不停止施工的,应及时向当地政府有关部门书面报告。在巡视中,如果发现存在安全隐患,应及时签发监理通知,责成施工单位整改,并跟踪整改结果。

(3)监理会议。

①在定期召开的监理会议上,应将安全生产列入会议主要内容,评述现场安全生产现状和存在问题,提出整改要求,制订预防措施,使安全生产工作落到实处。

②发现施工单位违反安全施工有关要求时,应在监理会上提出或签发监理通知,责成施工单位整改。

③在监理日报中向建设单位汇报安全、文明施工情况。

2. 日常安全监理实施程序

(1)发出口头通知,开具整改通知单。

在日常的现场巡视、检查工作中,若发现存在违反强制性建设标准的现象,或安全事故隐患,应首先口头通知施工方,要求立即采取整改措施,并及时采用书面通知予以确认。未按期整改且无整改措施时,专业监理工程师或总监理工程师应及时向施工方实施签发书面通知、指令性的措施。在签发书面通知、指令时应注意文件的时效性。书面通知应采用监理通知书或监理工作联系单的形式。

(2)召开专题监理例会。

当签发书面通知、指令后,仍未采取及时整改时,应当组织建设单位、施工单位及其他有关单位召开专题监理例会,对书面通知、指令中的内容,结合强制性建设标准加以强调。要求责任方说明原因,落实整改措施,明确计划整改完成的时间,同时要求责任方明确在后续工作中对类似问题的预控措施,并形成例会纪要。

(3)签发工程停工令。

在签发书面通知、指令或召开专题例会后,仍未及时整改,或拒不整改,情况严重的,应当要求施工方暂时停止施工,并由总监签发工程停工令,同时报告建设单位。"停工"的部位视工程的情况,可以是整个工程暂停,也可以是局部工程暂停。若工程停工令发出后执行效果不佳,可进一步向建设单位提出应加强与施工企业管理部门协调,要求其参与执行。

(4)向建设主管部门报告。

若施工单位拒不整改或者不停止施工的,总监理工程师应及时向有关交通主管部门以书面形式报告。

二、监督施工单位按已批准的施工方案组织施工

1. 监督施工安全技术措施实施

（1）安全生产责任制。

监理工程师应根据通过审核后的施工组织设计中的施工安全技术措施，对项目施工单位安全生产责任制建立和落实情况进行监督检查，检查的范围包括项目负责人、其他负责人、安全职能结构负责人或专职施工安全管理人员、班组长、岗位工人等。

（2）安全管理结构的建立及人员配备。

施工单位应当按照有关法律、法规的规定设立安全生产管理结构，配备专职安全生产管理人员。监理工程师应当依据通过审核后的施工组织设计中的施工安全技术措施，对施工项目安全生产管理机构的建立、专职安全生产管理人员的配置情况进行监督检查。

（3）对分包单位安全生产的管理。

总承包单位依法将建设工程分包给其他单位的，分包合同中应当明确各自的安全生产方面的权力和义务。总承包单位和分包单位对分包工程的安全生产承担连带责任。分包单位应当服从总承包单位的安全生产管理。分包单位不服从管理导致生产安全事故的，由分包单位承担主要责任。

总承包单位不得向不具备安全生产条件的施工单位发包工程。总包单位和分包单位在签订工程分包合同的同时必须签订总分包安全生产协议书，以进一步明确双方的权力、义务和责任。总分包安全生产协议书应有双方法人代表或委托人签字，单位盖章之后生效，并送政府有关部门备案。

（4）三类人员及特种作业人员的资格。

监理工程师应对施工单位三类人员取得考核合格证书情况进行审查。施工单位的主要负责人、项目负责人、专职安全管理人员必须取得交通运输主管部门考核合格证书后，方可任职。

监理工程师应对施工单位特种作业人员取得特种作业操作资格证书情况进行审查。特种作业人员必须经过国家规定的专门安全作业培训，并取得特种作业操作资格证书后，方可上岗作业。

（5）落实安全生产教育培训制度。

监理工程师应对施工单位管理人员和作业人员安全教育培训制度落实情况进行审查。

①三类人员在证书有效期内至少参加一次由交通运输主管部门组织的、不少于8学时的安全生产继续教育。

②新工人进场应进行公司级、项目部级、班组级三级安全教育，公司级、项目部级不少于15学时，班组级不少于20学时。

③施工单位在采用新技术、新工艺、新设备、新材料时，应对作业人员进行相应的安全生产教育培训。

④新进人员和作业人员进入新的施工现场或转入新的岗位前，应进行安全生产培训。

⑤施工单位法定代表人、生产经营负责人、项目经理每年接受安全培训的时间不得少于30学时。

⑥专职安全管理人员每年应接受安全技术专业培训的时间不得少于40学时。

⑦其他管理人员和技术人员每年应接受安全培训的时间不得少于20学时。

⑧特殊工种在通过专业技术培训并取得岗位操作证后,每年仍须接受有针对性的安全培训,时间不得少于20学时。

⑨企业其他职工每年接受安全培训的时间不得少于15学时。

⑩企业待岗、转岗、换岗的职工,在重新上岗前,应接受一次安全培训,培训时间不得少于20学时。

(6)应急救援人员和物质、器材的配备。

监理工程师应依据通过审核后的施工组织设计中的施工安全技术措施,对施工单位应急救援预案的人员组织落实,对必要的应急救援器材、设备配备,以及应急救援预案的定期演练进行监督检查。

(7)施工安全技术交底。

安全技术交底的核查在该工程开工前完成。分管安全副总监组织安全专监检查施工单位安全交底;施工单位未进行安全交底或交底未符合要求的,不得开工。总监办安全专监建立安全技术交底核查台账,分管安全副总监检查台账建立情况。

①安全技术交底的内容。

a.施工部位、内容和环境条件。

b.专业分包单位、施工作业班组应掌握的相关现行标准规范、安全生产、文明施工规章制度和操作规程。

c.资源的配备及安全防护、文明施工技术措施等。

d.动态监控以及检查、验收的组织、要点、部位及节点等相关要求。

e.与之衔接、交叉的施工部位、工序的安全防护、文明施工技术措施。

f.潜在事故应急措施及相关注意事项。

②检查的内容。

a.核查安全施工技术交底内容是否齐全。

b.核查施工单位交底程序是否符合要求。安全技术交底程序如下:

a)分部分项工程开工前,施工方案编制人员向项目职能部门、分包单位或作业班组负责人交底。

b)危险性较大分部分项工程开工前,专项方案编制人员会同施工员,向参加施工的全体管理人员、作业人员交底。

c)各工种作业安全技术交底采用层级交底制,主要工序和特殊工序由项目总工向施工人员交底,施工人员向班组负责人交底,班组负责人对作业人员交底。

d)按工种、不同作业内容编制安全作业指导书,进行书面交底;按分项工程编制安全防范技术措施,进行书面交底。

e)交底人与接受交底人分别在交底作业指导书上签名。安全技术交底到具体作业人员。

f)检查施工单位安全技术交底是否全面,施工单位项目总工负责技术交底,交底至各职能部门、班组作业人员。

③施工单位提交安全技术交底时间是否符合要求。分部分项工程施工前施工单位填写安

全技术交底核查台账,并向监理提交安全技术交底记录。

a. 班组安全技术交底的主要内容:

a) 告知施工过程中的作业危险特点、重大危险源及危害因素;

b) 针对危险点和重大危险源制订具体的预防措施;

c) 作业过程中应注意的安全事项;

d) 特殊工序的操作方法和相应的安全操作规程和标准要求;

e) 发生安全生产事故后应采取的自救方法、紧急避险和紧急救援措施等。

b. 班组安全技术交底的检查内容

a) 核查交底内容是否齐全。

b) 核查施工单位提交班组安全技术交底时间是否符合要求。分部分项工程施工前施工单位填写安全技术交底核查台账,并向监理提交班组安全技术交底记录。

c) 核查施工单位班组交底程序是否符合要求。施工技术人员向班组负责人交底,班组负责人分工种向作业人员交底,专职安全生产管理人员参加班组交底,各级人员是否履行签字手续。

d) 施工中,专职安全生产管理人员督促及检查每天班组交底情况。

2. 监督专项安全施工方案实施

危险性较大的分部分项工程必须按照批准的专项安全施工方案进行施工,在施工过程中需要对专项安全施工方案进行修改的,必须报原批准部门同意,不得擅自修改。监理工程师应对危险性较大的分部分项工程专项施工方案的实施进行重点监督检查。

3. 及时制止违规行为

监理工程师对施工现场实施监理工作中,发现施工单位有违反国家法规、标准、安全操作规程的行为,应及时制止并采取以下措施:

(1) 发现严重冒险作业和严重安全事故隐患的,应责令其暂时停工进行整改。

(2) 下达隐患整改通知单,要求施工单位整改事故隐患,并复查整改结果情况。

(3) 向建设单位报告督促施工单位整改情况。

(4) 向工程所在地政府有关部门报告施工单位拒不整改或不停止施工情况。

三、核查现场机械和安全设施的验收手续并签署意见

监理工程师应对施工现场使用的施工机械和设施的采购、租赁,起重机械的现场安装和拆卸,起重机械的检测与验收等情况进行检查验收。监理单位核查施工单位提交的有关施工机械、安全设施等验收记录,并由项目总监在验收记录上签署意见。

1. 施工机械、机具的采购和租赁

(1) 施工单位采购、租赁的安全防护用具、机械设备、施工机具及配件,应当具有生产(制造)许可证、产品合格证,并在进入施工现场前由使用单位或承租单位、出售单位或出租单位、安装单位共同进行验收查验,验收合格的方可使用。验收合格后30日内,应当向当地交通运输主管部门登记。对于尚无相关国家标准或行业标准的设备和设施,应当保障其质量和安全性能。

(2)施工现场的机械设备、施工机具及配件必须由专人管理,定期进行检查、维修和保养,建立相应的资料档案,并按照国家有关规定及时报废。

(3)为建设工程提供机械设备和配件的单位,应当按照安全施工的要求配备齐全有效的保险、限位等安全设施和装置。

(4)出租单位应当对出租的机械设备和施工机具及配件的安全性能进行检测,在签订租赁协议时,应当出具检测合格证明。

(5)禁止出租检测不合格的机械设备和施工机具及配件。

2.起重机械和设施的现场安装与拆卸

(1)在施工现场安装、拆卸施工起重机械和整体提升式脚手架、滑模爬摸、架桥机等自行式架设设施,必须由具有相应资质的单位承担。

(2)安装、拆卸施工起重机械和整体提升式脚手架、滑模爬摸、架桥机等自行式架设设施,应当编制拆装方案、制订安全施工措施,并由专业技术人员现场监督。

(3)施工起重机械和整体提升式脚手架、滑模爬摸、架桥机等自行式架设设施安装完毕后,安装单位应当自检,出具自检合格证明,并向施工单位进行安全使用说明,办理验收手续并签字。

3.起重机械和设施的检测与验收

(1)在施工现场安装、拆卸施工起重机械和整体提升式脚手架、滑模爬模、架桥机等自行式架设设施,必须由具有相应资质的单位承担。

(2)安装、拆卸施工起重机械和整体提升式脚手架、滑模爬模、架桥机等自行式架设设施,应当出具安全合格证明文件,并对检测结果负责。

(3)施工单位在使用施工起重机械和整体提升式脚手架、滑模爬模、架桥机等自行式架设设施前,应当组织有关单位进行验收,也可委托具有相应资质的检测机构进行验收;使用承租的机械设备和施工机具及配件的,由施工总承包单位、分包单位、出租单位和安装单位共同进行验收,验收合格的方可使用。对于尚无相关国家标准或行业标准的设备和设施,应当保障其质量和安全性能。

(4)《特种设备安全监察条例》规定的施工起重机械,在验收前应当经有相应资质的检验检测机构监督检验合格。

(5)施工单位应自施工起重机械和整体提升式脚手架、滑模爬模、架桥机等自行式架设设施验收合格之日起30日内,向交通运输主管部门备案或向其他有关部门登记。登记标志应当置于或者附着于该设备的显著位置。

4.施工机械使用的安全监督

施工机械应当按照施工总平面布置图规定的位置和线路设置,不得任意侵占场内道路,施工机械进场的必须经过安全检查,经检查合格后方可使用。施工机械操作人员必须建立机组责任制,并依照有关规定持证上岗,禁止无证人员操作。

四、检查现场安全防护设施

1.检查施工现场安全防护用品

施工单位应当向作业人员提供安全防护用具和安全防护服装,并书面告知危险岗位的操作规程和违章操作的危害。作业人员应当遵守安全施工的强制性标准、规章制度和操作规程,正确使用安全防护用具、机械设备等。

(1)劳动防护用品的发放。

①根据工作场所中的职业危害因素及危害程度,按照法律、法规、标准的规定,为从业人员免费提供符合国家规定的防护用品。

②应到定点经营单位或者生产企业购买特种劳动防护用品。防护用品必须具有生产许可证、产品合格证和安全鉴定证。购买的防护用品必须经本单位安全管理部门验收,并在使用前对其防护功能进行检验。

③应教育从业人员按照防护用品的使用规则和防护要求,正确使用防护用品。职工做到"三会",即会检查防护用品的可靠性,会正确使用防护用品,会正确维护保养防护用品。

④应按照产品说明书的要求,及时更换、报废过期和失效的防护用品。

⑤应建立健全防护用品的购买、验收、保管、发放、使用、更换、报废等管理制度和使用档案。

(2)正确使用劳动防护用品的要求。

①使用前应首先做外观检查。检查的目的是认定用品对有害因素防护效能的程度,用品外观有无质量缺陷或损坏,各部件组装是否严密,启动是否灵活等。

②劳动防护用品的使用必须在其性能范围内,不得超极限使用;不得使用未经国家指定检测部门认可或检测达不到标准的产品;不得随便代替,更不能以次充好。

③严格按照使用说明书正确使用劳动防护用品。

2. 安全标志

(1)施工现场出入口、施工起重机械等设备出入通道口和沿线各交叉口应设置安全标志,安全标志包括禁止标志、警告标志、指令标志和提示标志。安全标志使用按照现行《安全标志及其使用导则》(GB 2894)规定执行。

(2)标牌用于工程驻地、施工现场明示相关信息,主要包括工程概况牌、质量安全目标牌、管理人员名单及监督电话牌、安全文明施工牌、重大风险源告知牌、施工现场布置图等。

(3)标志应采用坚固耐用的材料制作。有触电危险的场所应使用绝缘材料。边缘和尖角应适当倒棱,呈圆滑状,带有毛刺处应打磨光滑。

(4)标志的设置位置应合理、醒目,能使观察者引起注意、迅速判读、有必要的反应时间或操作距离。主要机具、设备及施工工序操作规程牌,应设置在操作室或操作区域。

(5)标志不应设在门、窗、架等可移动的物体上。标志前不得放置妨碍认读的障碍物。

(6)经常检查标志的状态,保持清洁醒目、完整无损。如发现有破损、变形、褪色等不符合要求的,应及时修整或更换。

(7)根据工程特点和不同的施工阶段,现场安全标志标牌要及时准确地增补、删减或变动,实施动态管理。

3. 安全防护设施

施工单位应当在施工现场做好各项施工的安全防护,配备必要的防护设施。这些防护设施主要包括:高处作业防护,临边作业防护,洞口作业防护,攀登作业防护,悬空作业防护,移动式操作平台防护,交叉作业防护,特殊季节、气候条件施工防护,临时用电防护,对邻近构筑物的专项防护等。这些作业的安全操作规定在本书第四章和第五章中做了详细的介绍。

五、签认安全生产专项费用

1. 安全生产专项费用清单

根据《中华人民共和国安全生产法》,交通运输部《公路水运工程安全生产监督管理办法》,财政部、国家安全监管总局《企业安全生产费用提取和使用管理办法》规定,结合公路工程特点,安全生产专项费用清单见表4-1。

安全生产专项费用清单　　　　　　　表4-1

序号	类别	清单细目
1	设置、完善、改造和维护安全防护设施设备支出	1. 施工现场安全防护费。施工现场安全设施包括:临边、临口、临水等危险部位防坠、防滑、防溺水等设施;防止物体、人员坠落而设的安全网、棚;其他与工程有关的交叉作业防护、防火、防爆、防尘、防毒、防风、防汛、防台、防地质灾害、有害气体监测、通风、临时安全防护等。 2. 警示、照明等灯具费。警示、照明等灯具包括:施工车辆、船舶、机械、构造物的警示灯、危险报警闪光灯、施工区域夜间警示灯、照明灯等灯具。 3. 警示标志、标牌费。警示标志、标牌包括:各种警告、提醒、指示等。 4. 安全用电防护费。安全用电防护设施包括:各种用电专用开关、室外使用的开关、防水电箱、高压安全用具、漏电保护等设施。 5. 施工现场维护费。施工现场维护设施主要包括:改扩建工程施工围挡;施工现场高压电塔、杆围护;施工现场光缆维护等。对施工围挡有特殊要求路段的围挡费用不在此列。 6. 其他安全防护设备与设施费。应计入安全生产费用的其他安全防护设备与设施的完善、改造和维护等费用
2	配备、维护、保养应急救援器材、设备支出和应急演练支出	1. 应急救援器材和设备的配备(或租赁)、维护、保养费。不包括:灭火器、消防斧等小型消防器材;急救箱、急救药品、救生衣、救生圈、应急灯具、救援梯、救援绳等小型救生器材与设备。特殊季节或环境下拖轮调遣费用、警戒船只的租赁费用。救生船、消防车、救护车等大型专业救援设备发生的相关费用不在此列。 2. 应急演练费。由建设单位或施工单位依据应急预案,模拟应对突发事件组织的应急救援活动,由施工单位分担或由施工单位自行负责的部分或全部费用
3	重大风险源和安全事故隐患评估、监控和整改支出	1. 重大风险源和安全事故隐患评估费。由建设单位、相关主管部门组织的,或者施工单位委托专业安全评估单位对重大风险源、重大事故隐患进行评估所发生的相关费用。 2. 重大危险源监控费。对项目重大危险源进行日常监控所发生的相关费用。施工监控不在此列。 3. 重大安全隐患整改费。根据建设单位、相关主管部门或者专业安全评估单位出具的评估报告,对重大事故隐患进行整改发生的相关费用

续上表

序号	类 别	清 单 细 目
4	安全生产检查、评价、咨询和标准化建设支出	1. 日常检查费。施工单位专职安全生产管理人员日常巡视所发生的车辆与相关器材使用费,车辆与器材的购置费不在此列。 2. 专项安全检查费。施工单位聘请专业安全机构或专家对项目安全生产过程中的特殊部位、特殊工艺、特别设备的施工安全检查所支付的相关费用。 3. 安全生产评价费。施工单位聘请专业安全机构或专家对项目专项施工方案、风险评估进行讨论、论证、评估、评价所支付的相关费用,不包括新建、改建、扩建项目的安全评估。 4. 安全生产咨询、风险评估费。施工单位就安全生产工作中存在问题向相关专业安全机构、咨询单位或专家进行咨询所发生的相关费用。按规定开展施工安全风险评估管理费用。 5. 安全生产标准化建设费。施工单位按有关规定或合同约定开展安全生产方面的标准化建设费用
5	配备和更新现场作业人员安全防护用品支出	1. 安全防护物品配备费。施工单位根据有关规定在日常施工中必须配备的安全帽、安全带、手套、雨鞋、工作服、口罩、防毒面具、防护药膏等安全防护物品的购置费用。 2. 安全防护药品更新费。施工单位对安全防护物品的正常损耗进行必要的补充所产生的费用
6	安全生产宣传、教育、培训支出	1. 安全生产宣传费。包括安全宣传标语、条幅、图片、视频等宣传资料所发生的费用。 2. 安全生产培训教育费。包括施工单位对施工人员进行安全技术交底、安全操作规程培训、安全知识教育等支出的课时费;安全报纸、杂志订阅或购置费;安全知识竞赛、技能竞赛、安全专题会议等活动费用;安全经验交流、现场观摩等费用
7	安全生产适用的新技术、新标准、新工艺、新装备的推广应用支出	增设隧道门禁系统、隧道内风险控制监控系统、桥梁作业远程监控系统等所发生的相关费用
8	安全设施及特种设备检测检验支出	1. 安全设施检测检验费。施工单位对拟投本项目的安全设施并送交或邀请具有相关资质的检测验证机构进行检测检验,并出具相关报告所发生的费用。 2. 特种设备检测检验。施工单位根据有关规定对拟投本项目的特种设备邀请具有相关资质的检测验证机构进行检测检验,并出具相关报告所发生的费用
9	其他安全生产费用支出	1. 办公用品费。专职安全生产管理人员办公用计算机、照相器材等办公必需的设施配备费用。 2. 雇工费。保障施工安全,对施工现场进出口部位进行交通管制而雇用交通协管人员进行看护所支出的人工费用。 3. 其他费用。招标时不可预见的,在施工过程经建设单位与监理单位认可,可在安全生产费所列支的其他与安全生产直接相关的费用

2. 审查安全生产专项费用投入计划

(1)工作内容。

主要审核施工单位安全生产费用投入计划合规性、使用范围合规性。其要点如下:

①编制有施工合同段总体安全生产费用使用计划、年度安全生产费用使用计划、安全技术措施,立项正确,符合国家安全生产费用的使用范围。
②编制安全生产费用月度使用计划,且按时报总监办审批。
③安全生产费用计划(年度、月度)的内容应包括措施立项、费用使用部门、执行部门、费用预算、实际使用监督部门等。
④安全生产费用使用范围应符合《公路水运工程施工安全标准化指南》中表3.2-1规定。

(2)工作职责。

总体、年度安全生产费用使用计划收悉后7天内批复;月度安全生产费用使用计划收悉后3天内批复。

①施工合同段总体安全生产费用使用计划由安全专监、分管安全副总监审核,总监审批。
②年度安全生产费用使用计划由安全专监、分管安全副总监审核,总监审批。
③月度安全生产费用使用计划由安全专监审核,分管安全副总监审批。
④安全生产专项费用计划监理审核后,向建设单位报备。

3. 安全生产专项费用计量支付

(1)工作内容。

主要核查安全生产费用计提、审查安全生产费用凭证、现场核查使用情况、计量与支付。其要点如下:

①审查施工单位月度安全生产费用清单合规性。
②监理审核当月实际使用安全经费台账,使用明细、金额、发票证明材料等。
③现场核查施工单位安全生产费用实际使用情况。
④建立安全生产费用监理审核台账。

(2)工作职责。

施工单位提交计量申请后7天内完成审查、审批工作。

①监理审核安全经费使用原则:一是安全措施立项正确,符合国家安全经费的使用范围;二是购买的安全物品真正用在工地上,监理现场进行核实;三是凭有效票据作凭证。
②安全费用不得挪用或变相挪用。
③分管安全副总监组织安全专监、计量专监现场核实安全生产费用使用情况(若建设单位规定需要一同到现场进行核实的,由监理负责通知建设单位)。
④分管安全副总监组织安全专监、计量专监核查安全生产费用计提是否符合要求,安全生产费用计量清单是否符合要求。
⑤总监办签认后,报建设单位审批。

六、督促施工单位安全自检、进行抽查及参与安全生产专项检查

1. 督促施工单位进行安全自检

工程项目安全检查的目的是为了消除隐患、防止事故,是安全控制工作的一项重要内容。

施工项目的安全自检应由项目经理定期进行,安全自检可分为日常性检查、专业性检查、季节性检查、节假日前后的检查和不定期检查等。

(1)日常性检查,即经常的、普遍的检查。企业一般每年进行1~4次;工程项目组、车间、科室每月至少进行1次;班组每周、每班次都应进行检查。专职安全技术人员的日常检查应该有计划,针对重点部位周期性地进行。

(2)专业性检查,是针对特种作业、特种设备、特殊场所进行的检查。如:电、气焊、起重设备、运输车辆、锅炉压力容器、易燃易爆场所等。

(3)季节性检查,是指根据季节特点,为保障安全生产的特殊要求的检查。如春季风大,要着重防火、防爆;夏季高温多雨,要着重防暑、降温、防汛、防雷击、防触电;冬季着重防寒、防冻等。

(4)节假日前后的检查,是针对节假日期间容易产生麻痹思想的特点而进行的安全检查,包括节日前进行安全生产综合检查,节日后也要进行的检查等。

(5)不定期检查是指在工程或设备开工和停工前、检修中、工程或设备竣工及试运转时进行的安全检查。

2. 对施工单位自查情况进行抽查

监理工程师对施工单位自查情况进行抽查,抽查后应编制安全检查报告,对施工单位自检情况进行综合评价。

(1)监理工程师对施工单位自查情况进行抽查。

①定期或不定期对施工单位自查情况进行抽查、评价和考核。

②抽查中发现作业中存在的不安全行为和隐患,应签发安全整改通知,督促施工单位制订整改方案,落实整改措施,整改后应予复查。

③抽查应采取随机抽样、现场观察和实地检测的方法,并记录检查结果,纠正违章指挥和违章作业。

(2)抽查一般内容。

①检查施工单位在施工过程中,人员、施工机械设备、材料、施工方法、施工工艺及施工环境条件等是否符合保证施工安全的要求。

②重要的和对工程施工安全有重大影响的工序、工程部位、施工过程中的施工专项方案、施工组织设计中的安全技术措施落实情况。

③施工单位自查记录资料整理情况,自查存在问题整改情况。

④施工工艺、机械设备安全操作规程执行情况。

⑤现场安全防护设施、文明施工、用电安全及消防安全管理情况等。

第二节 交工验收阶段安全监理

交工验收阶段监理工程师主要工作内容包括:协助建设单位落实工程建设项目"三同时"的规定;审查安全设施等是否按设计要求与主体工程同时建成交付使用;承担交工验收至竣工验收阶段质量缺陷和问题修复施工作业安全管理责任。

一、路面修复作业

（1）作业人员必须穿着有反光标志的橘红色工作装，管理人员必须穿着有反光标志的橘红色背心。

（2）按作业控制区交通控制标准设置相关的渠化装置和标志，并指派专人负责维持交通。

（3）在高速公路和一级公路上修复作业必须用车辆接送，不得在控制区外活动或堆放物体。

（4）在山体滑坡、塌方、泥石流等路段作业必须有专人观察险情。

（5）在高路堤路肩、陡边坡等路段作业时，应采取防滑坠落措施，并注意防止危岩、浮石滚落。

（6）坑槽必须当天完成，若不能完成必须布置作业控制区。

（7）夜间作业，应设置照明设施。照明必须满足作业要求，并覆盖整个工作区域。

（8）当进行修复作业时，应顺着交通流方向设置安全设施。当作业完成后，应逆着交通流方向撤除为修复作业而设置的有关安全设施，恢复正常交通。

二、桥梁修复作业

（1）公路桥梁、涵洞现场要专门设置修复作业时的交通标志。桥面应按作业控制区布置要求设置相关的渠化装置和标志，并设专人负责维持交通。

（2）桥梁修复作业时，应首先要了解架设在桥面上下的各种管线，并注意保护公用设施（煤气、水管、电缆、架空线等），必要时应与有关单位联系，取得配合。

（3）在栏杆外进行作业必须设置悬挂式吊篮等防护设施，作业人员须系安全带。

（4）桥墩、桥台修复时，应在上、下游航道两段设置安全设施，夜间须设置警示标志信号。必要时应与有关单位取得联系，相互配合。

三、隧道修复作业

（1）应按作业控制区布置要求设置相关的渠化装置和标志，并设专人负责维持交通。在修复明洞和半山洞前，应及时清除山体边坡或洞顶危石。

（2）在隧道内进行登高堵漏作业或修复照明设施时，登高设施的周围应设醒目的安全设施。

（3）对隧道衬砌局部坍塌进行修复作业时，应采取措施保证人员安全。

（4）当实测的隧道内 CO 浓度或烟尘浓度高于规定的容许浓度时，作业人员应及时撤离，并开启通风设备进行通风。

（5）隧道内不准堆放易燃易爆物品，严禁明火作业或取暖。

（6）作业宜选择在交通量较小时段进行。作业前，应做好以下工作：

①检测隧道内 CO、烟雾等有害气体的浓度及能见度是否会影响施工安全。

②检测结构状况是否会影响作业安全，如有危险，应先处理后作业。

③检查施工信道信号灯是否准确、明显，施工标志设置是否规范。

④对养护机械、台架进行全面的安全检查,并应在机械上设置明显的反光标志,在台架周围设置防眩灯,以反映作业现场的轮廓。

(7)隧道内作业时,应遵守以下规定:

①修复作业控制区经划定不得随意变更。

②作业人员不得在工作区外活动或将任何机具、材料置于工作区之外。

③施工路段内的照明应满足要求。

(8)电力设施等有特别要求的维护,应按有关部门的安全操作规程执行。

(9)隧道内发生交通事故时,应通知并配合交通安全管理部门到现场处理交通事故。

(10)事故发生后,应尽快清理现场,排除路障,恢复隧道正常行车,并登记相关损失,应认真分析事故原因,恢复或改善隧道的防灾能力。

四、检测作业

(1)严禁在能见度差(如夜晚、大雾天)的条件下进行作业。

(2)道路、桥梁检测车在高速公路、一级公路进行检测时,当行进速度低于50km/h时,均应按临时定点或移动修复作业控制区布置,应在检测设备尾部安装发光可变标志牌,或按规定设置安全警戒区。

第五章 公路工程施工安全监理要点

　　一个工程项目的安全施工,主要依靠施工单位严格、科学、规范的管理。在工程施工的全过程中,安全监理工作是工程监理工作中的重要组成部分。本章涉及了施工阶段安全监理的具体内容,其目的是让监理工程师了解各专业、各工种、各种施工机具及电气设备的安全施工、安全操作要领,以便在安全监理工作中更好地履行自己的监督检查职责。

第一节 施工准备阶段安全监理要点

一、驻地和场站建设

　　(1)施工现场驻地和场站应选在地质良好的地段,应避开易发生滑坡、塌方、泥石流、崩塌、落石、洪水、雪崩等危险区域宜避让取土、弃土场地。

　　(2)施工现场生产区、生活区、办公区应分开设置,距离集中爆破区应不小于500m。

　　(3)施工现场临时用房、临时设施、生产区、生活区、办公区的防火间距应符合现行《建设工程施工现场消防安全技术规范》(GB 50720)的相关要求。

　　(4)办公区、生活区宜避开存在噪声、粉尘、烟雾或对人体有害物质的区域,无法避开时应设在噪声、粉尘、烟雾或对人体有害物质所在区域最大频率风向的上风侧。

　　(5)施工现场原材料、半成品、成品、预制构件等堆放及机械、设备停放应整齐、稳定、规范、标识清楚,且不得侵占场内道路或影响安全。

　　(6)材料加工场宜设围墙或围栏防护实行封闭管理,并宜设排水设施;场内应设置明显的安全警示标志及相关工种的操作规程;加工棚宜采用轻钢结构,并应采取防雨雪、防风等措施。

　　(7)预制场和拌和场应合理分区、硬化场地,并应设置排水设施;拌和及起重设备基础的地基承载力应满足要求,材料及成品存放区地基应稳定;料仓墙体强度和稳定性应满足要求,料仓墙体外围应设警戒区,距离宜不小于墙高2倍;拌和及起重设备应设置防倾覆和防雷设施。

　　(8)施工现场变电站建设应符合现行《施工现场临时用电安全技术规范》(JGJ 46)的有关规定。

　　(9)储油罐的设置应符合下列规定:

　　①储油罐与在建工程的防火间距应不小于15m,并应远离明火作业区、人员密集区、建(构)筑物集中区。

②储油罐顶部应设置遮阳棚。
③应按要求配备泡沫灭火器、干粉灭火器、沙土袋、沙土箱等灭火消防器材及沙土等灭火消防材料。
④应设防静电、防雷接地装置及加油车接地装置,接地电阻不得大于 10Ω。
⑤应悬挂醒目的禁止烟火等警示标识。

二、施工便道

(1) 施工便道应根据运输荷载、使用功能、环境条件进行设计和施工,不得破坏原有水系、降低原有泄洪能力,并应符合下列规定:
①双车道施工便道宽度不宜小于 6.5m。
②单车道施工便道宽度不宜小于 4.5m,并宜设置错车道,错车道应设在视野良好地段,且间距不宜大于 300m。设置错车道路段的施工便道宽度不宜小于 6.5m,有效长度不宜小于 20m。
③路拱坡度应根据路面类型和现场自然条件确定,并应大于 1.5%。
④施工便道应根据需要设置排水沟和圆管涵等排水设施。
⑤施工便道在急弯、陡坡、连续转弯等危险路段应进行硬化,设置警示标志,并根据需要设置防护设施。
⑥施工便道中易发生落石、滑坡等危险路段应根据需要设置防护设施。
(2) 施工便道与既有道路平面交叉处应设置道口警示标志,有高度限制的应设置限高架。
(3) 施工便桥应根据使用要求和水文条件进行设计,并应设置限宽、限速、限载标志,建成后应验收。

三、临时码头和栈桥

(1) 临时码头宜选择在水域开阔、岸坡稳定、波浪和流速较小、水深适宜、地质条件较好、陆路交通便利的岸段。
(2) 临时码头宜设置在桥梁、隧道、大坝、架空高压线、水下管线、取水泵房、危险品库、水产养殖场等区域的下游方向,与其他构筑物的安全距离应符合现行《海港总平面设计规范》(JTS 165)和《河港工程总体设计规范》(JTJ 212)的有关规定。
(3) 临时码头应按照使用要求和相应的技术规范进行设计、施工和验收,并应设置安全警示标志,配备相应的安全防护设施。
(4) 栈桥和栈桥码头应按照使用要求和相应的技术规范进行设计、施工和验收,并应符合下列规定:
①通航水域搭设的栈桥和栈桥码头应取得海事和航道管理部门批准,并应按要求设置航行警示标志。
②栈桥和栈桥码头的设计应考虑自重荷载、车辆荷载、波浪力、风力、水流力、船舶系靠力及漂浮物、腐蚀等,并应按施工期可能出现的最不利荷载组合进行验算。

③栈桥和栈桥码头应设置行车限速、防船舶碰撞、防人员触电及落水等安全警示标志和救生器材。

④栈桥上车辆和人员行走区域的面板应满铺并应与下部结构连接牢固。悬臂板应采取有效的加固措施。

⑤栈桥两侧和栈桥码头四周应设置高度不低于1.2m的防护栏杆。防护栏杆上杆任何部位应能承受1000N的外力。

⑥栈桥行车道两侧宜设置护轮坎。

⑦长距离栈桥应设置会车、掉头区域,间隔不宜大于500m。

⑧通过栈桥的电缆应绝缘良好,并应固定在栈桥的一侧。

⑨发生栈桥面或栈桥码头面被洪水、潮汛淹没,或栈桥被船舶撞击,或桩柱受海水严重腐蚀等情况,应重新检修、复核原构筑物。

⑩栈桥应设置满足施工安全要求的照明设施。

⑪栈桥和栈桥码头应设专人管理,非施工车辆及人员不得进入,非施工船舶不得靠泊。

四、施工临时用电

(1)施工现场临时用电应符合现行《施工现场临时用电安全技术规范》(JTJ 46)的有关规定。

(2)施工用电设备数量在5台及以上,或用电设备容量在50kW及以上时,应编制用电组织设计。

(3)施工现场临时用电工程专用的电源中性点直接接地的220/380V三相四线制低压电力系统,必须采用三级配电系统、TN-S接零保护系统(图5-1)和二级保护系统。

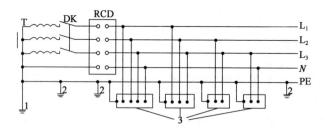

图5-1 临时用电配电系统

(4)电线架设应符合下列规定:

①架空线路宜避开施工作业面、作业棚、生活设施与器材堆放场地。

②架空线路边线无法避开在建工程(含脚手架)时,其安全距离应符合表5-1的规定。

③施工现场的机动车道与外电架空线路交叉时,架空线路的最低点与路面的垂直安全距离应符合表5-2的规定。

外电架空线路边缘外侧边缘与在建工程(含脚手架)间安全距离　　表5-1

外电线路电压等级(kV)	<1	1~10	35~110	220	350~500
安全距离(m)	4	6	8	10	15

施工现场的机动车道与外电架空线路交叉时的垂直安全距离 表5-2

外电线路电压等级(kV)	<1	1~10	35
安全距离(m)	6	7	8

(5)铺设电缆线应符合下列规定：
①施工现场开挖沟槽边缘与埋设电缆沟槽边缘的安全距离不得小于0.5m。
②地下埋设电缆应设防护管。
③架空铺设电缆应沿墙或电杆做绝缘固定。
④通往水上的岸电应用绝缘物架设，电缆线应留有余量，作业过程中不得挤压或拉拽电缆线。
(6)水上或潮湿地带的电缆线必须绝缘良好并具有防水功能，电缆线接头必须经防水处理。
(7)每台用电设备必须独立设置开关箱；开关箱必须装设隔离开关及短路、过载、漏电保护器，严禁设置分路开关；配电箱、开关箱的电源进线端严禁用插头和插座做前动连接。
(8)配电箱及开关箱设置应符合下列规定：
①总配电箱应设在靠近电源的区域；分配电箱应设在用电设备或负荷相对集中的区域；开关箱与分配电箱的距离不得大于30m，开关箱应靠近用电设备，与其控制的固定式用电设备水平距离不宜大于3m。
②动力配电箱与照明配电箱宜分别设置。合并设置的配电箱，动力和照明应分路设置。
③配电箱、开关箱应装设在干燥、通风及常温场所，不得装设在存在瓦斯、烟气、潮气及其他有害介质的场所。
④配电箱、开关箱应选用专业厂家定型、合格产品。
⑤总配电箱中漏电保护器的额定漏电动作电流应大于30mA，额定漏电动作时间应大于0.1s，额定漏电动作电流与额定漏电动作时间的乘积不得大于30mA·s。开关箱中漏电保护器的额定漏电动作电流不得大于30mA，额定漏电动作时间不应大于0.1s。潮湿或有腐蚀介质场所的漏电保护器应采用防潮型产品，额定漏电动作电流不得大于15mA，额定漏电动作时间不得大于0.1s。
⑥配电箱、开关箱应装设端正、牢固。固定式配电箱、开关箱的中心点与地面的垂直距离应为1.4~1.6m。移动式配电箱、开关箱应装设在坚固、稳定的支架上，其中心点与地面的垂直距离应为0.8~1.6m。
(9)遇有临时停电、停工、检修或移动电气设备时，应关闭电源。

五、生产生活用水

(1)生活饮用水水质应符合现行《生活饮用水卫生标准》(GB 5749)的有关规定。
(2)施工现场搭设的水塔、水箱等储水设施应稳固、牢靠，并应采取防倾覆措施。

六、施工机械设备

(1)应制定施工机械设备安全技术操作规程，建立设备安全技术档案。

（2）施工机械设备进场前应查验机械设备证件、性能、状况；进场后，应向操作人员进行安全技术交底。

（3）特种设备现场安装、拆除应按相关规定具有相应作业资质。

（4）龙门吊、架桥机等轨道行走类设备应设置夹轨器和轨道限位器。轨道的基础承载力、宽度、平整度、坡度、轨距、曲线半径等应满足说明书和设计要求。

（5）机械设备集中停放的场所应设置消防通道，并应配备消防器材。

（6）施工现场专用机动车辆驾驶人员应按相关规定经过专门培训，并应取得相应资格证书。

（7）施工现场运输车辆应状态良好，车身应设置反光警示标识。

第二节　通用作业的安全监理要点

一、测量作业

（1）密林丛草间进行施工测量应探明周边环境，遵守护林防火规定，并应采取预防有害动物、植物伤人的个体防护措施。

（2）外电架空线路附近工作时，测量人员的身体和测量设备外沿与外电架空线路之间的安全距离应符合现行《施工现场临时用电安全技术规范》(JGJ 46)的有关规定。安全距离无法实现时，应与有关部门协商，采取停电、迁移外电线路或改变工程位置等措施。

（3）不中断交通道路上测量，应设置交通安全标志，并应设专人指挥或警戒。测量人员应穿反光标志服。

（4）陡坡及不良地质地段测量，测量人员应系安全带、穿防滑鞋等，并应加强监护。桥墩等高处测量，测量人员应正确佩戴和使用个体防护用品。

（5）水上测量作业，测量船应悬挂号灯或号型，并应设专人负责瞭望。测量人员应穿救生衣。

（6）水上测量平台应稳固可靠，并应设置防护围栏和警示标志，作业时应派交通船守护。

（7）冰上测量前应掌握冰封情况，冰封情况应满足作业要求。冰封不稳定的河段及春季冰融期间不得进行冰上测量。

（8）夜间测量照明应满足作业要求，测量人员应穿反光标志服。

二、支架及模板工程

（1）钢支架设计应符合现行《钢结构设计标准》(GB 50017)的规定，支架钢管应符合现行《碳素结构钢》(GB/T 700)、《建筑施工碗扣式钢管脚手架安全技术规范》(JGJ 166)、《建筑施工扣件式钢管脚手架安全技术规范》(JGJ 130)、《钢管脚手架扣件》(GB 15831)的相关规定。

（2）定型组合模板应符合现行《组合钢模板技术规范》(GB/T 50214)的规定。

（3）支架、模板的强度、刚度和稳定性，应按照现行《公路桥涵施工技术规范》(JTG/T F50)设计并验算，水中支架基础尚应考虑水流冲刷的影响。

(4)支架周转材料使用前应按照现行《建筑施工扣件式钢管脚手架安全技术规范》(JGJ 130)、《建筑施工碗扣式钢管脚手架安全技术规范》(JGJ 166)要求检查,达不到设计要求时不得使用。

(5)支架支撑体系应符合下列规定:

①支架基础应根据所受荷载、搭设高度、搭设场地地质等情况进行设计及验算。支架基础施工后应检查验收。

②支架基础的场地应设排水措施,遇洪水或大雨浸泡后,应重新检验支架基础、验算支架受力。冻胀土基础应有防冻胀措施。

③支架在安装完成后应检查验收。

④使用前应预压。预压荷载应为支架需承受全部荷载的1.05~1.10倍。预压加载、卸载应按预压方案要求实施,使用沙(土)袋预压时应采取防雨措施。

⑤支架应设置可靠的接地装置。

(6)桩、柱梁式支架应符合下列规定:

①钢管桩的承载力应满足要求。

②纵梁之间应设置安全可靠的横向连接。

③搭设完成后应检查验收。

④跨通行道路时,应按照现行《道路交通标志和标线》(GB 5768)的要求设置交通标志。

⑤跨通航水域时,应设置号灯、号型。

(7)跨通行道路、通航水域的支架应根据道路、水域通行情况设置防撞设施。

(8)制作钢木结合模板,钢、木加工场地应分开,并应及时清除锯末、刨花和木屑;模板所用材料应堆放稳固;模板堆放高度不宜超过2m。

(9)模板吊环不得采用冷拉钢筋,且吊环的计算拉应力不得大于50MPa。

(10)模板应按设计方案设置纵、横、斜向支撑和水平拉杆,拉杆不得焊接。

(11)大型钢模板应设置工作平台和爬梯。工作平台应设置防护栏杆、挡脚板和限载标志。

(12)模板安装应符合下列规定:

①吊装模板前,应检查模板和吊点。吊装应设专人指挥。模板未固定前,不得实施下道工序。

②模板安装就位后,应立即支撑和固定。支撑和固定未完成前,不得升降或移动吊钩。

③模板应按设计要求准确就位,且不宜与脚手架连接。

④模板安装完成后节点联系应牢固。

⑤基准面以上2m安装模板应搭设脚手架或施工平台。

(13)模板、支架拆除应符合下列规定:

①模板、支架的拆除期限和拆除程序等应按施工组织设计和施工方案要求进行,危险性较大模板、支架的拆除尚应遵守专项施工方案的要求。

②模板、支架的拆除应遵循先拆非承重模板、后拆承重模板、自上而下、分层分段拆除的顺序和原则。

③承重模板应横向同时、纵向对称均衡卸落。

④简支梁、连续梁结构模板宜从跨中向支座方向依次循环卸落;悬臂梁结构模板宜从悬臂端开始顺序卸落。

⑤承重模板、支架,应在混凝土强度达到设计要求后拆除。

⑥模板、支架的拆除应设立警戒区,非作业人员不得进入。

⑦拆除人员应使用稳固的登高工具、防护用品。

⑧模板存放应符合下列规定:

a. 模板存放场地应坚实平整。

b. 大型模板应存放在专用模板架内或卧倒平放,不得直靠其他模板或构件。特型模板应存放在专用模板架内。

c. 突风频发区或台风到来前,存放的大型模板应采取加固措施。

d. 清理模板或刷脱模剂时,模板应支撑牢固,两片模板间应留有足够的人行通道。

三、钢筋工程

(1)钢筋加工机械所有转动部件应有防护罩。

(2)钢筋冷弯作业时,弯曲钢筋的作业半径内和机身不设固定销的一侧不得站人或通行。

(3)钢筋冷拉作业区两端应装设防护挡板,冷拉钢筋卷扬机应置于视线良好位置,并应设置地锚。钢筋或牵引钢丝两侧 3m 内及冷拉线两端不得站人或通行。

(4)钢筋对焊机应安装在室内或防雨棚内,并应设可靠的接地、接零装置。多台并列安装对焊机的间距不得小于 3m。对焊作业闪光区四周应设置挡板。

(5)作业高度超过 2m 的钢筋骨架应设置脚手架或作业平台,钢筋骨架应有足够的稳定性。

(6)吊运预绑钢筋骨架或成捆钢筋应确定吊点的数量、位置和捆绑方法,不得单点起吊。

(7)作业平台等临时设施上存放钢筋不得超载。

四、混凝土工程

(1)混凝土拌和前应确认搅拌、供料、控制等系统运行正常。

(2)维修、保养或检查清理搅拌系统、供料系统应封闭下料口、切断电源、锁定安全保护装置,悬挂"严禁合闸"安全警示标志,并派专人看守。

(3)水泥隔离垫板的刚度及稳定性应满足要求。袋装水泥应交错整齐码放,高度不得超过 10 袋,且不得靠墙。砂石料堆放不得超过规定高度。

(4)混凝土浇筑的顺序、速度应符合施工方案的要求,不得随意更改。

(5)吊斗灌注混凝土应设专人指挥起吊、运送,卸料人员、车辆不得在吊斗下停留或通行,不得攀爬吊斗。

(6)泵送混凝土应符合下列规定:

①混凝土输送泵应安装稳固,管道布设应平顺,安装应固定牢靠,接头和卡箍应密封、紧固。

②泵送前应检查泵送和布料系统。首次泵送前应进行管道耐压试验。泵送混凝土时,操

作人员应随时监视各种仪表和指示灯,发现异常应立即停机检查。

③输送泵出料软管应设专人牵引、移动,布料臂下不得站人。

④混凝土输送管道接头拆卸前,应释放输送管内剩余压力。

⑤清理管道时应设警戒区,管道出口端前方10m内不得站人。

(7)混凝土浇筑过程中应检查模板、支架、钢筋骨架的稳定、变形情况,发现异常,应立即停止作业,并应整修加固。

(8)混凝土振捣应符合下列规定:

①检修或作业停止,应切断电源。

②不得用电缆线、软管拖拉或吊挂振捣器。

③装置振捣器的构件模板应坚固牢靠。

(9)混凝土养护应符合下列规定:

①覆盖养护时,预留孔洞周围应设置安全护栏或盖板,并应设置安全警示标志,不得随意挪动。

②洒水养护时,应避开配电箱和周围电气设备。

③蒸汽、电热养护时,应设围栏和安全警示标志,并应配置足够、适用的消防器材,非作业人员不得进入养护区域。

五、电焊与气焊

(1)电工、焊接与热切割作业人员应按照有关规定经专业机构培训,并取得相应的从业资格。

(2)电工、焊接与热切割作业人员应按规定正确佩戴、使用劳动防护用品。

(3)面罩及护目镜应符合现行《职业眼面部防护 焊接防护 第1部分:焊接防护具》(GB/T 3609.1)的有关规定。防护服应符合现行《防护服装 阻燃防护 第2部分:焊接服》(GB 8965.2)的有关规定,并应根据具体的焊接和切割操作特点选择。

(4)储存、搬运、使用氧气瓶、乙炔瓶除应符合现行《焊接与切割安全》(GB 9448)的有关规定外,尚应符合下列规定:

①气瓶、阀门、焊具、胶管等均不得沾污油脂,作业人员不得使用油污手套操作。

②压力表、安全阀、橡胶软管和回火保护器等均应定期校验或试验,标识应清晰。

③使用的气瓶应稳固竖立或装在专用车(架)或固定装置上。

④气瓶与实际焊接或切割作业点的距离应大于10m,无法达到的应设置耐火屏障。

⑤气割作业氧气瓶与乙炔瓶之间的距离不得小于5m。

⑥电、气焊作业点和气瓶存放点应按规定配备灭火器材。

(5)电焊机一次侧电源线长度不得大于5m;二次侧焊接电缆线应采用防水绝缘橡胶护套铜芯软电缆,长度不宜大于30m,且进出线处应设置防护罩。

(6)电焊钳的绝缘和隔热性能应满足要求,钳柄与导线应连接牢固,电缆芯线不得外露。

(7)电焊机应置于干燥、通风的位置,露天使用电焊机应设防雨、防潮装置,移动电焊机时应切断电源。

(8)电焊机外壳接地电阻不得大于4Ω,接地线不得使用建(构)筑物的金属结构、管道、轨道或其他金属物体搭接形成焊接回路。

（9）不宜使用交流电焊机。使用交流电焊机时，除应在开关箱内装设一次侧漏电保护器外，尚应安装二次侧空载降压触电保护器。

（10）使用过危险化学品的容器、设备、桶槽、管道、舱室等，动火前必须清洗，并经测爆合格。

（11）密闭空间内实施焊接及切割，气瓶及焊接电源应置于密闭空间外。

（12）密闭空间焊接作业应设置通风、绝缘、照明装置和应急救援装备。

（13）密闭空间焊接作业应设专人监护，金属容器内照明设备的电压不得超过 12V。

（14）高处电焊、气割作业，作业区周围和下方应采取防火措施，按要求配备消防器材，并应设专人巡视。

（15）雨天严禁露天电焊作业。潮湿区域作业人员必须在干燥绝缘物体上焊接作业。

六、起重吊装

（1）起重吊装应符合现行《建筑施工起重吊装工程安全技术规范》（JGJ 276）和《起重机械安全规程　第 1 部分：总则》（GB 6067.1）的有关规定。

（2）起重机械司机、起重信号司索工、起重机械安装拆卸工应按照有关规定经专业机构培训，并应取得相应的从业资格。

（3）起重作业人员应穿防滑鞋、戴安全帽，高处作业时应按规定佩挂安全带。

（4）吊装作业应设警戒区，警戒区不得小于起吊物坠落影响范围。

（5）作业前应检查起重设备安全装置、钢丝绳、滑轮、吊索、卡环、地锚等。

（6）钢丝绳吊索的安全系数应符合下列规定：

①当利用吊索上的吊钩、卡环钩挂重物上的起重吊环时，安全系数不得小于 6。

②当用吊索直接捆绑重物，且吊索与重物棱角间采取了妥善的保护措施时，安全系数不得小于 6。

（7）吊点位置应符合设计规定，设计无规定的应经计算确定。

（8）施工升降机作业应符合现行《建筑施工升降机安装、使用、拆卸安全技术规程》（JGJ 215）、《吊笼有垂直导向的人货两用施工升降机》（GB 26557）的有关规定。

（9）吊塔作业应符合现行《塔式起重机安全规程》（GB 5144）的有关规定。

（10）起重设备通行的道路、作业场地应平整坚实，吊装前支腿应全部打开，并应按要求铺设垫木。

（11）高空吊装梁等大型构件应在构件两端设溜绳。

（12）安装所使用的螺栓、钢模（或木模）、钢垫板、垫木和电焊条等材质应符合设计要求。

（13）吊装大、重、新结构构件和采用新的吊装工艺时应先进行试吊。

（14）起重机与架空输电线的安全距离应满足现行《施工现场临时用电安全技术规范》（JGJ 46）的规定。当需要在小于规定的安全距离范围内进行作业时，必须采取严格的安全保护措施，并应按照相关规定经有关部门批准。

（15）双机抬吊宜选用同类型或性能相近的起重机，负载分配应合理，单机荷载不得超过额定起重量的 80%。两机应协调起吊和就位，起吊速度应平稳缓慢。

(16)缆索吊机系统施工应符合下列规定：

①吊塔、扣塔及相应索具、风缆、锚硫均应进行稳定性验算,安全系数应满足最不利工况要求。

②缆索吊机所用材料、设备等进场前,应进行验收,材料应无损伤无变形,强度、刚度应满足设计要求;主缆宜采用钢丝绳,安全系数不得小于3。

③吊塔、扣塔塔架前后及侧向应设置缆风索,缆风索安全系数应大于2。

④缆索吊机正式吊装前应分别按1.25倍设计荷载的静荷和1.1倍设计荷载的动荷进行起吊试验。

⑤塔架顶部应设置可靠的避雷装置;人员上下塔架应配备符合要求的电梯或爬梯,不得徒手攀爬。

(17)起重机严禁吊人。

(18)严禁采用斜拉、斜吊,严禁超载吊装,严禁吊装起吊重量不明、埋于地下或铰接在地面上的构件。

(19)吊起的构件上不得堆放或悬挂零星物件。

(20)作业人员严禁在已吊起的构件下或起重臂下旋转范围内作业或通行。

(21)吊装作业临时固定工具应在永久固定的连接稳固后拆除。

(22)雨、雪后,吊装前应清理积水、积雪,并应采取防滑和防漏电措施,作业前,应先试吊。

七、高处作业

(1)高处作业应符合现行《建筑施工高处作业安全技术规范》(JGJ 80)、《公路工程施工安全技术规范》(JTG F90—2015)的规定。

(2)高处作业不得同时上下交叉进行。

(3)高处作业下方警戒区设置应符合现行《高处作业分级》(GB/T 3608)的有关规定。

(4)高处作业人员不得沿立杆或栏杆攀登。高处作业人员应定期进行体检。

(5)高处作业场所临边应设置安全防护栏杆,并应符合下列规定：

①防护栏杆应能承受1000N的可变荷载。

②防护栏杆下方有人员及车辆通行或作业的,应挂密目安全网封闭,防护栏杆下部应设置高度不小于0.18m的挡脚板。

③防护栏杆应由上、下两道横杆组成,上杆离地高度应为1.2m,下杆离地高度应为0.6m。

④横杆长度大于2m时,应加设栏杆柱。

(6)高处作业场所的孔、洞应设置防护设施及警示标志。

(7)安全网质量应符合现行《安全网》(GB 5725)的规定,安装和使用安全网应符合下列规定：

①安全网安装应系挂安全网的受力主绳不得系挂网格绳。安装完毕应进行检查、验收。

②安全网安装或拆除应根据现场条件采取防坠落安全措施。

③作业面与坠落高度基准面高差超过2m且无临边防护装置时,临边应挂设水平安全网。作业面与水平安全网之间的高差不得超过3.0m,水平安全网与坠落高度基准面的距离不得小于0.2m。

(8)安全带使用除应符合现行《安全带》(GB 6095)的规定外,尚应符合下列规定:
①安全带除应定期检验外,使用前尚应进行检查。织带磨损、灼伤、酸碱腐蚀或出现明显变硬、发脆以及金属部件磨损出现明显缺陷或受到冲击后发生明显变形的,应及时报废。
②安全带应高挂低用,并应扣牢在牢固的物体上。
③安全带的安全绳不得打结使用,安全绳上不得挂钩。
④缺少或不易设置安全带吊点的工作场所宜设置安全带母索。
⑤安全带的各部件不得随意更换或拆除。
⑥安全绳有效长度不应大于2m,有两根安全绳的安全带,单根绳的有效长度不应大于1.2m。

(9)严禁安全绳用作悬吊绳。严禁安全绳与悬吊绳共用连接器。新更换安全绳的规格及力学性能必须符合规定,并加设绳套。

(10)高处作业上下通道应根据现场情况选用钢斜梯、钢直梯、人行塔梯,各类梯子安装应牢固可靠。

(11)钢斜梯使用应符合下列规定:
①长度不宜大于5m,扶手高度宜为0.9m,踏步高度不宜大于0.2m,梯宽宜为0.6~1.1m。
②长度大于5m的应设梯间平台,并分段设梯。

(12)钢直梯应符合下列规定:
①攀登高度不宜大于8m,踏棍间距宜为0.3m,梯宽宜为0.6~1.1m。
②高度大于2m应设护笼,护笼间距宜为0.5m,直径宜为0.75m,并设纵向连接。
③高度大于8m应设梯间平台,并分段设梯。
④高度大于15m应每5m设一梯间平台,平台应设防护栏杆。

(13)高架桥等大型构件作业场所上下通道宜采用人行塔梯。

(14)人行塔梯宜采用专业厂家定型产品。

(15)自行搭设人行塔梯应根据施工需要和工况条件设计,踏步高度不宜大于0.2m,踏步梯应设置防滑设施和安全护栏。

(16)人行塔梯安装应符合下列规定:
①顶部和各节平台应满铺防滑面板并牢固固定,四周应设置安全护栏。
②人行塔梯基础应稳固,四脚应垫平,并应与基础固定。
③塔梯连接螺栓应紧固,并应采取防退扣措施。
④人行塔梯高度超过5m应设连墙件。
⑤用电线路不宜装设在塔梯上,必须装设时,线路与塔体间应绝缘。
⑥人行塔梯通往作业面通道的两侧宜用钢丝网封闭。

(17)吊篮作业应符合现行《高处作业吊篮》(GB/T 19155)的有关规定,且应使用由专业厂家制作的定型产品,不得自行制作吊篮。

(18)高处作业吊篮安装拆卸工应按照有关规定经专业机构培训,并应取得相应的从业资格。

(19)登高梯上端应固定,吊篮和临时工作台应绑扎牢靠。

(20)吊篮和工作台的脚手板必须铺平绑牢,严禁出现探头板。

(21)脚手架的强度、刚度和稳定性应能承受施工期间可能产生的各项荷载。搭设高度24m及以上的落地式钢管脚手架的钢管、扣件应进行抽样检测,脚手架设计计算应以钢管抽样检测的壁厚及力学性能为依据。

(22)不宜使用竹、木质脚手架。

(23)搭设场地应平整无杂物,并应设防、排水设施。

(24)脚手架地基与基础应根据所受荷载、搭设高度、搭设场地等情况进行设计及验算。

(25)脚手架应设排水措施,遇洪水或大雨浸泡后,应重新检验脚手架基础。冻胀土基础应设防冻胀措施。

(26)碗扣式、扣件式及门式脚手架搭设应分别符合现行《建筑施工碗扣式钢管脚手架安全技术规范》(JGJ 166)、《建筑施工扣件式钢管脚手架安全技术规范》(JGJ 130)及《建筑施工门式钢管脚手架安全技术规范》(JGJ/T 128)的相关规定。

(27)脚手架作业层、斜道的栏杆和挡脚板的搭设应符合高处作业的有关规定。

(28)脚手架的脚手板应满铺、固定,离结构物立面的距离不得大于0.15m。

(29)脚手架拆除必须严格执行专项施工方案,拆除作业必须由上而下逐层进行,严禁上下同时作业。连墙件必须随脚手架逐层拆除,严禁提前拆除。

(30)架子工应按照有关规定经专业机构培训,并取得相应的从业资格。作业时应戴安全帽、穿防滑鞋、系安全带。

(31)高处作业现场所有可能坠落的物件均应预先撤除或固定。所存物料应堆放平整、稳定,随身作业工具应装入工具袋,不得向下抛掷拆卸的物料。

(32)雨雪季节应采取防滑措施。

八、水上作业

(1)应及时了解当地气象、水文、地质等情况,掌握施工区域附近的桥梁、隧道、大坝、架空高压线、水下管线、取水泵房、危险品库、水产品养殖区以及避风锚地、水上应急救援资源等情况。

(2)开工前,应根据施工需要设置安全作业区,并办理水上水下施工作业许可证,发布航行通告。

(3)水上作业人员应正确穿戴救生衣等个人安全防护用品。

(4)工程船舶必须持有效的船检证书,船员必须持有与其岗位相适应的适任证书,船员配置必须满足最低安全配员要求。

(5)工程船舶应按规定配备有效的消防、救生、堵漏和油污应急设施,制订安全技术措施和应急预案,并应按规定定期演练。施工船舶应安装船舶定位设备,保证有效的船岸联系。

(6)工程船舶甲板、通道和作业场所应根据需要设有防滑装置。施工船舶楼梯、走廊等应保持通畅,梯口、应急场所应设有醒目的安全警示标志。

(7)工程船舶必须在核定航区和作业水域内作业。

(8)工程船舶作业、航行或停泊时,应按规定显示号灯或号型。

(9)水上工况条件超过施工船舶作业性能时,必须停止作业。

(10)在狭窄水道和来往船舶频繁的水域施工时,应设专人值守通信频道。

(11)遇雨、雾等能见度不良天气时,工程船舶和施工区域应显示规定的信号,必要时应停止航行或作业。

(12)遇大风天气,船舶应按规定及时进避风锚地或港池。

(13)靠泊船舶上下人或两船间倒运货物,应搭设跳板、扶手及安全网。

(14)交通船舶必须配有救生设备,载人严禁超过乘员定额。

(15)定位船及抛锚作业船,其锚链、锚缆滚滑区域不得站人,锚缆伸出的水域应设置警示标志。

(16)运输船舶装货时必须均匀加载,严禁超载、超宽、偏载。卸货时必须分层均匀卸载。

(17)起重船作业应符合下列规定:
①作业前,人员应熟悉吊装方案,明确联系方式和指挥信号。
②根据吊装要求,起重船应指导驳船选择锚位和系缆位置。
③吊装前,吊钩升降、吊臂仰俯、制动性能应良好。安全装置应正常有效。
④吊装结束后,起重船应退离安装位置,并对起重吊钩进行封钩。

(18)打桩船作业应符合下列规定:
①打桩船作业应统一指挥。
②打桩架上的活动物件应放稳、系牢,打桩架上的工作平台应设有防护栏杆和防滑装置。
③穿越群桩的前缆应选择合适位置,绞缆应缓慢操作,缆绳两侧10m范围内不得有工程船舶或作业人员进入。
④桩架底部两侧悬臂跳板的强度和刚度应满足作业要求,跳板的移动和封固装置应灵活、牢固、有效。

(19)打桩船电梯笼必须设防坠落安全装置,笼内必须设置升降控制开关。桩锤检修或加油时,严禁启动吊锤卷扬机。

(20)甲板驳需要配备履带吊、打桩架等机械时,必须符合下列规定:
①船舶的稳性必须核算。
②机械就位处的船体甲板和船舱骨架必须加固。
③履带吊等机械底盘与船体必须整体固结。

(21)拖轮配合非自航工程船舶作业,应由拖轮船长和工程船船长共同商定顶推、绑拖、吊拖的编队方式,拖轮拖力应满足要求。

(22)水中围堰(套箱)和水中作业平台应设置船舶靠泊系统和人员上下通道,临边应设置高度不低于1.2m的防护栏杆,挂设安全网和救生圈。四周应设置警示标志和夜间航行警示灯光信号,通航密集水域应配备警戒船和应急拖轮。

九、潜水作业

(1)潜水员应按照有关规定经专业机构培训,并应取得相应的从业资格。

(2)施工前,潜水员应熟悉现场的水文、气象、水质和地质等情况,掌握作业方法和技术要求,了解工程船舶的锚缆布设及移动范围等情况。

(3)潜水最大安全深度和减压方案应符合现行《产业潜水最大安全深度》(GB/T 12552)、

《空气潜水减压技术要求》(GB/T 12521)和《甲板减压舱》(GB/T 16560)的有关规定。

(4)潜水员使用的水下电气设备、装备、装具和水下设施,应符合现行《潜水员水下用电安全规程》(GB 16636)的有关规定。

(5)潜水作业现场应备有急救箱及相应的急救器具,作业水深超过30m应配备预备潜水员和减压舱等设备。

(6)水温低于5℃、流速大于1.0m/s或具有噬人海生物、障碍物或污染物等的潜水作业区,潜水员潜水作业必须采取安全措施。

(7)潜水作业时,潜水作业船应按规定显示号灯、号型。

(8)潜水员的作业时间和替换周期应符合相关规定。

(9)潜水员水下作业时,必须有专人值守,严禁向作业区域抛掷物件。

(10)为潜水员递送工具、材料和物品应使用绳索进行递送,不得直接向水下抛掷。

(11)通风式重装潜水作业应符合下列规定:

①通风式重装潜水作业组应由指挥员、潜水员、电话员、收放供气管线人员和空压机操作人员组成。远离基地外出作业应具备两组潜水同时作业的能力。

②应设专人负责信号绳、潜水电话和供气管线。

③下水应使用专用潜水爬梯。挂设爬梯的悬臂杠应满足强度和刚度要求,并与潜水船、爬梯连接牢固。

(12)潜水员水下安装构件应符合下列规定:

①潜水员应在构件基本就位和稳定后靠近待安装构件。

②供气管不得置于构件缝中,流速较大时,潜水员应逆水流操作。

③应使用专用工具调整构件的安装位置。潜水员身体的任何部位不得置于两构件之间。

(13)潜水员在沉井或大直径护筒内作业应符合下列规定:

①作业前应清除沉井或护筒内障碍物和内壁外露的钢筋、扒钉和铁丝等尖锐物。

②沉井和大直径护筒内侧水位应高于外侧水位。

③潜水员不得在沉井刃脚下或护筒底口以下作业。

十、爆破作业

(1)从事爆破工作的爆破员、安全员、保管员应按照有关规定经专业机构培训,并取得相应的从业资格。

(2)爆破作业单位实施爆破项目前,应按规定办理审批手续,批准后方可实施爆破作业。

(3)爆破作业和爆破器材的采购、运输、储存等应按照《民用爆炸物品安全管理条例》和现行《爆破安全规程》(GB 6722)执行。

(4)预裂爆破、光面爆破、大型土石方爆破、水下爆破、重要设施附近及其他环境复杂、技术要求高的工程爆破应编制爆破设计方案,制订相应的安全技术措施;其他爆破可编制爆破说明书,并经有关部门审批同意。

(5)经审批的爆破作业项目,爆破作业单位应于施工前3天发布公告,并在作业地点张贴,施工公告内容应包括:工程名称、建设单位、设计施工单位、安全评估单位、安全监理单位、工程负责人及联系方式、爆破作业时限等。

(6)爆破作业必须设警戒区和警戒人员,起爆前必须撤出人员并按规定发出声、光等警示信号。

(7)爆炸源与人员、其他保护对象的安全距离应按地震波、冲击波和飞散物三种爆破效应分别计算,取最大值。

(8)钻孔装药应拉稳药包提绳,配合送药杆进行。在雷管和起爆药包放入之前发生卡塞时,应用长送药杆处理,装入起爆药包后,不得使用任何工具冲击和挤压。

(9)盲炮检查应在爆破15min后实施,发现盲炮应立即安全警戒,及时报告并由原爆破人员处理。电力起爆发生盲炮时应立即切断电源,爆破网络应置于短路状态。

(10)雷电、暴雨雪天不得实施爆破作业。强电场区爆破作业不得使用电雷管。遇能见度不超过100m的雾天等恶劣天气不得露天爆破作业。

(11)水下电爆网路的主线和连接线应强度高、电阻小、防水、柔韧、绝缘。波浪、流速较大水域中的爆破主线应呈松弛状态并应与伸缩性小的导向绳固定。

(12)投药船离开投放药包地点前,应进行详细检查,船底、船舵、螺旋桨、缆绳和其他附属物不得挂有药包、导线等物品。

(13)水下爆破引爆前,警戒区内不得滞留船舶和人员。

十一、小型机具

(1)小型机具应有出厂合格证和操作说明书。

(2)小型机具应制定管理制度,建立台账,并按要求进行维修、保养和使用。

(3)作业人员应了解所用机具性能并熟悉掌握其安全操作常识,施工中应正确佩戴各类安全防护用品。

(4)各种机具不得带病运转。运转中发现不正常时,应先停机检查,排除故障后方可使用。

(5)不得站在不稳定的地方使用电动或气动机具,必须使用时应有专人监护。

(6)齿轮传动、皮带传动、联轴器传动的小型机具应设有安全防护装置。

(7)手持式电动工具应配备安全隔离变压器、漏电保护器、控制箱和电源连接器。

(8)小型起重机具的使用应符合下列规定:

①千斤顶应垂直安装在坚实可靠的基础上,底部宜用枕木等垫平。

②电动葫芦应设缓冲器,轨道两端应设挡板。电动葫芦不得超载起吊,起吊过程中,手不得握在绳索与吊物之间。

③卷扬机卷筒上的钢丝绳应排列整齐,且不得在转动中用手拉或脚踩钢丝绳。作业中,不得跨越卷扬机钢丝绳。卷筒剩余钢丝绳不得少于3圈。

(9)严禁2台及以上手拉葫芦同时起吊重物。

(10)手持式电动工具的作业应符合现行《手持式、可移式电动工具和园林工具的安全 第1部分:通用要求》(GB 3883.1)的规定。

十二、涂装作业

(1)作业、储存场所应严禁明火。

(2)涂装作业除应符合现行《涂装作业安全规程 安全管理通则》(GB 7691)的规定外,尚应符合下列规定:

①从事涂装作业人员应正确佩戴安全防护用品并穿防静电服。
②涂装作业设备属于特种设备的由国家认可的检验机构检验并取得使用登记证书。
③储存、作业场所应设立安全警戒区,配备消防设备。
④积聚有机溶剂蒸发的低凹死角区域,应设置局部排风装置。
⑤涂装作业结束后,应及时清理现场,撤出涂装作业设备和原料,清除玷污涂料及有机溶剂、废弃物。

(3)有限空间涂装作业必须符合下列规定:

①作业场所必须配备检测设备,定时检查作业场所氧气及可燃气体浓度。
②作业场所必须设置通风设备,作业条件必须符合安全要求。
③热加工作业必须设专人监护,烘烤涂层必须使用防爆灯具。

第三节 路基路面工程施工中的安全监理要点

路基工程施工易产生物体打击、机械伤害、爆炸、触电、中毒、滑坡、泥石流、坍塌等安全事故,安全生产管理难度较大。因此,在安全生产管理中,应紧密围绕减少或消除人的不安全行为、机械设备与材料的不安全状态和改善生产环境及保护自然环境的目标,设立安全生产管理机构,配备安全生产管理人员,配置安全防护设施和劳动保护用品,建立健全各项安全生产规章制度,消除和控制安全隐患,减少或避免安全事故的发生。

一、路基工程监理一般规定

(1)路基施工前应掌握影响范围内地下埋设的各种管线情况,制订安全措施。施工中发现危险品及其他可疑物品时,应立即停止施工,并按照规定报请有关部门处理。

(2)路基施工应做好施工期临时排水设施总体规划,临时排水设施应与永久性排水设施综合考虑,并与工程影响范围内的自然排水系统相协调。

(3)机械作业范围内不得同时进行人工作业。

(4)施工机械设备不宜在坡度大的边坡区域作业,必要时应采取防止设备倾覆的措施。

(5)多台机械同时作业时,各机械之间应保持安全距离。

(6)路基边坡、边沟、基坑边缘地段上作业的机械应采取防止机械倾覆、基坑坍塌的安全措施。

(7)弃方除应符合现行《公路路基施工技术规范》(JTG/T 3610)的有关规定外,尚应符合下列规定:

①施工前,应现场核实弃土场的具体情况,弃土场四周应设立警示标志。
②弃方不得影响排洪、通航,不得加剧河岸冲刷。水库、湖泊、岩溶漏斗及暗河口处不得弃方。桥墩台、涵洞口处不得弃方。
③弃方作业应遵循"先支护、后弃土"的原则。

二、场地清理与土方工程

(1) 不得焚烧杂草、树木等。

(2) 清理淤泥或处理空穴前,应查明地质情况,并采取保证人员和机械安全的防护措施。

(3) 取土场(坑)的边坡、深度等应满足设计要求,且不得危及周边建(构)筑物等既有设施的安全。

(4) 取土场(坑)底部应平顺并设有排水设施,取土场(坑)周围应设置警示标志和安全防护设施,宜设置夜间警示和反光标识。

(5) 地面横向坡度陡于1∶10的区域,取土坑应设在路堤上侧。

(6) 取土坑与路基间的距离应满足路基边坡稳定的要求,取土坑与路基坡脚间的护坡道应平整密实,表面应设1%~2%向外倾斜的横坡。

(7) 路堑开挖应采取保证边坡稳定的措施,边坡有防护要求的应开挖一级防护一级,且应自上而下开挖,不得掏底开挖、上下同时开挖、乱挖超挖。开挖应按施工方案执行,并应符合下列规定:
①宜按规定监测土体稳定性。
②应采取临时排水措施。
③应及时排除地表水、清除不稳定孤石。

(8) 深挖路堑施工应及时施作临时排水设施。边坡应严格按设计坡度开挖,并应监测边坡的稳定性。

(9) 填方作业区边缘应设置明显的警示标志,并应做好临时排水。

(10) 高填方路堤施工应符合下列规定:
①路堤预留宽度应符合设计要求。
②应及时施作边坡临时排水设施。
③作业区边缘应设置明显的警示标志。
④应进行位移监测。

(11) 靠近结构物处挖土应采取安全防护措施。路基范围内暂时不能迁移的结构物应预留土台,并设警示标志。

三、石方工程

(1) 石方开挖严禁采用硐室爆破。

(2) 爆破作业应满足下列规定:
①预裂爆破、光面爆破、大型土石方爆破、水下爆破、重要设施附近及其他环境复杂、技术要求高的工程爆破应编制爆破设计方案,制订相应的安全技术措施;其他爆破可编制爆破说明书,并经有关部门审批同意。
②经审批的爆破作业项目,爆破作业单位应于施工前3天发布公告,并在作业地点张贴,施工公告内容应包括:工程名称、建设单位、设计施工单位、安全评估单位、安全监理单位、工程负责人及联系方式、爆破作业时限等。

③爆破作业必须设警戒区和警戒人员,起爆前必须撤出人员并按规定发出声、光等警示信号。

④盲炮检查应在爆破15min后实施,发现盲炮应立即安全警戒,及时报告并由原爆破人员处理。电力起爆发生盲炮时应立即切断电源,爆破网络应置于短路状态。

⑤雷电、暴雨雪天不得实施爆破作业。强电场区爆破作业不得使用电雷管。遇能见度不超过100m的雾天等恶劣天气时不得露天爆破作业。

⑥水下电爆网路的主线和连接线应强度高、电阻小、防水、柔韧、绝缘。波浪、流速较大水域中的爆破主线应呈松弛状态并应与伸缩性小的导向绳固定。

⑦投药船离开投放药包地点前,应进行详细检查,船底、船舵、螺旋桨、缆绳和其他附属物不得挂有药包、导线等物品。

(3)近边坡部分宜采用光面爆破或预裂爆破。

(4)高填方路基施工应在填方作业区边缘设置明显的警示标志,并做好临时排水。

(5)深挖路堑施工过程中,应及时施作临时排水设施。边坡应严格按设计坡度开挖,并应监测边坡的稳定性。

四、防护工程

(1)砌筑施工应符合下列规定:

①边坡防护作业应设警戒区,并设置明显的警示标志。

②砌筑作业人员应佩戴安全帽、防滑鞋等防护用品。

③高度超过2m作业时应设置脚手架并应符合高处作业的有关要求。

④砌筑作业中,脚手架下不得有人操作及停留,不得重叠作业。

⑤不得自上而下顺坡卸落、抛掷砌筑材料。

⑥高处运送材料宜使用专用提升设备。

⑦高边坡的防护应编制专项安全方案。

(2)砂浆喷射作业应严格执行操作规程,边坡喷射砂浆应自下而上顺序施作。

(3)人工开挖支挡抗滑桩施工应符合现行《公路路基施工技术规范》(JTG/T 3610)的有关规定外,且应符合下列规定:

①现场应配备气体浓度检测仪器,进入桩孔前应先通风15min以上,并经检查确认孔内空气符合现行《环境空气质量标准》(GB 3095)规定的三级标准浓度限值。人工挖孔作业时,应持续通风,现场应至少备用1套通风设备。

②土石层变化处和滑动面处不得分节开挖。应及时加固防护护壁内滑裂面。

③同排桩施工应跳槽开挖,相邻桩孔不得同时开挖,相邻两孔中的一孔浇筑混凝土,另一孔内不得有作业人员。

④土层或破碎岩石中挖孔桩应采用钢筋混凝土护壁,并应根据计算确定护壁厚度和配筋量。

⑤孔内作业人员应戴安全帽、系安全带、穿防滑鞋,安全绳应系在孔口。作业人员应通过带护笼的直梯进出,人员上下不得携带工具和材料。作业人员不得利用卷扬机上下桩孔。

⑥绞车、绞绳、吊斗、卷扬机等设备应完好,起吊设备应装设限位器和防脱钩装置。

⑦孔口处应设置护圈,护圈应高出地面0.3m。孔口应设置护栏和临时排水沟,夜间应悬挂示警红灯。孔口四周不得堆积弃渣、无关机具及其他杂物。

⑧非爆破开挖的挖孔桩雨季施工孔口应设置防雨棚,雨天孔内不得施工。

⑨在含有毒有害气体的地区,孔内作业应至少每2h检测一次有毒有害气体及含氧量,保持通风,同时应配备不少于5套且满足施救需要的隔绝式压缩氧自救器等应急救援器材。

⑩孔深不宜超过15m,孔径不宜小于1.2m。

⑪孔深超过15m的桩孔内应配备有效的通信器材,作业人员在孔内连续作业不得超过2h;桩周支护应采用钢筋混凝土护壁,护壁上的爬梯应每间隔8m设一处休息平台。孔深超过30m的应配备作业人员升降设备。

⑫孔口应设专人看守,孔内作业人员应检查护壁变形、裂缝、渗水等情况,并与孔口人员保持联系,发现异常应立即撤出。

⑬挖孔作业人员的头顶部应设置护盖。弃渣吊斗不得装满,出渣时,孔内作业人员应位于护盖下。

⑭孔内照明电压应为安全电压,应使用防水带罩灯泡,电缆应为防水绝缘电缆。

⑮孔内爆破作业应专门设计,采用浅眼松动爆破法,并应严格控制炸药用量,炮眼附近孔壁应加强防护或支护。孔深不足10m,孔口应做覆盖防护。爆破作业的安全管理应按照现行《爆破安全规程》(GB 6722)中的有关规定执行。爆破前,相邻桩孔人员必须撤离。

⑯混凝土护壁应随挖随浇,每节开挖深度应符合专项施工方案要求,且不得超过1m。护壁外侧与孔壁间应填实。混凝土护壁浇筑前,上下段护壁的钩拉钢筋应绑扎牢固。护壁模板应在混凝土强度达到5MPa以上后拆除。

(4)挡土墙施工除应符合现行《公路路基施工技术规范》(JTG/T 3610)的有关规定外,且应符合下列要求:

①挡土墙施工应设警戒区。

②回填作业应在挡土墙墙身的强度达到设计强度的75%后实施,墙背1.0m以内不宜使用重型振动压路机碾压。

③挡土墙墙高大于2m时施工应符合高处作业的有关规定。

④锚杆挡土墙施工前,应清除岩面松动石块,并整平墙背坡面。

(5)锚杆、锚索预应力张拉应符合施工工艺要求。

(6)张拉作业应设警戒区,操作平台应稳固,张拉设备应安装牢固。

(7)张拉过程中操作人员不得离岗,千斤顶后方不得站人。

五、排水工程

(1)防排水工程的基础应稳定,沟渠边坡必须平整,所用的砂浆、混凝土应采用机械拌和。

(2)排水沟采用混凝土预制件砌筑时,砌缝砂浆应饱满,沟身不漏水,沟身两侧应回填密室。

(3)渗沟的开挖应自下游向上游进行,应随挖随支撑并迅速回填,防止造成坍塌;支撑渗沟应间隔开挖。

(4)高边坡截水沟施工应设置防作业人员坠落设施。边坡平台截水沟必须引入相邻排水设施,天沟不应向路堑侧沟排水。湿陷性黄土、砂性土以及填土等可能发生不均匀沉降地段的天沟、排水沟应采取防渗和保证基底稳定的措施。

(5)防排水设施应沟底平整、排水畅通,无冲刷和阻水现象。

(6)施工期应做好排水工程的成品保护。雨季应加大防排水工程的检查频次,发现隐患及时整改。

六、软基处理

(1)振沉砂桩或碎石桩作业灌料斗下方不得站人。

(2)强夯施工应符合下列规定:

①强夯作业区应封闭管理并设置安全警示标志,并由专人负责统一指挥。

②强夯机架刚度、强度、稳定性应满足施工要求,变换夯位后,应检查门架支腿。作业前,应提升夯锤0.1~0.3m并检查整机的稳定性。

③吊锤机械驾驶室前应设置防护网,驾驶员应佩戴防护镜。

(3)旋喷桩的高压设备和管路系统的密封圈应完好,各管道和喷嘴内不得有杂物。喷射过程中出现压力突变应停工查明原因。

(4)真空预压施工用电应符合施工临时用电的规定。应观察负压对邻近结构物的影响。排水不得危及四周道路及结构物。

(5)在淤泥区域进行换填施工作业时,应采取防止人员陷入的措施。

七、特殊路基

(1)滑坡地段路基施工应符合下列规定:

①路基施工应加强对滑坡区内其他工程和设施的保护。滑坡区内有河流时,施工不得使河流改道或压缩河道。

②滑坡影响范围应设安全警示标志,并根据现场情况设置围挡等防护措施。

③滑坡影响范围内不得设置临时生产、生活设施或停放机械、堆放机具等。

④施工前应先做好截、排水设施,并应随开挖随铺砌。施工用水不得浸入滑坡地段。

⑤滑坡体上开挖路壁和修筑抗滑支挡构筑物时,应分段跳槽开挖,不得大段拉槽开挖,并随挖、随砌、随填、随夯;开挖与砌筑时应加强支撑和临时锚固,并监测其受力状态;采用抗滑桩挡土墙共同支挡时,应先做抗滑桩后做挡土墙。

⑥冰雪融化期不得开挖滑坡体,雨后不得立即施工,夜间不得施工。

(2)崩塌与岩堆地段施工应符合下列规定:

①施工前应对影响范围进行评估,并对既有建(构)筑物和交通设施等采取相应的安全防护或迁移措施。

②施工前应先清理危岩,并根据现场情况修建拦截建(构)筑物等防护措施。防治工程应及时配套完成。

③刷坡时应明确刷坡范围,并设置围挡和警示标志。

④爆破开挖时应采取控制爆破技术,并加强现场防护及爆破后的检查。

(3)岩溶地区施工应符合下列规定：
①施工前应根据洞穴的位置和分布情况,设置明显的警示标志和防护设施。
②洞内存在有害气体和物质未排除前人员不得进入。不稳定洞穴应采取临时支撑等安全措施。
③应先疏导、引排对路基稳定有影响的岩溶水、地面水。
④注浆处理时,应观测注浆压力和周边情况,发现异常应及时采取相应措施。
(4)泥石流地区施工取土和弃土应避开泥石流影响。
(5)采空区施工应符合下列规定：
①施工前应在施工现场对采空区塌陷影响范围进行标识,并设置警示标志,规定作业人员和施工机械作业范围。
②路基边沟及排水沟底部,应采取防止地表水渗漏到采空区内的措施。
(6)在同一个雪崩区,防雪工程应自雪崩源头开始施工,上一单项工程未完成时,相邻的下一个单项工程不得施工。
(7)沿江、河、水库等地区施工应符合下列规定：
①沿河、沿溪地区的高填方、半挖半填、拓宽路段的新老交界面应按设计要求采取保证路基稳定的措施,峡谷地段宜采用石质填料。
②汛期应采取防洪措施。

八、路面工程施工中的安全监理要点

1. 一般规定

(1)施工中,拌和楼、发电站(机)、运输车、滑模摊铺机、轨道摊铺机、沥青摊铺机等大型机械设备及其辅助机械(具)操作人员不得擅自离开操作台。
(2)施工现场出入口、沿线各交叉口等处应设明显警示、警告标志,并应设专人指挥。
(3)机械设备停放位置应平整,周围应设置明显的警示标志,夜间应设警示灯。
(4)开挖下承层沟槽或施作伸缩缝应设置明显的安全警示标志。
(5)夜间施工,现场作业人员应身穿反光服,路口、危险路段和桥头引道应设置警示灯或反光标志,施工设备均应有照明设备和明显的警示标志,照明应满足夜间施工要求。
(6)隧道内摊铺沥青混凝土路面应符合下列规定：
①应采用机械通风排烟,隧道内空气中的有毒气体和可燃气体的浓度不得超过相关规定。
②隧道内作业人员应佩戴符合要求的防毒面具。
③隧道内应有照明和排风等设施,作业人员应穿反光服。

2. 基层与底基层

(1)消解石灰,浸水过程中不得投料、翻拌,人员应远避并采取个体防护措施。
(2)拌和作业开机前应警示,拌和机前不得站人,拌和过程中人员不得跨越皮带或调整皮带运输机。
(3)混合料运输应按指定线路行走,不得超载、超速。卸料升斗时,人员不得在车斗的正下方停留。

(4)整平和摊铺作业应临时封闭交通、设置明显警示标志,下承层内的各类检查井口应稳固封盖,辅助作业人员应面向压路机方向作业,设备之间应保持安全距离。

(5)碾压作业应符合下列规定:

①多台压路机同时作业时,各机械之间应保持安全距离。

②作业人员应在行驶机械后方清除轮上黏附物。

③碾压区内人员不得进入,确需人员进入的应安排专人监护。

3. 沥青面层

(1)封层、透层、黏层喷洒前应做好检查井、闸井、雨水口的安全防护。洒布车行驶中不得使用加热系统。洒布地段不得使用明火。小型机具洒布沥青时,喷头不得朝上,喷头10m范围内不得站人,不得逆风作业。大风天气,不得喷洒沥青。

(2)沥青储存地点应配备灭火器、消防砂等消防设施,并应设置警示标志。

(3)沥青脱桶、导热油加热沥青作业应采取防火、防烫伤措施。

(4)沥青混合料拌和作业除应符合拌和的规定外,尚应符合下列规定:

①拌和机点火失效时,应关闭喷燃器油门,并应通风清吹后再行点火。

②拌和过程中人员不得在石料溢流管、升起的料斗下方站立或通行。

③沥青罐内检查不得使用明火照明。

④沥青拌和站应配备灭火器、消防砂等消防设施。

4. 水泥混凝土面层

(1)摊铺作业时,布料机与振平机之间应保持5~8m的安全距离。

(2)切缝、刻槽作业范围应设警戒区。

①电动混凝土切缝机操作人员必须戴绝缘手套,穿绝缘鞋。切割机及电缆必须绝缘良好。作业后必须切断电源,盘好导线。

②进行切缝作业时,必须前进单向切缝。切缝前应先打开冷却水,冷却水中断时应停止切缝。使用中发现异常状况时,应立即停机。

③操作人员应站在刀片侧面操作;发动机运转时严禁添加燃料。

④发动机和刀片在停止转动前,严禁检查和搬动混凝土切缝机。

第四节 桥涵工程施工中的安全监理要点

桥涵工程施工过程中,影响和制约安全生产的因素比较多。因此,在安全生产方面要加以重点控制。目前,在桥梁施工中采用了各种新技术、新工艺、新设备、新材料;在高塔、高墩和深水基础的大跨径桥梁施工中,采用了各种先进的施工机械设备,如大型基础施工机械设备、大型运输设备、大型船舶等。因此,对作业人员进行相应的安全生产教育培训尤为重要。

一、一般规定

(1)跨既有公路施工,通行区应搭设安全通道。安全通道应满足通行要求,施工作业面底部应悬挂安全网。安全通道应设防撞设施及限高、限宽、减速标志和设施,梁式桥的模板支架及其他设施宜在防撞栏等上部构造施工完成后拆除。

(2)泥浆池、沉淀池周围应设置防护栏杆和警示标志。

二、钻(挖)孔灌注桩

(1)钻(挖)孔灌注桩施工作业应符合下列规定:
①施工作业区域应设置警戒区。
②临近堤防及其他水利、防洪设施施工应符合相关部门的有关规定。
③山坡上钻(挖)孔灌注桩施工应清除坡面上的危石和浮土;存在裂缝的坡面或可能坍塌区域应采取必要的防护措施。
④停止施工的钻、挖孔桩,孔口应加盖防护,四周应设置护栏及明显的警示标志,夜间应悬挂示警红灯。
⑤钻机等高耸设备应按规定设置避雷装置。
⑥钢筋笼下放应采用专用吊具。钢筋笼孔口连接时,孔内钢筋笼应固定牢靠。作业人员不得在钢筋笼内作业,安全带不得扣挂在钢筋笼上。
⑦浇筑混凝土时,孔口应设防坠落设施。
⑧施工场地及行走道路应平坦坚实,且满足钻机正常工作和移动的要求。
⑨钻机安设应平稳、牢固。发生卡钻时,不得强提,应查明原因并处理。停钻时,钻头、钻杆应置于孔外安全位置。
⑩钻机电缆线接头应绑扎牢固,不得透水、漏电;电缆线不得浸泡于水、泥浆中,不得挤压电缆线及风水管路。

(2)冲击钻机的卷扬机应制动良好,钻架顶部应设置行程开关。钢丝绳应无死弯和断丝,安全系数不应小于12;钢丝绳夹大小应与钢丝绳直径相匹配,并应设置保险绳夹。

(3)回旋钻机成孔应符合下列规定:
①回旋钻机钻进时,高压胶管下不得站人。水龙头与胶管应连接牢固。钻机旋转时,不得提升钻杆。
②钻机移动不得挤压电缆线及管路。
③潜水钻机钻孔时,每完成一根钻孔桩后应检查电机的密封状况。

(4)旋挖钻机成孔应符合下列规定:
①钻孔作业过程中,应观察主机所在地面变化情况,发现下沉现象应及时停机处理。因故长时间停机的应挂牢套管口保险钩。
②场内墩位间转移旋挖钻机应预先检查转移路线、放倒机架,并应设专人指挥。

(5)岩溶、采空区和其他特殊地区钻孔灌注桩施工作业应符合下列规定:
①施工前,应核对桩位处的地质勘察资料;地质情况有疑问时,应补充完善地质资料。
②发生漏浆及塌孔等现象,应立即停止作业,并采取保证平台、钻机和作业人员安全的措施。

(6)大直径、超长桩钢护筒作为平台支撑时,最小埋置深度应满足工作平台受力和稳定性要求。

(7)无法采用机械成孔且无地下水或有少量地下水,无不良地质的地区,可采用人工挖孔。

(8)人工挖孔桩作业应制订专项施工方案,并应符合人工开挖支挡抗滑桩的相关规定。

三、沉入桩

(1)钢筋混凝土桩、预应力混凝土桩和钢管桩的吊运、存放和运输应符合现行《公路桥涵施工技术规范》(JTG/T F50)的有关规定。

(2)沉入桩施工应符合下列规定:
①沉桩施工区域应设置明显的安全警示标志,非作业人员不得进入施工区域。
②起吊桩或桩锤作业,人员不得在桩、桩锤下方或桩架龙门口停留或作业。
③吊点应符合设计要求,桩身应设溜绳,桩身不得碰撞桩锤或桩机。

(3)锤击沉桩作业应符合下列规定:
①打桩机移动轨道应铺设平顺、轨距一致,轨道与轨枕应钉牢,钢轨端部应设止轮器,打桩机应设夹轨器。
②应设专人指挥打桩机移动,机体应平稳,桩锤应置于机架最低位置,打桩机应按要求配重。
③滚杠滑移打桩机,工作人员不得在打桩机架内操作。
④应经常检查维护打桩架及起重工具。检查维护的桩锤应放落在地面或平台上。工作状态下不得维护打桩机。
⑤锤击沉桩应按要求观测邻近建(构)筑物和周边土体的沉降和位移,发现异常应停止沉桩并采取处理措施。
⑥沉桩时,桩锤、送桩与桩应保持在同一轴线上。

(4)振动沉桩作业应符合下列规定:
①沉桩时,作业人员应远离基桩。沉桩过程遇有异常情况应立即停振,并妥善处理。
②桩机停止作业时应立即切断动力源。
③电动振动锤使用前应测定电动机的绝缘值,且不得小于 0.5MΩ,并应对电缆芯线进行通电试验。电缆绝缘层应完好无损。电缆线应采取有效防止磨损、碰撞的保护措施。沉桩或拔桩作业时,电动振动锤的电流不得超过规定值。

(5)水上沉桩除应符合沉桩的规定外,固定平台、自升式平台应搭设牢固。打桩机底座应与打桩平台连接牢靠。打桩船沉桩应符合水上作业船舶管理的有关规定。

(6)拔桩的起重设备应配超载限制器,不得强制拔桩。

四、沉井

(1)沉井制作场地应符合现行《公路桥涵施工技术规范》(JTG/T F50)的有关规定。

(2)筑岛制作沉井时,筑岛围堰应牢固、抗冲刷。筑岛围堰顶高程应高于施工期间可能出现的最高水位 0.7m 以上,同时应考虑波浪的影响。

(3)施工机械设备应在坚实的基础上作业,其承载力应满足设备施工要求。

(4)沉井顶部作业应搭设作业平台,平台结构应依跨度、荷载经计算确定,作业平台的脚手板应满铺且绑扎牢固,临边防护、通道等设施应符合高处作业的有关规定。

(5)制作沉井应同步完成直爬梯或梯道预埋件的安设,各井室内应悬挂钢梯和安全绳。

(6)沉井照明应充足,作业施工用电应符合现行《施工现场临时用电安全技术规范》(JGJ 46)的规定。

(7)沉井内的水泵、水力机械、管道、起重等施工设备应安装牢固。

(8)沉井内的潜水作业应符合相关规定。

(9)施工过程中,应安排专人负责观察现场情况,发现涌水、涌砂时,井内作业人员应及时撤离。

(10)下沉前,应对周边的建(构)筑物和施工设备采取有效的防护措施。下沉过程中,应对邻近建(构)筑物、地下管线进行监测,发现异常应停止作业,并采取相应措施。

(11)不宜采用爆破法进行沉井内取土,必须爆破时应经专项设计。开挖沉井刃脚或井内横隔墙附近时,无关人员不得进入现场。井内起重作业应符合起重的有关规定。

(12)采用配重下沉沉井,配重物件应堆码整齐,沉井纠偏应逐级增加荷载,并连续观测。

(13)高压射水辅助下沉时,高压水不得直接对人或机械设备、设施喷射。

(14)空气幕辅助下沉的储气罐应放置在通风遮阳位置,不得曝晒或高温烘烤。

(15)沉井顶端距地面小于1m时应在井口四周架设防护栏杆和相关安全警示。

(16)沉井接高应停止沉井内取土作业。倾斜的沉井不得接高。

(17)浮式沉井应制订专项施工方案,浮运、就位、下沉等施工阶段应设专人观测沉井的稳定性。

(18)沉井内潜水清理作业应符合相关规定。

(19)浇筑沉井封底混凝土应搭设工作平台。

五、地下连续墙

(1)地下连续墙施工应编制专项施工方案,在堤防等水利、防洪设施及其他既有构筑物周边施工应进行风险评估,施工过程中应持续观测。

(2)地下连续墙施工应设警戒区,施工现场和施工道路应平整,地基承载力应满足施工要求。

(3)地下连续墙安放钢筋笼、浇筑混凝土应符合钻孔灌注桩的有关规定。

(4)开挖作业应在地下连续墙的混凝土达到设计强度后进行。开挖挡土墙结构的地下连续墙时,应严格按照程序设置围檩支撑或土中锚杆。

六、围堰

(1)围堰内作业应及时掌握水情变化信息,遇有洪水、流冰、台风、风暴潮等极端情况应立即撤出作业人员。

(2)土石围堰施工应符合现行《公路桥涵施工技术规范》(JTG/T F50)的有关规定。

(3)钢板(管)桩围堰施工除应符合沉入桩的有关规定外,尚应符合下列规定:

①地下水位高或水中围堰应采取可靠的止水措施。
②水中围堰抽水应及时加设围模和支撑系统。
③水上作业应符合相关规定。

(4)双壁钢围堰施工应符合下列规定:
①应按设计要求制造钢围堰,焊缝应检验,并应进行水密试验。
②浮船或浮箱上组装双壁钢围堰,钢围堰应稳定。
③双壁钢围堰浮运、吊装应制订专项施工方案。
④水上作业应符合有关规定。
⑤钢围堰接高和下沉作业过程中,应采取保持围堰稳定的措施。悬浮状态不得接高作业。
⑥施工过程中应注意监测水位变化,围堰内外的水头差应在设计范围内。

(5)钢吊(套)箱围堰施工应符合下列规定:
①应验算悬吊装置、吊杆的安全性以及有底钢吊(套)箱的抗浮性。
②吊装所用设备、机具、状态应良好。
③吊(套)箱就位后应及时与四周的钢护筒连成整体。
④吊(套)箱内排水应在封底混凝土强度符合设计规定后进行,排水不应过快,并应加强监测吊箱变化情况,及时设置内支撑。

(6)围堰拆除应符合专项施工方案的要求,内外水位应保持一致,拆除时应设置稳固装置,潜水作业应符合有关规定。

七、明挖地基

(1)挖基施工宜在枯水或少雨季节进行,并应连续施工,有支护的基坑应采取防碰撞措施,基坑附近有管网或其他结构物时,应有可靠的防护措施。中等以上降雨期间基坑内不得施工。

(2)基坑内作业前,应全面检查边坡滑塌、裂缝、变形以及基坑涌水、涌砂等情况,并应翔实记录。坑沿顶面出现裂缝、坑壁松塌或遇有涌水、涌砂影响基坑边坡稳定时,应立即加固防护,在确认安全后方可恢复施工。

(3)大型深基坑施工除应遵循边开挖、边支护的原则外,尚应建立边坡稳定信息化动态监控系统。

(4)开挖和降水施工应符合下列规定:
①开挖应视地质和水文情况,基坑深度按规定坡度分层进行,不得采用局部开挖深坑或从底层向四周掏土的方法施工。
②开挖影响邻近建(构)筑物或临时设施时,应采取安全防护措施。
③开挖过程中应监测边坡的稳定性、支护结构的位移和应力、围堰及邻近建(构)筑物的沉降与位移、地下水位变化、基底隆起等项目。
④基坑顶面应设置截水沟。多年冻土地基上开挖基坑,坑顶截水沟距基坑上边缘不得小于10m,排出水的位置应远离基坑。
⑤排水作业不得影响基坑安全,排水困难时,应采用水下挖基方法,并应保持基坑中原有水位。
⑥爆破开挖宜采用浅眼松动爆破法。爆破作业应符合现行《爆破安全规程》(GB 6722)的

规定。

⑦开挖影响既有道路车辆通行时,应制订交通组织方案。

⑧冻结法开挖时,制冷设备的电源应采用不同供电所双路输电,应分层冻结、逐层开挖,不得破坏周边冻结层,基础工程施工应在冻融前完成。

⑨弃方不得阻塞河道、影响泄洪。

⑩基坑周边1m范围内不得堆载、停放设备。

⑪深基坑四周距基坑边缘不小于1m处应设立钢管护栏、挂密目式安全网,靠近道路侧应设置安全警示标志和夜间警示灯带。

(5)坑壁及支护施工应符合下列规定:

①应根据水文、地质、开挖方式及施工环境条件等因素,确定坑壁的支护措施,并严格执行。

②顶面有动载的基坑,其边沿与动载之间应留有不小于1m宽的护道,动荷载较大时宜适当加宽护道;水文和地质条件较差时,应采取加固措施。

③支护结构应通过设计计算确定,支护结构和支撑的强度、刚度及稳定性应满足基坑开挖施工的要求。

④直接喷射混凝土加固坑壁,喷射前应清除坑壁上的松软层及岩渣。锚杆、预应力锚索和土钉支护施工参数应通过抗拉拔力试验确定。

⑤加固坑壁应按照设计要求逐层开挖、逐层加固,坑壁或边坡上有明显出水点处应设置导管排水。

八、承台与墩台

(1)承台施工模板和混凝土作业应符合模板和混凝土工程的有关规定。

(2)现浇墩、台身、盖梁施工除应符合现行《公路桥涵施工技术规范》(JTG/T F50)的有关规定外,尚应符合下列规定:

①脚手架及作业平台应搭设牢固,不得与模板及其支撑体系联结,高处作业应符有关规定。

②墩身高度超过40m宜设施工电梯,电梯司机应按照有关规定经过专门培训,并取得相应资格证书。

③墩身钢筋绑扎高度超过6m应采取临时固定措施。

④模板工程应符合有关要求,并设置防倾覆设施,高墩且风力较大地区的墩身模板,应考虑风力影响。

⑤混凝土浇筑应符合有关规定。

(3)预制墩身吊装应符合吊装的有关规定。

(4)高墩翻模施工应符合下列规定:

①翻模应专门设计,刚度、强度应满足施工要求。

②翻模分节分块的重量应满足起重设备的使用规定,吊装作业应符合有关规定。

③每层模板均应设工作平台,安全防护设施应符合高处作业有关规定。

④夜间不宜进行翻模作业。

(5)高墩爬(滑)模施工应符合下列规定：
①爬(滑)模系统应专门设计,刚度、强度应满足施工要求。安全防护设施应符合高处作业的有关规定。
②液压系统顶升应保持同步、平稳。
③拆模应在混凝土强度达2.5MPa以上后实施。爬升时承载体受力处的强度应大于15MPa。
④应经常检查、及时更换预埋爬锥配套螺栓。
⑤爬(滑)模不宜夜间升降。

九、砌体

(1)砌体工程施工应符合下列规定：
①砌筑基础前应先做好临时排水,并应检查基坑边坡稳定情况。
②砌筑材料应随运随砌、分散码放。
③吊运砌筑材料应符合吊装的有关规定。
④在距地面2m及以上的高处从事砌筑、撬石、运料、开凿缝槽等作业时,应搭设作业平台,高处作业应符合有关规定。
⑤破石及开凿缝槽作业,作业人员之间的距离不应小于2m。砌筑作业应自下而上进行;人员不得在支架下方操作或停留,砌筑勾缝不得交叉作业。
⑥雨、冰冻后,应检查砌体,发现存在垂直度变化、裂缝、不均匀下沉等现象,应查明原因,及时修复。
⑦砌体上不宜拉锚缆风绳、吊挂重物、设置其他施工临时设施和支撑的支承点。
⑧坡面砌筑应预先清除上方不稳固石块等物料。不得从高处往下抛掷石料或自上而下自由滚落运送石料。

(2)加筋土桥台施工应符合下列规定：
①面板应逐层安砌、稳固并分层摊铺、碾压填料。未完成填土作业的面板上不得安砌上一层面板。
②台背填筑施工过程中应随时观测加筋土桥台的变形、位移,发现异常应暂停施工,及时处理。

(3)勾缝及养护应符合下列规定：
①抹面、勾缝、养护涉及高处作业的,应符合高处作业的有关规定,并应按照先上后下顺序施工。
②多级砌体、护坡应按照先上后下的顺序抹面、勾缝。
③养护期间应避免砌体震动、承重或碰撞砌体。

十、钢筋混凝土和预应力梁式桥

(1)支架现浇施工应符合下列规定：
①支架、模板和混凝土浇筑应符合有关规定。

②支架在承重期间,不得随意拆除任何受力杆件。承重模板支架应在张拉完成后拆除。

③梁体底模、支架应严格按设计要求顺序卸载。

(2)移动模架施工应符合下列规定:

①模架应按产品的操作手册拼装,并由移动模架设计制造厂家派专人现场指导安装与调试。

②首孔梁浇筑位置就位后应按设计要求进行预压。

③混凝土的浇筑过程中,应随时检查模架的关键受力部位和支撑系统,有异常时应采取有效措施及时处理;移动过孔时,应监控模架的运行状态。

④每完成一孔梁的施工,均应对模架的关键部位及支撑系统进行检查,发现问题应及时处理。

⑤模架横向移动和纵向移动过孔时,应解除作用于模架上的全部约束。纵向移动时两侧的承重钢梁应保持同步。模架在移动过孔时的抗倾覆系数不得小于1.5。

(3)装配式桥施工应符合下列规定:

①装配式桥构件移动、存放和吊装时的混凝土强度不应低于设计吊装强度;设计未规定时,不得低于设计强度的80%。

②存梁台座应坚固稳定,且应高出地面0.2m以上,存放地点应设置排水系统。梁、板构件存放支点位置应符合设计规定。上下层垫木应在同一条竖线上;叠放的高度宜按构件强度、台座地基的承载力、垫木强度及叠放的稳定性等计算确定,大型构件不宜超过2层,小型构件不宜超过6层。

③架桥机的抗倾覆稳定系数不得小于1.3;架桥机过孔时,起重小车应位于对稳定最有利的位置,且抗倾覆稳定系数不得小于1.5。架桥机的安装、使用、检修、检验等应符合现行《架桥机安全规程》(GB 26469)的有关要求。

④梁、板构件移动吊点位置应符合设计规定,经冷拉的钢筋不得用作构件吊环,吊环应顺直,吊绳与起吊构件的交角小于60°时应设置吊梁或起吊扁担。

⑤吊移高宽比较大的预应力混凝土T形梁和I形梁应采取防止梁体侧向弯曲的有效措施。

⑥架桥机纵向移动应一次到位,不得中途停顿。起吊天车提升与携梁行走不得同时进行,天车携梁应平稳前移。停止作业的架桥机应临时锚固。

⑦运梁、架设应在相邻梁片之间的横向主筋焊接完成后实施。

⑧架梁和湿接缝施工期间应设置母索系统。

⑨梁、板安装及架桥机移动过孔期间,作业区域下方应设警戒区。

⑩就位后的梁、板应及时固定,T形梁、I形梁应与先安装的构件形成横向连接。

(4)悬臂浇筑除应符合现行《公路桥涵施工技术规范》(JTG/T F50)的有关规定外,尚应符合下列规定:

①挂篮制作加工完成后应进行试拼装。现场组拼后,应检查验收,并应按最大施工组合荷载的1.2倍做荷载试验。

②挂篮行走滑道铺设应平顺,锚固应稳定。行走前应检查行走系统、吊挂系统、模板系统等。

③挂篮应在混凝土强度符合要求后移动,墩两侧挂篮应对称平稳移动;就位后应立即锁定;挂篮每次移动后,应经过检查验收。

④雨雪天或风力超过挂篮设计移动风力时,不得移动挂篮。

(5)悬臂拼装应符合下列规定:

①梁段装车、装船运输应平稳安放,梁段与车、船之间应安装防倾覆固定装置。

②梁段起吊时混凝土强度应符合设计规定。

③拼装施工前应按施工荷载对起吊设备进行强度、刚度和稳定性验算,其安全系数不得小于2。梁段起吊安装前,应对起吊设备进行全面安全技术检查,并应分别进行1.25倍设计荷载的静荷载和1.1倍设计荷载的动荷载起吊试验。梁段正式起吊拼装前,起吊条件应符合要求。

④天气突然变化、卷扬机电机过热或其他机械设备出现故障时,应暂停吊运作业,并应采取相应的应急避险措施。

(6)顶推施工应符合现行《公路桥涵施工技术规范》(JTG/T F50)的有关规定,墩台上宜设置导向装置,顶推过程中,宜监测梁体的轴线位置、墩台的变形、主梁及导梁控制界面的挠度和应力变化等;发现异常,应停止顶推并处理。

(7)整孔预制安装箱梁施工应符合现行《公路桥涵施工技术规范》(JTG/T F50)的有关规定,架设安装时,箱梁在起落过程中应保持水平;顶落梁时梁体的两端应同步缓慢起落,并不得冲击临时支座。

十一、拱桥

(1)各类拱桥施工涉及高空作业,安全防护设施均应符合有关规定。

(2)拱架浇(砌)筑拱圈应符合下列规定:

①拱架及模板应进行专项设计,强度、刚度和稳定性应满足最不利工况要求。落地式拱架弹性挠度不得大于相应结构跨度的1/2000,且不得超过50mm;拱式拱架弹性挠度不得大于相应结构跨度的1/1000,且不得超过100mm。拱架抗倾覆稳定系数不得小于1.5,并应满足支架与模板的有关规定。

②拱架正式施工前应进行预压,预压应符合支架与模板的有关规定。

③拱圈混凝土浇筑或圬工砌筑顺序应按设计要求实施,两端应同步、对称浇(砌)筑。浇(砌)筑时应观测拱架变形情况,发现异常应及时处理。

④拱架拆除应设专人指挥,不得使用机械强行拽拉拱架。

⑤现浇混凝土拱圈的拱架应按设计要求拆除,设计无规定时应在拱圈混凝土达到设计强度的85%后拆除。浆砌圬工拱桥的拱架应在砂浆强度达到设计强度的85%后拆除。

⑥拱架应纵向对称均衡拆除、横向同时拆除。

⑦满布式落地拱架应从拱顶向拱脚依次循环拆除。

⑧多孔拱桥拱架应多孔同时或各连续孔分阶段拆除;桥墩允许承受单孔施工荷载的可单孔拆除。

(3)混凝土拱肋、横撑、斜撑施工应符合拱架浇筑的规定,应在拱肋、横撑、斜撑混凝土强度达到100%后,按设计要求的顺序拆除支架。

(4)悬臂浇筑混凝土拱圈除应符合悬臂浇筑的有关规定外,尚应符合下列规定:
①扣塔、扣索、锚碇组成的系统强度、刚度和稳定性应满足最不利工况要求。
②扣索应在拱圈混凝土达到设计规定的强度后分批、分级张拉,扣索、锚索的钢丝绳和卡具的安全系数应大于2。
③应按设计要求调索,并应设专人检查张拉段和扣锚段工作状况、记录索力和位移变化。
④扣索和锚索应在合龙段混凝土强度符合设计规定的强度或达到设计强度的85%后拆除;挂篮应在拱脚处拆除。
(5)斜拉扣挂法悬拼拱肋施工应符合下列规定:
①扣塔架设及扣锚索张拉应搭设操作平台及张拉平台。
②扣塔上应设缆风索,缆风索安全系数应大于2。
③扣索、锚索应逐根分级、对称张拉、放张,扣索、锚索安全系数应大于2。
(6)拱上吊机施工拱肋应符合下列规定:
①拱上吊机抗倾覆稳定性应满足最不利工况要求。
②过程中扣索、锚索施工应满足相关规定。
③拱上吊机前行到位后,前支后锚应牢固。非工作状态时应收拢吊钩,臂杆应与钢梁固定。
④吊机纵、横移轨道上应配备止轮器。
(7)钢管拱肋内混凝土应按设计顺序两端对称浇筑。
(8)转体施工应符合下列规定:
①桥梁转体的转动体系、锚固体系、动力体系等应进行专项设计。
②转体施工前,应掌握转体作业期间的天气情况,遇恶劣天气不得进行转体施工。
③正式转体前应进行试转,明确转动角速度、拱圈悬臂端线速度、牵引力等相关技术参数。
④转体完成后应及时约束固定,并应浇筑施工球铰处混凝土。
⑤合龙段施工时,悬臂端的临时压重及卸载应按照设计方案要求的重量、位置及顺序作业。
(9)有平衡重平转施工应符合下列规定:
①转体前,应核对平衡体的重量和转动体系的重心;采用临时配重,应设置锚固设施。
②转动体系应平衡可靠,抗倾覆安全系数应大于1.5,四周的保险支腿应稳固。
③转动铰低于水面应设围堰保护,低于地平面应在基坑周围砌护墙,围堰和基坑周围应设护栏,非转体作业人员不得入内。
④扣索和后锚索应牢固可靠。扣索张拉应符合设计要求,应检测扣索的索力,允许偏差不得超过±3%。
⑤采用内、外锚扣体系时,扣索宜采用钢绞线和带墩头锚的高强钢丝等高强材料,其安全系数应大于2;大跨径拱桥采用多扣点张拉时,应确保张拉过程同步。
⑥扣索张拉到位、拱圈卸架后,应进行24h观测,检验锚固、支撑体系的可靠程度。
⑦转动时应控制转动速度,千斤顶应同步牵引。转动角速度应控制在0.01~0.02rad/min,拱圈悬臂端的线速度应控制在1.5~2.0m/min。
⑧钢丝绳牵引索应在千斤顶直接顶推启动后再牵引转动。

⑨接近止动距离时应按方案要求进行止动操作,并应设专人负责限位工作。
⑩合龙段混凝土达到设计强度后,应分批、分级松扣,拆除扣、锚索。
(10)无平衡重平转施工应符合下列规定:
①尾索张拉、扣索张拉、拱体平转、合龙卸扣作业应监测索力、轴线、高程等。
②无平衡重平面转体锚固体系的抗剪强度、抗滑稳定性应符合设计要求。锚碇系统两方向的平撑及尾索应形成三角稳定体。转动体系应灵活自如、安全可靠。位控体系应能控制转动体的转动速度和位置。
③两组尾索应上下左右对称、均衡张拉,桥轴向和斜向的尾索应分次、分组交叉张拉,各尾索的内力应均衡。
④扣索张拉前,应检查支撑、锚梁、轴套、拱钱、拱体和锚碇等部位(件)。扣索应锚固可靠,拱圈(肋)卸架应对称拴扣风缆。
⑤扣索应对称于拱体按由下向上的次序分级张拉。张拉过程中各索内力相对偏差应控制在 5kN 以内。
⑥风缆的走速在启动和就位阶段应控制在 0.5~0.6m/min,中间阶段应控制在 0.8~1.0m/min。
⑦合龙后扣索应对称、均衡、分级拆除,拆除过程中应监控拱轴线及扣索内力。
(11)竖转法施工应符合下列规定:
①扣索应选用钢丝绳或钢绞线,钢丝绳的安全系数不得小于 6,钢绞线的安全系数不得小于 3,锚碇的抗拔、抗滑安全系数不得小于 2。
②索塔的偏载、荷载变化和风力等不得超出设计要求。
③转动铰应转动灵活,接触面应满足局部承压要求;索塔顶端滚轴组鞍座内应无异物;拱上多余约束应解除。
④遇恶劣天气不得进行转体施工。
⑤转动前应进行试转,竖转速度应控制在 0.005~0.011rad/min。
⑥转动过程中扣索应同步提升,速度应均匀、可控,并应不间断观测吊塔顶部位移、检测后锚索与扣索的索力差,并应控制在允许范围以内。
⑦拱顶两侧应对称拴扣缆风索,释放索距与扣索提升同步。
(12)吊杆(索)、系杆施工应搭设稳定、安全的施工平台,张拉应同步、对称。
(13)拱上结构应符合下列规定:
①缆索吊装或斜拉扣挂系统应符合有关规定。
②拱上结构施工应符合现行《公路桥涵施工技术规范》(JTG/T F50)的有关规定。

十二、斜拉桥

(1)混凝土索塔施工应符合下列规定:
①参加索塔施工的人员应进行体检,患高血压、心脏病、高空作业禁忌症及医生认为的其他不适合从事高空作业的人员,不得从事索塔施工作业。
②塔吊上部应装设测风仪。塔吊停机作业后,吊臂应按顺风方向停放。
③索塔施工作业,应在劲性骨架、模板、塔吊等构筑物顶部设置有效的避雷设施,并应定期

检测防雷接地电阻。

④索塔、横梁等悬空作业,应形成绕索塔塔身封闭的高空作业系统,每层施工面应设置安全立网和平网,立网高度不得小于1.5m,平网应随施工高度提升,网格、网距、受力等应符合要求。

⑤索塔施工应设警戒区,通往索塔人行通道的顶部应设防护棚。

⑥索塔上部、下部、塔腔内部等通信联络应畅通有效。

⑦起重作业应执行有关规定。

⑧索塔施工超过40m时应设置施工升降机。

⑨索塔施工机具、设备和物料的提升和吊运应使用专用吊具。

⑩采用泵送浇筑塔身混凝土,混凝土泵管应附墙设置,泵管附墙件应经计算、审核,并应定期检查。

⑪索塔施工平台四周及塔腔内部应按要求配备消防器材。

⑫索塔施工应设置劲性骨架,劲性骨架的刚度、强度应能满足钢筋架立、模板安装的要求。

⑬倾斜索塔施工应验算索塔内力,并应分高度设置水平横撑或拉杆。

(2) 索塔横梁及塔身合龙段施工应符合下列规定:

①支架系统应进行专门设计,其强度、刚度和稳定性应满足最不利工况要求。

②支架焊接、栓接作业应设置牢固的作业平台。

③支架系统安装完成后,应组织验收,并应详细记录。

④横梁与索塔采用异步施工时,上部索塔、下部横梁均应采取防止高空坠落和物体打击的安全措施。

⑤下横梁和中横梁钢筋混凝土施工时,在支撑模板的分配梁四周应安装不低于1.2m的安全护栏,护栏外侧应满挂安全网。

⑥索塔横梁及塔身合龙段预应力施工,应搭设操作平台,防护设施应符合高处作业的有关规定。

⑦在横梁、塔身合龙段内部空心段拼装、拆除模板时,应配备消防器材和照明设施,必要时应采取通风措施。

(3) 钢梁施工应符合下列规定:

①钢梁施工应编制专项施工方案,超过一定规模的危险性较大工程应按要求进行专家论证。

②梁段运输应采取临时固定措施。

③存放场地应平整、稳固、排水良好,基础承载力应满足要求。钢梁存放堆码不得大于两层。

④作业应设置缆风绳等软固定设施。

⑤非定型桥面悬臂吊机应进行专门设计,并委托具有相应资质的专业单位加工制造,并组织验收。

⑥梁段吊装前,应检查桥面悬臂吊机的前支点和后锚固点等关键受力部位。

⑦不得用桥面悬臂吊机调整梁段之间的缝宽及梁端高程。

⑧压锚前应校验液压千斤顶、测力设备。压索前应检查张拉系统,连接丝杆与斜拉索应

顺直。

⑨在现场高空焊接、栓接梁段，宜采用桥梁永久检修小车作为焊接、栓接操作平台。梁段焊缝探伤作业人员应穿带有防辐射功能的防护背心。

⑩已拼接的桥面钢箱梁临边应设置防护栏杆。

⑪钢箱梁悬拼过程中，箱梁内应保持通风，箱梁内照明应使用安全电压。

⑫主梁施工过程中，在梁端安装斜拉索后，应在梁端采取控制斜拉索的措施。

⑬大跨径斜拉桥施工安排应合理，长悬臂状态下的主梁施工不宜在大风或台风季节进行；不可避免时，应验算长悬臂主梁的稳定性，并应采取临时抗风加固措施。

（4）混凝土主梁挂篮悬浇除应符合挂篮施工的规定外，尚应符合下列规定：

①挂篮安装调试后，应按最大施工组合荷载的1.2倍做荷载试验。

②采用挂篮浇筑主梁0号段及相邻梁段浇筑施工时，应设置可靠的支架系统，施加在支架上的临时施工荷载应包括悬浇挂篮的重量。

③浇筑混凝土前，应检查挂篮锚固、水平限位、吊带等部件。

④浇筑混凝土应保持挂篮对称平衡，偏载量不得超过设计规定。

⑤挂篮后端应与已完成的梁段锚固，稳定系数不得小于2。

⑥挂篮行走速度应小于0.1m/min，前移滑道应铺设平整、顺直，不得偏移。前移时应检查后锚固及各部件受力情况，后锚固的稳定系数不得小于2。就位后，后锚固点应立即锁定。

⑦挂篮后锚固解除后，挂篮应沿箱梁中轴线对称向两端推进，每前进0.5m应观测一次。

（5）斜拉索施工应符合下列规定：

①在船上放置索盘架，应保持放索船平衡。索盘架底部与船体甲板应焊牢，索盘架的4个承重点应置于船体骨架上，索架应焊斜支撑。

②斜拉索展开时，索头小车应保持平衡，操作人员与索体距离不得小于1m。

③塔端挂索施工平台应搭设牢固，作业平台关键部位焊接应牢固，平台四周及人员上下平台的通道应设置防护栏杆，护栏外侧应满挂安全网。人员上下通道跳板应满铺。

④塔内脚手架应稳定可靠，操作平台应封闭，操作平台底应挂安全网。作业人员不得向索孔外扔物品。

⑤塔腔内应设人员疏散安全通道。

⑥塔腔内照明应采用安全电压，并应配备消防器材。塔腔内不得存放易燃易爆物品。

⑦塔端挂索前，应检查塔顶卷扬机、导向轮钢丝绳及卷扬机与塔顶平台的连接焊缝。

⑧挂索前，应检查塔腔内撑脚千斤顶、手拉葫芦及千斤顶的吊点情况。

⑨挂索或桥面压索前，应检查张拉机具。连接丝杆与斜拉索应顺直，夹板应无变形，焊缝应无裂纹，螺栓应无损伤。

⑩梁端移动挂索平台应搭设牢固，滑车及轨道应保持完好。

⑪塔腔内放软牵引索应同步，安装工具夹片应及时。

⑫千斤顶、油泵等机具及测力设备应校验。张拉杆的安全系数应大于2，每挂5对索应用探伤仪检查一次张拉杆，不得使用有裂纹、疲劳及变形的张拉杆。

十三、悬索桥

(1)重力式锚碇基坑开挖施工除应符合有关规定外,尚应沿等高线自上而下分层进行开挖,及时支护坑壁,在坑外和坑底应分别设置截水沟和排水沟。夜间施工基坑周围应设置警示灯。

(2)重力式锚碇基础施工应符合下列规定:

①沉井作为锚碇基础施工除应符合沉井施工的有关规定外,尚应在施工下沉过程中注意观察江边堤防等水利设施的稳定情况,发现异常应及时采取相关措施。

②地下连续墙基础的施工除应符合地下连续墙的有关规定外,尚应在基坑开挖前对地下连续墙基底的基岩裂隙进行压浆封闭,并应采取防渗措施。

③高处作业和脚手架施工应符合高处作业的有关规定。

(3)隧道锚洞室开挖和岩锚开挖宜在开挖场所附近选取一处地质相似的地方进行爆破试验,对爆破施工方案的各种参数应进行试验和修正,并应据此确定爆破方案。

(4)索塔施工应符合现行《公路桥涵施工技术规范》(JTG/T F50)和索塔施工的有关规定。

(5)索鞍吊装施工应符合下列规定:

①对设置在塔顶或鞍部顶面的起重支架及附属的起重装置等应进行专门设计,其强度、刚度和稳定性应符合要求。

②地面各作业施工区域场地应设置警戒区,并应设置地面安全通道、作业卷扬机防护顶棚等安全防护设施。

③起重支架在索鞍吊装作业前,应进行荷载试验。试吊加载的重量分别为设计吊重的80%、100%、110%和125%,其中80%和125%加载时为静载试验,100%和110%加载时为动载试验。

④索鞍吊装时应垂直起吊,吊装过程中构件下方不得站人或有人员过往。

⑤索鞍吊装施工应按有关规定执行。

(6)猫道施工设计应符合下列规定:

①猫道应根据悬索桥的跨径、主缆线形、施工环境条件等因素进行专门设计,其结构形式和各部尺寸应满足主缆工程施工的需要。

②猫道的线形宜与主缆空载时的线形平行。猫道面层宜由阻风面积小的两层大、小方格钢丝网组成,面层顶部与主缆下沿的净距宜为1.3~1.5m;猫道的净宽宜为3~4m,扶手高宜为1.2~1.5m。猫道在桥纵向应左右对称于主缆中心线布置,猫道间宜设置横向人行通道。

③猫道的强度、刚度和抗风稳定性应符合要求;猫道承重索计算时,其荷载组合与安全系数应符合表5-3的规定。

施工猫道承重索强度计算荷载组合及安全系数取值表　　表5-3

荷　载　组　合		安全系数	备　　注
静力结构强度验算	恒载	≥3.5	
	恒载+活载	≥3.0	
	恒载+活载+温度荷载	≥3.0	温度荷载按温降15℃考虑

续上表

荷载组合		安全系数	备 注
风荷载组合结构强度验算	恒载+活载+施工阶段风荷载组合	≥3.0	按6级风考虑
	恒载+最大阵风荷载组合	≥2.5	

④承重索的锚固系统每端宜设大于2m的调整长度。

⑤猫道锚固系统及其他各种预埋件应满足设计受力要求,拉杆应按照设计要求调整,拉杆加工制作单位应按规定具备相关资质,拉杆制作完成后应做探伤和抗拉试验。

(7)先导索施工应符合下列规定:

①先导索施工前应对施工方案进行专项论证,并应加强先导索跨越区域的监控。

②采用火箭牵引先导索施工时,应由专业机构操作,并按规定经相关部门批准。火箭发射及着陆区域应设置安全警戒区。

③采用拖轮牵引先导索施工时,拖力应满足牵引技术要求并应经海事、航道管理部门批准,施工期间应封航。

④采用直升机、无人机牵引先导索施工时,直升机、无人机性能应满足牵引技术要求,并应按规定经有关部门批准。

⑤恶劣天气不得进行先导索牵引作业。

(8)猫道架设应符合下列规定:

①猫道架设应遵循横桥向对称、顺桥向边跨和中跨平衡的原则,裸塔塔顶的变位及扭转应控制在设计允许范围内。

②承重索及其他钢丝绳投入使用前应严格验收,严禁使用断丝、变形、锈蚀等超出相应规定的钢丝绳,施工过程中应注意检查和防护。

③承重索和抗风缆采用钢丝绳时,架设前应通过预张拉消除钢丝绳非弹性变形,预张拉荷载不得小于其破断拉力的0.5倍。

④横桥向架设承重索,两侧应同步架设,数量差不宜超过1根;顺桥向架设承重索,边跨与中跨应连续架设,且中跨的承重索宜采用托架法架设。

⑤面层及横向通道铺设,宜从索塔塔顶开始,同时向跨中和锚碇方向对称、平衡架设安装,并应设置牵引及反拉系统,控制面层铺设下滑速度。

⑥猫道面层应每隔0.5m绑扎一根防滑木条,每3m交替设置面层小横梁和大横梁,并应与猫道牢固连接。

⑦猫道外侧应设置扶手绳及钢丝密目网。

⑧猫道单根承重索宜采用整根钢丝绳,接长的连接方式应安全、可靠,应进行工艺评定,并应进行静载试验,连接部位实际抗拉力应大于钢丝绳最小破断力。

(9)猫道拆除应符合下列规定:

①猫道拆除前应制订专项施工方案,对承重索、扶手绳、横向通道等构件应进行受力计算,拆除使用的各种机具应满足受力要求。

②猫道拆除前应收紧承重索。

③猫道面层和底梁宜按中跨从塔顶向跨中方向、边跨从塔顶向锚院方向的顺序分段拆除。

④猫道下放前,下放的垂直方向不得有障碍物。

⑤猫道拆除前,影响拆除作业区域的翼缘板不得施工。

(10)主缆施工应符合下列规定:

①索股放索速度不得超过方案规定值,索股牵引过程中应有专人跟踪牵引锚头,且宜在沿线设观测点监测索股的运行状况。

②索股整形入鞍时,握索器与索股应连接可靠,索股应保持在限位轮中,操作人员不得处于索股下方。

③索股锚头入锚后应临时锚固,索鞍位置处调整好的索股应临时压紧固定,不得在鞍槽内滑移。

(11)索夹与吊索施工应符合下列规定:

①在满足施工需要的前提下应减小猫道面层开孔面积并应在开孔位置四周绑扎防滑木条,并设立警示标志。

②索夹在主缆上定位后,应紧固螺栓。紧固同一索夹的螺栓时,各螺栓受力应均匀。

③采用缆索吊安装索夹及吊索时,应符合有关规定。

④吊运物体时,作业人员不得沿主缆顶面行走。

⑤猫道上摆放索夹的位置处应铺设木板。

⑥缆索吊吊装索夹、吊索时,运行速度应平稳,作业人员应在吊运构件到位稳定后作业。

⑦制动不良不得吊运作业。

(12)加劲梁施工应符合下列规定:

①加劲梁安装前应制订专项施工方案,并应对桥位处的自然环境条件进行勘察,掌握当地的有关气象资料。

②安装加劲梁的吊机、吊索具等应进行专门设计,加劲梁吊装作业前应按各工况进行试吊,试吊荷载为最大梁段重量的 1.2 倍。

③钢箱加劲梁接头焊缝的施焊宜从桥面中轴线向两侧对称进行,接头焊缝强度和刚度不符合要求时,不得解除临时刚性连接。

④钢桁架梁吊装、桥面吊机、铰接设备、吊索牵引机具、片架运输台车、行走轨道铰点过渡梁和移动操作台车等设备应做专项设计、加工及试验。桥面吊机应满足拼装过程中顺桥向坡度变化的要求,底盘应设止滑保险装置。

⑤吊装设备应安排专人负责监测,发现吊绳松弛、油泵漏油、吊具偏位等情况应立即停止作业。

⑥吊装加劲梁,梁体上不得搭载人员、材料及设备。

⑦顶推安装钢箱梁型自锚式悬索桥加劲梁应符合有关规定,顶推设备的能力不得小于 2 倍的计算顶推力;拼装平台、临时墩墩顶均应设导向及纠偏装置。

十四、钢桥

(1)钢桥安装应编制专项施工方案,应附临时支架、支承、吊机等临时结构和钢桥结构本身在不同受力状态下的强度、刚度及稳定性验算结果。

(2)平板拖车运输钢桥构件应符合下列规定:

①平板拖车速度宜小于5km/h。
②牵引车上应悬挂安全标志。超高的部件应有专人照看,并应配备适当工具清除障碍。
③除驾驶员外,还应指派1名助手,协助瞭望。平板拖车上不得坐人。
④重车下坡应缓慢行驶,不得紧急制动。驶至转弯或险要地段时,应降低车速,同时应注意两侧行人和障碍物。
⑤装卸车应选择平坦、坚实的路面为装卸地点。装卸车时,机车、平板车均应驻车制动。
(3)水上运输钢桥构件应符合下列规定:
①水上运输前,应根据所经水域的水深、流速、风力等情况,制订运输方案,并按规定审批。
②需临时封闭航道时,应按规定报相关管理部门批准,并办理相关手续。
③装船前应进行稳性验算。
④驳船装载的钢桥构件应安放平稳。拖轮牵引驳船行进速度应缓慢,不得急转弯。
(4)轨道平车运输钢桥构件应符合下列规定:
①轨道路基宽度、平整度、强度应满足施工要求。铺设轨道应平直、圆顺,轨距应在允许误差值之内,轨道半径不得小于25m,纵坡不宜大于2%,纵坡大于2%的区域应采取相应的安全措施。轨道与其他道路交叉时,应按规定铺设交叉道口。
②轨道平车运输大型构件前,应检查平车的转向托盘或转盘、支撑制动器等。
③大型构件运输过程中应检查构件的稳定状况及轨道平车运行情况,发现异常应停止作业。
④下坡时应以溜绳控制速度并应人工拖拉止轮木块跟随前进。
(5)钢桥安装应设置避雷设施并应符合现行《建筑物防雷设计规范》(GB 50057)的规定。
(6)起重吊装作业应符合有关规定。
(7)水上安装应符合有关规定。
(8)构件组拼和钢桥安装属于高处作业时,应符合有关规定。
(9)钢梁杆件组装,应在平整的作业台上进行,基础承载力应满足要求。
(10)支架上拼装钢梁应符合下列规定:
①冲钉和粗制螺栓总数不得少于孔眼总数的1/3,其中冲钉不得多于2/3。
②冲钉和粗制螺栓总数不得少于6个,少于6个时,应将全部孔眼插入冲钉或粗制螺栓。
③采取悬臂或半悬臂法拼装钢梁时,联结处冲钉数量应按所承受荷载计算决定,且不得少于孔眼总数的一半,其余孔眼宜布置精制螺栓,冲钉和精制螺栓应均匀布置。
④高强度螺栓栓合梁拼装时,其余孔眼宜布置高强度螺栓。吊装杆件时,应在杆件完全固定后松钩卸载。
(11)装拆脚手架、上紧螺栓、销合等不得交叉作业。杆件拼装对孔应采用冲钉探孔。
(12)钢梁上的各种电动机械和电缆线、照明线路等,应保持绝缘良好。
(13)拼装杆件时,应安好梯子、溜绳、脚手架。斜杆应安拴保险吊具。杆件起吊时,应先试吊。
(14)架梁用的扳手、小工具、冲钉及螺栓等应存放在工具袋内,不得抛掷。多余的料具应及时清理。

(15) 悬臂拼装法施工应符合下列规定：
①吊机应按设计就位、锚固,并应做动、静荷载试验。
②构件起吊前,应检查构件,吊环应无损伤,结合面不得有突出外露物,构件上不得有浮置物件。
③构件应垂直起吊,并应保持平衡稳定,不得碰撞已安装构件和其他作业设施。
④构件起升后,运送构件的车辆或船舶应迅速撤出。
⑤卷扬机电机过热或其他机械设备出现故障时,应暂停吊运作业。
(16) 钢桥顶推施工应符合顶推的有关规定。
(17) 钢桥现场检验检测涉及高处作业时应符合高处作业的有关规定。
(18) 钢桥的 X 射线探伤作业应符合现行《工业 X 射线探伤放射防护要求》(GBZ 117)的规定。

十五、桥面及附属工程

(1) 桥面系施工前,上下行桥之间空隙处应满布安全网。
(2) 反开槽安装的伸缩装置槽口应临时铺设钢板或沙袋,并应在开槽处设置警示标志。
(3) 桥面清扫垃圾、冲洗弃渣等应集中收集后运往指定地点,不得直接抛往桥下。
(4) 混凝土防撞护栏的施工应符合下列规定：
①装配式梁式桥防撞护栏施工前,边梁应与中梁连接牢固。
②单柱墩桥梁防撞护栏应两侧对称施工。

十六、涵洞与通道

(1) 顶进法施工涵洞或通道桥涵应编制专项施工方案。
(2) 涵洞基坑和顶进工作坑开挖应符合明挖基础的有关规定。
(3) 现场浇筑涵洞或通道桥涵时,支架、模板应安装牢固,并符合混凝土浇筑的有关规定。
(4) 顶进前应编制公路中断和抢修预案,并应配备抢修人员和物资。
(5) 雨季不宜顶进作业,无法避开时,应采取防洪、排水措施。
(6) 顶进作业时,地下水位应降至涵洞或通道桥涵基础底面 1m 以下,且降水作业应控制土体沉降。
(7) 顶进前,应注浆加固易坍塌土体,并应通过现场试验确定注浆参数,注浆时土体不得隆起。
(8) 传力柱支承面应密贴,方向应与顶力轴线一致。宜 4~8m 加一道横梁,应采用填土压重等防止传力柱崩出伤人的措施,传力柱上方不得站人。顶进时应安排专人密切观察传力柱的变化,有拱起、弯曲等变形时,应立即停止顶进,并进行调整。
(9) 顶入路基后,宜连续顶进。
(10) 顶进挖土时,应派专人监护。发现异常情况时,作业人员及机械应立即撤离危险区域,并应视情况采取交通安全保障措施。

(11)顶进挖土作业应坚持"勤挖快顶"的原则。不得掏洞取土、逆坡挖土。顶进暂停期内不得挖土。

(12)挖土机械不得碰撞加固设施和桥涵主体结构。人工清理开挖工作面时,挖土机械应退出开挖面。

(13)支点桩不得爆破拆除。

第五节　隧道工程施工中的安全监理要点

隧道工程施工,由于危险性较大,因此应将安全工作贯穿到从施工准备到交工验收的施工全过程;做到思想上要重视、组织上要落实、措施上要具体、行动上要积极;为了处理好隧道工程施工中"人、机、物、方法、环境"之间的关系,预防安全事故发生,首先要从总体上切实抓好安全工作,以确保安全施工。

一、一般规定

(1)隧道施工前应开展安全风险评估,辨识施工过程中的主要危险源及危害因素,制订安全防护措施,并根据工程建设条件、技术复杂程度、地质与环境条件、施工管理模式,以及工程建设经验对隧道工程实施动态风险控制和跟踪处理。

(2)隧道施工应按设计文件规定的施工方法制订施工方案,地质条件发生变化时,应及时进行设计变更。

(3)压力容器操作人员应按照有关规定经专业机构培训,并取得相应的从业资格。

(4)施工现场布设应符合下列规定:
①临时设施的设置除应符合驻地和场站建设的有关规定外,尚应避开高边坡、陡峭山体的下方、深沟、河流、池塘边缘等区域。
②弃渣场地应设置在不易坍塌、不产生滑坡的安全地段,不得堵塞河流、泄洪通道。
③隧道内供风、供水、供气管线与供电线路应分别架设,照明和动力线路应分层架设。
④供电线路架设应遵循"高压在上、低压在下,干线在上、支线在下,动力线在上、照明线在下"的原则。110V以下线路距地面不得小于2m,380V线路距地面不得小于2.5m,6~10kV线路距地面不得小于3.5m。

(5)隧道洞口管理应符合下列规定:
①隧道洞口应设专人负责进出人员登记及材料、设备与爆破器材进出隧道记录和安全监控等工作。
②隧道施工应建立洞内外通信联络系统。
③长、特长及高风险隧道施工应设置稳定可靠的视频监控系统、门禁系统和人员识别定位系统。

(6)隧道洞口与桥梁、路基等同一个工点有多个单位同时施工或洞内不同专业交叉作业时,应共同制订现场安全措施。

(7)隧道内施工不得使用以汽油为动力的机械设备。

(8)通风机、抽水机等隧道安全设备应配备备用设备。

（9）隧道内作业台车、台架应满足施工安全要求，高处作业安全防护设施应符合高处作业的有关规定。

（10）隧道洞口、开关箱、配电箱、台车、台架、仰拱开挖等危险区域应设置明显的警示标志。洞内施工设备均应设置反光标识。

（11）隧道内应按要求配备消防器材。

（12）应根据危险源辨识情况编制隧道坍塌、突水突泥、触电、火灾、爆炸、窒息、有害气体等应急预案并应配备相应的应急资源。

（13）高压富水隧道钻孔作业应采取防突水、突泥的措施。

（14）不良地质隧道地段应遵循"早预报、预加固、弱爆破、短进尺、强支护、早封闭、勤量测、快衬砌"的施工原则。

（15）超前地质预报和监测方案应作为必要工序统一纳入施工组织管理。

（16）施工隧道内不得明火取暖。

（17）隧道内严禁存放汽油、柴油、煤油、变压器油、雷管、炸药等易燃易爆物品。

二、洞口与明洞

（1）洞口施工前，应先清理洞口上方及侧方可能滑塌的表土、灌木及山坡危石等。

（2）洞口的截、排水系统应在进洞前完成，并应与路基排水顺接，不得冲刷路基坡面、桥台锥体、农田屋舍，土质截水沟、排水沟应随挖随砌。

（3）石质边、仰坡应采用预留光爆层法或预裂爆破法，不得采用深眼大爆破或集中药包爆破开挖。

（4）洞口边、仰坡坡面防护应符合要求，洞口施工应监测边、仰坡变形。

（5）洞口开挖应先支护后开挖、自上而下分层开挖、分层支护。不得掏底开挖或上下重叠开挖。陡峭、高边坡的洞口应根据设计和现场需要设置安全棚、防护栏杆或安全网，危险段应采取加固措施。洞口工程应及早完成。

（6）洞口附近存在建（构）筑物且使用爆破掘进的，应采用控制爆破技术，并应监测振动波速及建（构）筑物的沉降和位移。

（7）洞口施工应采取措施保护周围建（构）筑物、既有线、洞口附近交通道路。

（8）洞口开挖宜避开雨季、融雪期及严寒季节。

（9）明洞施工应符合下列规定：

①明洞开挖前，洞顶及四周应设防水、排水设施。

②明洞应自上而下开挖。石质地段开挖应控制爆破炸药用量，开挖后应立即施作边坡防护。

③开挖松软地层边、仰坡应随挖随支护。

④衬砌强度未达到设计的70%、防水层未完成时，不得回填。

⑤明洞槽不宜在雨天开挖。

三、开挖

（1）长度小于300m的隧道，起爆站应设在洞口侧面50m以外；其余隧道洞内起爆站距爆破位置不得小于300m。

(2)装药、起爆、通风、盲残炮处置等应符合现行《爆破安全规程》(GB 6722)的有关规定。

(3)爆破后应按先机械后人工的顺序找顶,并应安全确认。

(4)机械开挖应根据断面和作业环境选择机型、划定安全作业区域,并设置警示标志。

(5)人工开挖应设专人指挥,作业人员应保持安全操作距离。

(6)两座平行隧道开挖,同向开挖工作面纵向距离应根据两隧道间距、围岩情况确定,且不宜小于2倍洞径。

(7)隧道双向开挖面间相距15~30m时,应改为单向开挖。停挖端的作业人员和机具应撤离。土质或软弱围岩隧道应加大预留贯通的安全距离。

(8)涌水段开挖宜采用超前钻孔探水查清含水层厚度、岩性、水量与水压。

(9)全断面法施工应符合下列要求:

①应控制一次同时起爆的炸药量。

②地质条件较差地段应对围岩进行超前支护或预加固。

(10)台阶法和环形开挖预留核心土法施工,除应符合现行《公路隧道施工技术规范》(JTG/T 3660)的有关规定外,尚应符合下列规定:

①围岩较差、开挖工作面不稳定时,应采用短进尺、上下台阶错开开挖或预留核心土措施,宜采用喷射混凝土、注浆等措施加固开挖工作面。

②应根据围岩条件和初期支护钢架间距确定台阶上部开挖循环进尺,上台阶每循环开挖支护进尺Ⅴ、Ⅵ级围岩不应大于1榀钢架间距,Ⅳ级围岩不得大于2榀钢架间距。

③围岩较差、变形较大的隧道,上部断面开挖后应立即采取控制围岩及初期支护变形量的措施。

④台阶下部断面一次开挖长度应与上部断面相同,且不得超过1.5m。

⑤台阶下部开挖后应及时喷射混凝土封闭。

(11)中隔壁法施工应符合现行《公路隧道施工技术规范》(JTG/T 3660)的有关规定,且同侧上、下层开挖工作面应保持3~5m距离。

(12)双侧壁导坑法施工应符合下列规定:

①及时施工初期支护并尽早封闭成环。

②侧壁导坑形状应近似于椭圆形断面。

③导坑跨度宜为隧道跨度的1/3。

④左右导坑前后距离不宜小于15m。

⑤导坑与中间土体同时施工时,导坑应超前30~50m。

(13)仰拱开挖施工应符合下列规定:

①Ⅳ级及以上围岩仰拱每循环开挖长度不得大于3m,不得分幅施作。

②仰拱与掌子面的距离,Ⅲ级围岩不得超过90m,Ⅳ级围岩不得超过50m,Ⅴ级及以上围岩不得超过40m。

③底板欠挖硬岩应采用人工钻眼松动、弱爆破方式开挖。

④开挖后应立即施作初期支护。

⑤栈桥等架空设施强度、刚度和稳定性应满足施工要求;栈桥基础应稳固;桥面应做防侧

滑处理;两侧应设限速警示标志,车辆通过速度不得超过5km/h。

四、装渣与运输

(1)装渣与运输应符合现行《公路隧道施工技术规范》(JTG/T 3660)的有关规定。

(2)运渣车辆应状态完好、制动有效,不得载人,不得超载、超宽、超高运输。

(3)装渣、卸渣及运输作业场地的照明应满足作业人员安全的需要,隧道内停电或无照明时,不得作业。

(4)长、特长隧道施工有轨运输应配备载人列车,并设专人操作。

(5)无轨运输应设置会车场所、转向场所及行人的安全通路。

五、支护

(1)围岩自稳程度差的地段应先进行超前支护、预加固处理,并应符合设计要求。

(2)应随时观察支护各部位,支护变形或损坏时,作业人员应及时撤离现场。

(3)喷射混凝土、锚杆、钢筋网、超前小导管、管棚支护施工应符合现行《公路隧道施工技术规范》(JTG/T 3660)的有关规定。焊接作业区域内不得有易燃易爆物品,下方不得有人员站立或通行。

(4)钢架施工除应符合现行《公路隧道施工技术规范》(JTG/T 3660)的有关规定外,尚应符合下列规定:

①钢架底脚基础应坚实、牢固。

②相邻的钢架应连接成整体。

③已安装的钢架发生扭曲变形时,应及时逐榀更换,不得同时更换相邻的钢架。

④下部开挖后,钢架应及时接长、落底,钢架底脚不得左右同时开挖。

⑤拱脚开挖后应立即安装拱架、施作锁脚锚杆,锁脚锚杆数量、长度、角度应符合设计要求。

⑥拱脚不得脱空,不得有积水浸泡。

⑦临时钢架支护应在隧道钢架支撑封闭成环并满足设计要求后拆除。

六、衬砌

(1)软弱围岩及不良地质隧道的二次衬砌应及时施作,二次衬砌距掌子面的距离Ⅳ级围岩不得大于90m,Ⅴ级及以上围岩不得大于70m。

(2)隧道内不得加工钢筋。

(3)衬砌钢筋安装应设临时支撑,临时支撑应牢固可靠并有醒目的安全警示标志。

(4)钢筋焊接作业在防水板一侧应设阻燃挡板。

(5)衬砌台车应经专项设计,衬砌台车、台架组装调试完成应组织验收,并应试行走,日常使用应按规定维护保养。

(6)拱架、墙架和模板拆除应符合现行《公路隧道施工技术规范》(JTG/T 3660)的有关规定。

(7)仰拱应分段一次整幅浇筑,并应根据围岩情况严格限制分段长度。

七、辅助坑道

(1)横洞、平行导坑施工应符合现行《公路隧道施工技术规范》(JTG/T 3660)的有关规定。平行导坑宜采用单车道断面,间隔200m左右应设置一处错车道。错车道的有效长度宜为1.5倍施工车辆的长度。

(2)开挖前应妥善规划并完成斜井、竖井井口周边的截水、排水系统和防冲刷设施,斜井洞门、竖井锁口圈应及早施作。

(3)开挖前应检查斜井、竖井与正洞连接处的围岩稳定情况,应根据检查结果确定并实施超前预加固措施。开挖后,应及时支护和监控量测。

(4)斜井施工应符合下列规定:

①无轨运输斜井内运输道路应硬化,并应采取防滑措施;长隧道斜井无轨运输道路综合纵坡不得大于10%;单车道的斜井,每隔一定距离应设置错车道,其长度应满足安全行车要求。

②无轨运输进洞载物车辆速度不得大于8km/h,空车速度不得大于15km/h;出洞爬坡速度不得大于20km/h。

③有轨运输井口应设置挡车器,并设专人管理;在挡车器下方5~10m及接近井底前10m处应各设一道防溜车装置;长大斜井每隔100m应分别设置防溜车装置,井底与通道连接处应设安全索;车辆行驶时,井内严禁人员通行与作业。

④有轨运输井身每30~50m应设置躲避洞,井底停车场应设避车洞,井底附近的固定设备应置于专用洞室。

⑤斜井口、井下及提升绞车应有联络信号装置。每次提升、下放与停留应有明确的信号规定。

⑥斜井中牵引运输速度不得大于5m/s,接近洞口与井底时不得大于2m/s,升降加速度不得大于$0.5m/s^2$。

⑦斜井提升设备应按规定装设符合要求的防止过卷装置、防止过速装置、深度指示器、警铃、常用闸和保险闸等保险装置。

⑧斜井提升、连接装置和钢丝绳应符合安全使用的要求,并应定期检查。

⑨人员不得乘斗车上下;当斜井垂直深度超过50m时,应有运送人员的专用设施。

⑩运送人员的车辆应设顶盖,并装有可靠的防坠器;车辆中应装有向卷扬机司机发送紧急信号的装置。

(5)竖井施工应符合现行《公路隧道施工技术规范》(JTG/T 3660)的有关规定,提升机、罐笼、绞车应符合现行《矿井提升机和矿用提升绞车安全要求》(GB 20181)和《罐笼安全技术要求》(GB 16542)的有关规定,尚应符合下列规定:

①井口应配置井盖,除升降人员和物料进出外,井盖不得打开。井口应设防雨设施,通向井口的轨道应设挡车器。井口周围应设防护栏杆和安全门,防护栏杆的高度不得小于1.2m。

②竖井井架应安装避雷装置。

③竖井吊桶、罐笼升降作业应制订操作规程,并严格执行。

④每次爆破后,应有专人清除危石和掉落在井圈上的石渣,并检查初期支护和临时支撑,清理完后方可正常工作。当工作面附近或未衬砌地段发现落石、支撑发响、大量涌水时,作业人员应立即撤出井外,并报告处理。

八、防水和排水

(1)隧道防水板施工作业台架应设置消防器材及防火安全警示标志,并应设专人负责。照明灯具与防水板间距离不得小于 0.5m,不得烘烤防水板。

(2)隧道排水作业应符合下列规定:

①隧道内反坡排水方案应根据距离、坡度、水量和设备情况确定。抽水机排水能力应大于排水量的 20%,并应有备用台数。

②隧道内顺坡排水沟断面应满足隧道排水需要。

③膨胀岩、土质地层、围岩松软地段应铺砌水沟或用管槽排水。

④遇渗漏水面积或水量突然增加,应立即停止施工,人员撤至安全地点。

(3)斜井及竖井排水应符合下列规定:

①斜井应边掘进边排水,涌水量较大地段应分段截排水。

②竖井、斜井的井底应设置排水泵站;排水泵站应设在铺设排水管的井身附近,并应与主变电所毗邻;泵站应留有增加水泵的余地。

③水箱、集水坑处应挂设警示牌标识,并对设备进行挡护。

九、通风、防尘及防有害气体

(1)施工通风应符合下列规定:

①隧道施工独头掘进长度超过 150m 时应采用机械通风;通风方式应根据隧道长度、断面大小、施工方法、设备条件等确定,主风流的风量不能满足隧道掘进要求时,应设置局部通风系统。

②隧道施工通风应纳入工序管理,由专人负责。

③隧道施工通风应能提供洞内各项作业所需要的最小风量,风速不得大于 6m/s;每人供应新鲜空气量不得小于 $3m^3/min$,内燃机械作业供风量不宜小于 $4.5m^3/(min \cdot kW)$;全断面开挖时风速不得小于 0.15m/s,导洞内风速不得小于 0.25m/s。

④长及特长隧道施工应配备备用通风机和备用电源。

⑤通风机应装有保险装置,发生故障时应自动停机。

⑥通风管沿线应每 50~100m 设立警示标志或色灯。

⑦通风管安装作业台架应稳定牢固,并应经验收合格。

⑧主风机间歇时,受影响的工作面应停止工作。

(2)防尘、防有害气体应符合下列规定:

①作业过程中,空气中的氧气含量不得低于 19.5%;不得用纯氧通风换气。

②空气中的一氧化碳(CO)、二氧化碳(CO_2)、氮氧化物(NO_x)等有害气体浓度不得超过表 5-4 中的容许值。

工作场所空气中有毒物质容许浓度（mg/m³） 表5-4

中文名（CAS No.）		MAC	TWA	STEL
二氧化氮（NO_2）		—	5	10
二氧化硫（SO_2）		—	5	10
二氧化碳（CO_2）		—	9000	18000
一氧化氮（NO）		—	15	30
一氧化碳（CO）	非高原	—	20	30
	海拔为2000~3000m	20	—	—
	海拔大于3000m	15	—	—

注：MAC——最高容许浓度，指在一个工作日内任何时间都不应超过的浓度；TWA——时间加权平均容许浓度（8h）；STEL——短时间接触容许浓度（15min）。

③空气中粉尘浓度应符合表5-5的规定。

工作场所空气中粉尘容许浓度（mg/m³） 表5-5

中文名（CAS No.）		TWA	STEL
白云石粉尘	总尘	8	10
	呼尘	4	8
沉淀SiO_2（白炭黑）大理石粉尘	总尘	5	10
	总尘	8	10
	呼尘	4	8
电焊烟尘	总尘	4	6
沸石粉尘	总尘	5	10
硅灰石粉尘	总尘	5	10
硅藻土粉尘游离SiO_2含量小于10%	总尘	6	10
滑石粉尘（游离SiO_2含量小于10%）	总尘	3	4
	呼尘	1	2
煤尘（游离SiO_2含量小于10%）	总尘	4	6
	呼尘	2.5	3.5
膨润土粉尘	总尘	6	10
石膏粉尘	总尘	8	10
	呼尘	4	8
石灰石粉尘	总尘	8	10
	呼尘	4	8
石墨粉尘	总尘	4	6
	呼尘	2	3
水泥粉尘（游离SiO_2含量小于10%）	总尘	4	6
	呼尘	1.5	2
炭黑粉尘	总尘	4	8

续上表

中文名(CAS No.)			TWA	STEL
稀土粉尘(游离 SiO_2 含量小于10%)		总尘	2.5	5
萤石混合性粉尘		总尘	1	2
云母粉尘		总尘	2	4
		呼尘	1.5	3
蛭石粉尘		总尘	3	5
珍珠岩粉尘		总尘	8	10
		呼尘	4	8
重晶石粉尘		总尘	5	10
矽尘	含10%~15%游离 SiO_2 的粉尘	总尘	1	2
	含10%~80%游离 SiO_2 的粉尘		0.7	1.5
	含80%以上游离 SiO_2 的粉尘		0.5	1
	含10%~50%游离 SiO_2	呼尘	0.7	1
	含50%~80%游离 SiO_2		0.3	0.5
	含80%以上游离 SiO_2		0.2	0.3
其他粉尘			8	10

注：1. TWA——时间加权平均容许浓度(8h)；STEL——短时间接触容许浓度(15min)。
2. "其他粉尘"指不含有石棉且游离 SiO_2 含量低于10%，不含有毒物质，尚未制定专项卫生标准的粉尘。
3. "总尘"指直径为40mm的滤膜，按标准粉尘测定方法采样所得的粉尘。
4. "呼尘"即呼吸性粉尘，指按呼吸性粉尘采样方法所采集的可进入肺泡的粉尘粒子，其空气动力学直径均在 7.07μm以下，空气动力学直径5μm粉尘粒子的采样效率为50%。

④隧道施工应采取综合防尘措施，并应配备专用检测设备及仪器。隧道内存在沙尘的作业场作，每月应至少取样分析空气成分一次、测定粉尘浓度一次。

⑤隧道作业人员应配备防尘口罩、耳塞等个人劳动保护用品，并应定期体检。

十、风、水、电供应

(1)施工供风应符合下列规定：
①空气压缩机站应设有防水、降温和防雷击设施。
②供风管的材质及耐风压等级应满足相应要求，供风管不得有裂纹、创伤和凹陷，管内不得留有残余物和其他脏物。
③供风管应铺设平顺、接头严密，软管与钢风管的连接应牢固，风管应在空压机停机或关闭闸阀后拆卸。
④不得在空压机风管进出口和软管旁停留人员或放置物品。
(2)施工供水的蓄水池应设防渗漏措施和安全防护设施，且不得设于隧道正上方。
(3)施工供电与照明必须符合下列规定：
①非瓦斯隧道施工供电应符合临时用电规定。
②瓦斯隧道供电照明应符合现行《煤矿安全规程》的有关规定。

③隧道外变电站应设置防雷击和防风装置。

④隧道内设置6~10kV变电站时,变压器与周围及上下洞壁的最小距离不得小于0.3m,变电站周围应设防护栏杆及警示灯。

⑤成洞地段固定的供电线路应采用绝缘良好的胶皮电缆架设,施工地段的临时供电线路应采用橡套电缆架设。竖井、斜井地段供电回路应采用铠装电缆,瓦斯地段输电线缆应使用密封电缆。

⑥涌水隧道电动排水设备、瓦斯隧道通风设备以及斜井、竖井内电气装置应采用双回路供电,并应设有可靠的切换装置和防爆措施。

⑦供电线路主干线上的每一供电分回路,必须装设开关及保险装置。严禁在供电线路主干线上安装照明设施。

⑧隧道施工供电系统应按双电源或单电源加发电机供电方式设置。自备发电机组与市电供电必须电源连锁,严禁并列运行。

⑨隧道内照明灯光应保证亮度充足、均匀及不闪烁,采用普通灯光照明时,其照度应符合现行《公路隧道施工技术细则》(JTG/T F60)的有关规定。

⑩作业地段照明电压不宜大于36V,成洞段和不作业地段宜采用220V,照明灯具宜采用冷光源。

⑪漏水地段应采用防水灯具,瓦斯地段应采用防爆灯具。

⑫隧道内供电线路和供配电、照明设施应设专人负责检查和维护,检修作业时应切断电源。

十一、不良地质和特殊岩土地段

(1)富水软弱破碎围岩隧道施工应符合下列规定:

①施工过程应加强对隧道围岩和支护结构变形、地下水变化的监测,并应依据监测结论动态调整设计和施工参数。

②应严格控制开挖循环进尺,初期支护应及时施作。

③应遵循"防、排、堵、截"相结合的治水原则。

④施工中出现浑水、突水突泥、顶钻、高压喷水、出水量突然增大、坍塌等突发性异常情况应立即停止施工、分析异常原因,并应妥善处理。

(2)岩溶地质隧道施工应符合下列规定:

①应先开展地质调查,并根据综合地质预报对溶洞里程、影响范围、规模、类型、发育程度和填充物、储水及补给情况、岩层稳定程度以及与隧道的相对位置等做出预测分析,制订防范措施。

②应遵循"因地制宜、综合治理"的原则施工。

③隧道溶洞与地表水存在水力联系时,宜在旱季进行溶洞处理和隧道施工。

④岩溶段爆破开挖应严格控制单段起爆药量和总装药量,控制爆破振动。

⑤应备用足够数量的排水设备。

(3)含水砂层和风积砂隧道施工应符合下列规定:

①含水砂地段开挖应遵循"先治水、后开挖"的原则,风积砂地段开挖应遵循"先加固、后

开挖"的原则;循环进尺应严格控制,并应加强监控量测。

②开挖完成后应及时支护、尽早衬砌、封闭成环。施工过程中应遇缝必堵,严防砂粒从支护缝隙中漏出。

(4)黄土隧道施工应符合下列规定:

①施工前应验证黄土的年代、成因、含水率、强度、压缩性、孔隙率、抗水性等情况,掌握详细的地质信息。

②进洞前,洞口的防排水系统应施作完毕。应采取回填夯实、填土反压、改变地表水径流等方法处理地表和浅埋段的冲沟、陷穴、裂缝。

③宜在旱季开挖洞口,雨季施工应采取控制措施。

④含水率较大的地层应及时排水,不得浸泡墙脚、拱脚。

⑤施工中应密切观察垂直节理。

⑥施工中应密切监测拱脚下沉情况。

(5)膨胀岩土地质隧道施工应符合下列规定:

①施工前应查明膨胀岩土岩性、规模、各向异性程度、吸水性、围岩强度比、水文地质、膨胀机理等情况,选择合适的施工方法和预控措施。

②除常规监测项目外,尚应加强监测围岩净空位移、围岩压力,并应根据监测结果及时调整预留变形量和支护参数。

③应控制开挖循环进尺,逐次开挖断面各分部,分部开挖不得超前独进。

④隧道开挖断面轮廓应圆顺。

⑤隧道开挖后应尽快初喷混凝土封闭岩面,并应控制施工用水,加强施工用水管理,岩面不得受水浸泡。

(6)岩爆地质隧道施工应符合下列规定:

①施工中应加强岗岩特性、岩爆强度等级、水文地质情况等的预报、预测和分析。

②宜在围岩内部应力释放后采用短进尺开挖,每循环进尺宜为1.0~2.0m,光面爆破的开挖面周壁宜圆顺。

③拱部及边墙应布设预防岩爆锚杆,施工机械重要部位应加装防护钢板。

④每循环内对暴露的岩面应加大监测及找顶频次。

⑤施工过程中应密切观察岩面剥落、监听岩体内部声响情况,出现岩爆迹象,作业人员应及时撤离。

(7)软岩大变形地质隧道施工应符合下列规定:

①施工过程中应加强围岩岩性、地应力、水文地质、地质构造、变形机理分析,确定可能产生的变形程度与危害。

②施工过程中应监测拱顶下沉、周边位移、底鼓、围岩内部位移、支护结构变形等情况,并应依据监测结果及时调整支护参数和预留变形量。发现变形异常应及时处理。

③应严格控制循环进尺,仰拱、二次衬砌应及时施作、封闭成环。

(8)含瓦斯隧道施工应符合下列规定:

①施工前应编制专项施工方案、超前地质预报方案、通风设计方案、瓦斯监测方案、应急预案、作业要点手册等。

②应建立专门机构,并设专人做好瓦斯检测、记录和报告工作,瓦斯监测员应按照相关规定经专业机构培训,并取得相应的从业资格。

③各作业面应配备瓦检仪,高瓦斯工点和瓦斯突出地段应配置高浓度瓦检仪和自动检测报警断电装置,瓦斯隧道人员聚集处应设置瓦斯自动报警仪。

④瓦斯检测应至少选择瓦斯压力法、综合指标法、钻屑指标法、钻孔瓦斯涌出初速度法、"R 值指标法"中的两种方法,并应相互验证。

⑤瓦斯含量低于 0.5% 时,应每 0.5~1h 检测一次;瓦斯含量高于 0.5% 时,应随时检测,发现问题立刻报告。煤与瓦斯突出较大、变化异常时应加大检测频率。

⑥进入隧道施工前,应检测开挖面及附近 20m 范围内、断面变化处、导坑上部、衬砌与未衬砌交界处上部、衬砌台车内部、拱部塌穴等易积聚瓦斯部位、机电设备及开关附近 20m 范围内、岩石裂隙、溶洞、采空区、通风不良地段等部位的瓦斯浓度。隧道内瓦斯浓度限值及超限处理措施应符合表 5-6 的规定。

隧道内瓦斯浓度限值及超限处理措施　　　　　　　　　表 5-6

序号	地点	限值	超限处理措施
1	低瓦斯工区任意处	0.5%	超限处 20m 范围内立即停工,查明原因,加强通风、监测
2	局部瓦斯积聚(体积大于 0.5m³)	2.0%	附近 20m 停工,撤人,断电,进行处理,加强通风
3	开挖工作面风流中	1.0%	停止电钻钻孔
4	煤层爆破后工作面风流	1.0%	继续通风,人员不得进入
5	局部通风机及电器开关 20m 范围内	0.5%	停机且不得启动
6	钻孔排放瓦斯时回流中	1.5%	撤人,停电,调整风量
7	竣工后洞内任何处	0.5%	查明渗漏点,向设计方反映,增加运营通风设备

⑦通风设施应保持良好状态,并应配置一套备用通风装置,各工作面应独立通风。

⑧风筒、风道、风门、风墙等设施应保持封闭,施工中应设专人维修和保养,不得频繁开启风门。

⑨应配置两套电源供电并应采用双电源线路,电源线不得分接隧道以外任何负荷。

⑩应按规定设置灭火器、消防水池、消防砂等消防设施。

⑪应采用湿式钻孔开挖,装药前、放炮前和放炮后爆破工、班组长和瓦斯检测员应现场检查瓦斯浓度并参加爆破全过程。

⑫爆破作业应使用煤矿许用炸药和煤矿许用瞬发电雷管或煤矿许用毫秒延期电雷管,并应使用防爆型发爆器起爆。

⑬爆破母线应成短路状态,并包覆绝缘层。

⑭炮孔应使用炮泥填堵,填料应采用黏土或不燃性材料。

⑮起爆网络应由工作面向起爆站依次连接。

⑯揭煤地段施工宜采用微振动控制爆破掘进,并应根据煤层产状、厚度范围选定石门揭煤方法,爆破后应及时喷锚支护、封闭瓦斯,仰拱、二次衬砌应及时施工,衬砌背后应及时压浆填充空隙。

⑰铲装石渣前应浇湿石渣。

⑱开挖完成后应及时喷锚支护、封闭围岩、堵塞岩面缝隙。

(9)瓦斯隧道严禁两个作业面之间串联通风。洞口20m范围内严禁明火。严禁使用黑火药或冻结、半冻结的硝化甘油类炸药,同一工作面不得使用两种不同品种的炸药。

(10)高瓦斯工区和瓦斯突出工区电气设备与作业机械必须使用防爆型。

(11)冻土隧道施工应符合下列规定:

①洞口段应根据季节温度的变化采取保温措施,换填、保温、防护排水等设施宜在春融前完成,季节性冻土段宜安排在非冻季节施工。施工前应查明冻土类别、含水率及分布规律、结构特征、厚度以及物理力学性质。

②洞口应设置防寒保温门,洞口边、仰坡应"快开挖、快防护"。

③开挖爆破后,应及时喷锚支护封闭围岩。

十二、盾构施工

(1)盾构始发应符合下列规定:

①盾构始发前应验算盾构反力架及其支撑的刚度和强度,反力架应牢固支撑在始发井结构上。盾构反力架整体倾斜度应与盾构基座的安装坡度一致。

②应根据工程水文地质条件、盾构机类型、盾构工作井的围护结构形式等因素加固盾构工作井端头地基,承载力应满足始发要求。

③应拆除刀盘不能直接破除的洞门围护结构。拆除前始发工作井端头地基加固与止水效果应良好。拆除时,应将洞门围护结构分成多个小块,从上往下逐个依次拆除,拆除作业应迅速连续。

④洞门围护结构拆除后,盾构刀盘应及时靠紧开挖面。

⑤盾构始发时应在洞口安装密封装置;盾尾通过洞口后,应尽早稳定洞口。

⑥盾构始发时,始发基座应稳定,盾构不得扭转。

⑦千斤顶应均匀顶进,反力架受力应均匀。

⑧负环脱出盾尾后,应立即对管片环向进行加固。

(2)盾构掘进应符合下列规定:

①盾构应在始发段50~100m进行试掘进,并根据地质情况、施工监测结果、试掘进经验等因素选用掘进参数。

②土压平衡盾构掘进,开挖土体应充满土仓,并应核算排土量和开挖量。泥水平衡盾构掘进,泥浆压力与开挖面水土压力、排土量与开挖量应保持平衡。掘进过程中,应采取防止螺旋输送机发生喷涌的措施。

③盾构机不宜长时间停机。

④盾构刀具检查和更换地点应选择地质条件好、地层稳定的地段。

⑤维修刀盘应对刀盘前方土体采取加固措施或施作竖井。

⑥盾构设备应在机器停止操作时维修;液压系统维修前,应关闭相关阀门并降压;电气系统维修前,应关闭系统;空气和供水系统维修时,应关闭相应阀门并降压;刀盘、拼装机等旋转设备部件区域维修前,设备应停止运转。

(3)盾构管片拼装应设专人指挥。管片拼装时,拼装设备与管片连接应稳固,管片拼装和吊运范围内不得有人和障碍物,拼装完的管片应及时固定。

(4)盾构接收应符合下列规定:

①盾构到达前应拆除洞门围护结构,拆除前,工作井端头地基承载力、止水应满足要求。拆除时应控制凿除深度。洞口应安装止水密封装置。

②盾构距到达接收工作井15m内,应调整掘进速度、开挖压力等参数,减小推力、降低推进速度和刀盘转速,控制出土量并监测土仓内压力。

③隧道贯通前10环管片应设置管片纵向拉紧装置,贯通后应快速顶推并迅速拼装管片。

④隧道贯通前10环管片应加强同步注浆和即时注浆,盾尾通过洞口后应及时密封管片环与洞门间隙。

(5)盾构过站、掉头及解体应符合下列规定:

①过站、掉头托架或小车的强度、刚度和稳定性应满足盾构过站、掉头及解体的需要。

②盾构过站、掉头应观察盾构转向或移动状态。应控制好盾构掉头速度,并应随时观察托架或小车变形、焊缝开裂等情况。

③举升盾构应同步、平稳。

④牵引平移盾构应缓慢平稳,钢丝绳应牢固。

⑤盾构解体前应关闭各个系统,各个部件应支撑牢固。

(6)盾构洞门、联络通道施工应符合下列规定:

①洞口负环拆除前应二次注浆。

②联络通道施工应编制专项施工方案。

③联络通道施工前应加固开挖范围及上方地层。

④拆除联络通道交叉口管片前应加固管片壁后土体和联络通道处管片。

⑤隧道内施工平台应与机车运输系统保持安全间距。

(7)特殊地质和施工环境条件下的盾构施工应符合下列规定:

①应制订监控量测方案,并应根据监控量测结果及时调整掘进参数。

②浅覆土地段应根据地质、水文条件与施工环境采取地基加固、设置抗浮板或加盖板等处理措施。

③小净距隧道施工前,应加固隧道间土体;应先建隧道管片壁后注浆,隧道内应支设钢支撑;后建隧道施工应控制掘进速度、土仓压力、出渣量、注浆压力等。

④小半径曲线段隧道施工应制订防止盾构配套台车和编组列车脱轨或倾覆的措施。

⑤盾构下穿或近距离通过既有建(构)筑物、地下管线前,应详细调查并评估施工对该地段既有建(构)筑物、地下管线的影响,并应根据实际情况加固受盾构掘进影响的地基或基础、控制掘进参数,且应加强观测既有建(构)筑物的沉降、位移。

⑥大坡度地段机车和盾构机后配套台车应设置防溜装置。

(8)盾构施工运输应符合下列规定:

①皮带输送机机架应坚固、平顺。启动皮带输送机前应发出声光警示,应空载试转,各部位运转应正常,皮带应连接牢固、松弛度适中。应在达到额定转速后均匀装料,并应设专人检查皮带运转情况。

②轨道应平顺,钢轨与轨枕间应牢固,轨枕和轨距拉杆应符合安装规定,并应设专人养护

轨道。

③机车安全装置应可靠有效,机车行驶速度不得大于10km/h,经过转弯处或接近岔道时不得大于5km/h,靠近工作面100m距离内不得大于3km/h,并应打铃警示,车尾接近盾构机台车时不得大于3km/h。

④机车在启动和行驶过程中应启动警铃、电喇叭等警示装置。开车前应前后检查,各类物件应平稳放置、捆绑牢固,不得超载、超宽和超长运输。

十三、水下隧道

(1)钻爆法施工的水下隧道应符合下列规定:
①应加强超前地质预测预报,查明掌子面前方地质情况,并应采取有效防治措施。
②洞口浅埋段应进行预支护和注浆加固。
③隧道穿越断层、破碎带、风化深槽等软弱不良地层,应采取超前预加固,并做好支护。
④围岩薄弱部位、高水压地段施工应采取防突涌、突水措施。注浆孔口应加设防突和止浆球阀装置,现场排水设备应充足。
⑤水下隧道应设置分段隔水闸门,应采取分段式集、排水井坑排水。

(2)盾构法施工的水下隧道除应符合盾构法施工的有关规定外,尚应符合下列规定:
①水下隧道掘进宜选用泥水平衡盾构掘进机。
②洞门凿除前应探孔进行水位实时监测,并应做好洞门止水密封。

(3)沉管法施工的水下隧道应符合下列规定:
①基槽浚挖作业前,应对隧址处海床和航道的演进历史进行充分调查。
②沉管浮运前,应检验沉管水密性能,掌握施工水域水文、气象信息。
③沉管起浮后,应核实沉管浮运时的干舷高度,监控管节浮态变化,并应及时处理。
④管节浮运、沉放时的水文、气象等工况条件应满足施工要求。浮运过程应设警戒船跟随。
⑤管节沉放到位后,沉管端头封闭门应按规定程序拆除。
⑥管节安装完成后,应按照规定报有关部门,并应在两岸设置禁止抛锚等警示标志。

十四、特殊地段

(1)浅埋段不宜采用全断面法施工。
(2)浅埋段应加强地表沉降、拱顶下沉的量测;偏压隧道应加强对围岩的监测;地面有建(构)筑物时应采用控制爆破技术,并应监测爆破振动及变形。
(3)浅埋段地表冲沟、陷穴、裂缝等应回填夯实、砂浆抹面,并处理地表水。
(4)偏压隧道施工前,应根据土压情况对偏压段进行平衡、加固处理。
(5)偏压隧道靠山一侧应加强支护,每次开挖进尺不得超过一榀钢架间距,并应及时封闭。
(6)下穿隧道施工前应按照规定办理相关手续,编制保证交通安全和周围结构安全的专项施工方案。

(7)下穿隧道应加强监控量测工作,及时掌握隧道拱顶、净空变化及地表沉降情况。

(8)桩基托换法施工应检测托换桩、托换梁及既有建(构)筑物,并应验算沉降、应力、裂缝、变形和桩顶横向位移。

十五、小净距及连拱隧道

(1)地质条件不同的两孔隧道,宜先开挖地质条件较差的隧道,后开挖地质条件较好的隧道。

(2)小净距隧道施工应符合下列规定:

①小净距隧道洞口切坡宜保留两隧道间原土体。

②两隧道工作面应错开施工,先行洞与后行洞掌子面错开距离应大于2倍隧道开挖宽度。应严格控制爆破振动。

③后行隧道应根据围岩情况先加固中岩墙,极软弱围岩段应加固两隧道相邻侧拱架基础。

④宜采用光面爆破技术,并应采用低威力、低爆速炸药;爆破时另一洞内作业人员应撤离。

(3)连拱隧道施工应符合下列规定:

①应根据中导洞探察的岩层情况确定合理的施工方案,主洞上拱部开挖应在中隔墙混凝土达到设计要求的强度后进行。

②中导洞不得作为爆破临空面。

③应在先行洞模筑衬砌混凝土达到设计要求的强度后进行后行洞的开挖和衬砌。

④主洞开挖时,左、右两洞开挖掌子面错开距离宜大于30m。

⑤应监测连拱隧道中隔墙的位移,并应及时对中隔墙架设水平支撑;后开挖隧道一侧的中隔墙和主洞之间的空隙宜回填密实或支撑稳固。

十六、附属设施工程

(1)设备洞、横通道及其他洞室施工应符合下列规定:

①洞室及与正洞连接地段爆破作业前,应根据围岩级别、扩挖断面大小选择合理的开挖爆破参数。

②安全距离以内的所有人员应撤离至安全区域。

③洞室的永久性防水、排水工程应与正洞一次同时完成。

④设备洞及横通道等处的施工宜采用喷锚支护,围岩不稳定时应增设钢架支撑。支护应紧跟开挖。与正洞连接地段,支护应予以加强。

(2)装饰工程施工应符合下列规定:

①隧道装饰区域应设置作业区警示标志及人员、机械绕行线路标志。

②各类装修原材料应分类存放并设置警示标志,并应配备防火、防爆消防设备;易燃、易爆等材料应设专人负责管理。

(3)通风机、蓄水池、电力管线及压力管道铺设等其他附属设施施工应符合临时用电、生产生活用水、混凝土工程、高处作业的有关规定。

十七、超前地质预报和监控量测

（1）超前地质预报和监控量测方案应根据隧道地质条件、支护参数、施工方法以及设计要求编制，主要包括工程简介、监测目的、监测项目、监测机构、监测方法、监测仪器、测点布置、量测频率、监测管理标准等内容。复杂工程监测方案应经论证。

（2）施工监测信息应及时分析、反馈，变化异常区段应加强监测，并提出相应的对策措施。

（3）监测仪器、元器件及其构成的监测系统应可靠、耐久、稳定，并按要求进行相应的校对、标定和检查。

（4）施工监测应建立数据记录、计算、分析、复核及审核制度，数据应准确、可靠，具有可追溯性。

（5）施工期间隧道所在区域发生地震、滑坡、泥石流等不良地质灾害后，应加强监测，并提出相应对策措施。

（6）超前地质预报作业应符合下列规定：

①地质预报工作应在隧道找顶作业结束后进行，高地应力区隧道应待工作面支护完成后进行。工作前应观察操作空间上方、周围、开挖工作面附近安全状态。

②区域地质条件复杂的隧道，应根据区域地质勘测资料，选择以钻探法为主，结合物探法、地质调查法的多种预测预报方法综合分析。

③应按动态设计原则，并根据地质复杂程度确定预报方案。

④地质调查法应在隧道开挖排险结束后进行，钻探法、物探法应待工作面支护完成后进行。

⑤地质调查应落实安全防护措施、完善防护设施。作业区域照明的光照度应满足数据采集和预报作业人员安全操作的需要。

⑥钻探法预报钻孔孔口管应安设牢固，钻机使用的高压风、高压水的各种连接部件应采用符合要求的高压配件管路连接，且应安设牢固、经常检查。

⑦地震波反射法预报炸药量不得大于75g。

（7）监控量测作业应符合下列规定：

①应对观测点周围环境状态进行观察判断，随时观察工作环境及周边安全状态。监控量测过程中应保证作业平台稳定牢固、安全防护到位，作业时应照明充足。

②在富水区隧道安装量测仪器或进行钻孔时，发现岩壁松软、掉块或钻孔中的水压、水量突然增大，以及有顶钻等异常情况时，应停止钻进，并监测水情。当发现情况危急时，应立即撤出所有危险区域的人员，并采取处理措施。

③隧道附近有重要建（构）筑物、设施设备和其他保护对象时，应对建（构）筑物进行变形和沉降观测；隧道采用爆破施工时，应按现行《爆破安全规程》（GB 6722）进行爆破监测。

十八、逃生与救援

（1）隧道施工应配备应急救援机械设备、监测仪器、堵漏和清洗消毒材料、交通工具、个体防护设备、医疗设备和药品、生活保障和救援物资等，并进行定期检查、维护和更新。不得挪用救援物资及救援设备。

(2)隧道施工应建立兼职救援队伍。

(3)隧道通风、供水及供电设备应纳入正常工序管理,设专人负责管理。施工过程中应加强通风效果检测,供水供电管道、线路应通畅,同时应设置备用设备和备用电源。

(4)隧道内交通道路及开挖作业等重要场所应设置安全应急照明和应急逃生标志,应急照明应有备用电源并保证光照度符合要求。

(5)软弱围岩隧道开挖掌子面至二次衬砌之间应设置逃生通道,随开挖进尺不断前移,逃生通道距离开挖掌子面不得大于20m。逃生通道的刚度、强度及抗冲击能力应满足安全要求,逃生通道内径不宜小于0.8m。

(6)长、特长及高风险隧道应设报警系统及逃生设备、临时急救器械和应急生活保障品等。

(7)隧道施工期间各施工作业面应安装有应急照明装置的报警系统装置。

第六节　交通安全设施和机电工程监理要点

一、交通安全设施监理要点

1. 一般规定

(1)不中断交通施工作业应按现行《道路交通标志和标线》(GB 5768)和《公路养护安全作业规程》(JTG H30)设置作业控制区。

(2)在通车道路上施工或夜间作业时,应采取限速、导流及渠化等措施,交通指挥人员和上路作业人员应按规定穿着安全反光标志服或反光背心。

(3)机电工程、收费站、服务区、园林绿化等施工应符合相关行业标准的要求。

2. 护栏

(1)运货车辆未停稳,不得装、卸货物,立柱堆放应采取防止滚落的措施。

(2)打、压立柱的桩机应安设牢固、平稳。桩机移动时应注意避让地面沟槽、地上架空线路等障碍物。

(3)缆索放线架和线盘应放置稳固,放线架应配有制动设施。

(4)缆索架设作业时,张拉人员应站在张紧器与钢丝绳连接处的侧后方,张拉时紧邻张拉跨中间立柱两侧不得站人。

(5)波形梁板安装后应及时固定。

(6)高边坡、陡崖、沿溪线的现浇混凝土护栏施工,作业人员应采取防坠落的措施。

(7)安装桥梁金属护栏时,作业人员和未完全固定的构件应采取预防坠落的措施。

3. 交通标志

(1)基坑位于现场通道或居民区附近时,应沿边缘设立防护栏杆或围挡,夜间应加设红色警示灯。

(2)标志安装应符合下列规定:

①标志支撑结构的安装应在基础混凝土强度达到设计要求后进行。
②起重作业应符合有关规定。
③安装门架标志时,作业人员不得站在门架横梁上作业。
④高处作业宜使用液压升降机和车载式高空平台作业车。

4. 交通标线

(1)运输、存放标线涂料、溶剂应采取防火措施。

(2)热熔作业时,作业人员应穿着防护服,佩戴护目眼镜、防护手套和防有机气体口罩。

(3)热熔釜熔料时最大剂料量不得超过缸体的4/5,热熔釜和漆料保温桶上方不得出现明火。

(4)喷涂水性涂料应采取防涂料飞溅的措施。

5. 隔离栅和桥梁护网

(1)隔离栅施工应符合下列规定:
①隔离栅安装作业人员应佩戴防穿刺手套。
②混凝土立柱和基础预制块件存放高度不得超过1.5m,且应码放整齐,不得滚落卸载。

(2)桥梁护网安装应符合护栏安装的有关规定。

6. 防眩设施

(1)运输、存放塑料防眩板应采取防火措施。

(2)桥梁上下行空隙处安装防眩板应采取防坠落措施。

二、机电工程施工中的安全监理要点

机电工程施工前,监理工程师应严格审查承包人上报的专项安全保障预案。施工过程中,应监督承包人严格按照施工工艺流程、安全操作规程、安全保障预案进行施工,并妥善处理意外情况。

1. 监控系统

1)外场设备基础施工

(1)基坑开挖放坡宽度必须大于土质自然破裂线宽度;开挖深度1.2m以上,且无条件放坡的,必须设置固壁支撑,固壁支撑应经过安全验算并随挖深增加。

(2)模板必须有足够的强度、刚度和稳定度、无缝隙和孔洞,浇筑混凝土后不得产生变形。

(3)混凝土浇筑倾落高度在3m以上时,应采用漏斗或斜槽的方法浇筑,浇筑时必须进行分层次振捣,捣固应密实,不得出现跑模、漏浆等现象。

2)外场设备安装

(1)对有静电要求的设备开箱检查、安装、插接件的插拔,必须穿防静电服或带防护腕,机架地线必须连接良好。

(2)外场设备安装调试前应通过测试平台的通电测试、性能测试,预设预调好部分参数。

(3)外场设备安装调试前通信线路、供电回路应经过测试,绝缘电阻、接地电阻、防雷接地电阻等应满足规范要求。

(4)外场设备安装调试高空作业时,施工人员应采取系安全绳、穿软底胶鞋等安全防护措施,并设专人观察、指挥。

(5)设备安装完毕后,应重点检查电源线、地线等配线,正确无误后方可通电。

3)监控室设备安装

(1)监控室控制台接插线盒设备接触应可靠,安装应牢固;内部接线应符合设计要求,无扭曲脱落现象。

(2)监视器应安装在固定的机架盒柜上或控制台操作柜上,单装在柜内时,应采取通风散热措施。

(3)监视器的安装位置应使屏幕不受外来光直射,当有不可避免的光时,应加遮光罩遮挡。

(4)监控室内接地母线应铺放在地槽或电缆走道中央,并固定在架槽外侧,母线应平整,不得有歪斜、弯曲。

2. 通信系统

1)光、电缆线路施工

(1)审核承包人光、电缆线路穿越障碍物地段具体位置和处理措施。

(2)光、电缆的接线人员必须经过指定的培训,并取得合格证后方能上岗。

(3)光、电缆敷设应确保埋深和防护措施符合规范要求,穿管时应注意管口擦伤护层。

(4)用人工敷设时,可采取光缆 8 字形盘绕法,从中间向两端逐段敷设,敷设时不得将线缆在地上拖拉,不得出现急弯、扭转、浪涌等现象。施工段两端要设交通标志,施工人员穿标志服,必要时设警示员。

(5)以"气吹法"敷设光缆时,要检查空压机的合格证和检测有效期,敷设前要进行"气密"试验,敷设应匀速进行,辅助人员应站位合理,听从现场指挥统一口令。

(6)在高空及桥上敷设电缆,及在电缆井、隧道及高空有落物地段敷设电缆时,施工人员应戴安全帽。

(7)对电缆进行耐压试验时另一端必须设专人进行防护,实验后必须进行充分放电,确认缆芯无电后才可继续施工。

2)设备安装配线施工

调查了解设备机房的环境,包括温度、湿度、走线沟槽、接地系统等是否完善,并应符合设计要求,审查设备的平面布置图是否合理,设备配线(包括信号线、电源线、地线等)应符合设计要求,接续可靠,联合接地电阻满足要求,配线架绑扎顺直、标识清楚、正确。

3)通信电源安装

UPS(Uninterruptible Power Supply)电源配置、规格、数量、蓄电池组配电柜应符合设计要求,平面布置合理,开关、线缆排列整齐有序,绑扎牢固,标识清楚,电缆尾端连接使用专用压接工具,将线鼻子压紧,并用热塑套封合,连接牢固;开关容量应符合设计要求,按三级防雷施工,接地电阻应符合设计要求。

3. 收费设施车道设备

1)收费车道设备安装

(1)收费车道设备安装调试前通信线路、供电回路应经过测试,绝缘电阻、接地电阻、防雷接地电阻等应满足规范要求。

(2) 收费车道设备安装调试中应注意与收费大棚、收费岛面等施工单位的协调,施工人员应穿防护服、戴安全帽,必要时搭设防落物网布。

(3) 车道设备安装要满足防雷接地、安全接地和联合接地电阻值。

(4) 收费大棚避雷针、雨棚信号灯安装调试应搭设脚手架或系安全绳,并采取防坠物措施。

2) 收费站、收费中心设备安装

(1) 站内及中心设备要根据设计文件的要求,其型号、规格、数量全部合格并到位,安装稳固、端正,安装后外观无划伤、刻痕及涂层无脱落。

(2) 电视墙、操作台、机柜安装牢固、排列整齐、倾斜度达到设计要求。

(3) 防雷接地系统的电阻值必须达到设计要求,即电源防雷、数据防雷和视频防雷要安装到位。

3) 闭路电视系统安装

(1) 收费广场摄像机基础为隐蔽工程,要对其进行全过程"旁站"监理,对其尺寸、混凝土等级强度、配筋、灌注都要逐一认真检查;高空作业要有安全带,且下方不得有人停留。

(2) 摄像机安装的防雷接地和保护接地电阻值要满足要求。

(3) 监控室的接线应正确、整齐,且接插头连接牢固、螺丝紧固、标识清楚,电力线、视频线、控制线要排列整齐、有序无扭绞,标识清楚;监视器布线应平直、整齐,供电线不得使用电源插座连接,要采用接线端子连接。

4) 计算机网络系统调试

(1) 安全防护:防尘、防水、防蚀、阻燃性能应达到设计要求。

(2) 绝缘电阻与接地电阻:必须满足规范要求。

(3) 防静电:不得随意用手接触计算机设备接口和电路板。

(4) 供电电源:应稳定、可靠、不间断,满足设计要求。

(5) 抗干扰:布线应满足规范要求,避免强电电磁干扰和弱电信号串扰。

(6) 散热:设置位置与间隔必须满足其对散热的要求。

(7) 工作环境:机房的温度、湿度等环境参数应满足计算机设备正常运行的要求。

4. 供配电系统

施工前监理人员应检查和核对施工单位电器安装资质证书;检查供、配电施工的工作人员上岗合格证;检查电器检测仪表,安全用具(高压绝缘手套、高压绝缘靴、高压测电笔、绝缘操作杆、接地线等)定期检测的质检证书。

(1) 检查变、配电所土建工程是否竣工,地面、门窗、天棚、墙面等是否满足电气设备安装要求。

(2) 检查电气设备进场,保证运输、装卸、安装各环节符合规范要求,避免发生损伤电气设备和发生人身事故。

(3) 检查电气设备安装,注意接线相统一与电网一致,接线组别、极性应符合设计要求,两台变电器并列运行必须满足并列条件。

(4) 在全部停电作业施工和临近带电作业施工中,应检查停电、检电、接地封线、悬挂标志牌、装设防护物等防护措施。检查停电设备有无突然来电的可能,以上工作必须由两人进行,操作人员应戴绝缘手套、穿绝缘靴、戴护目镜,用绝缘拉杆操作(机械传动的开关除外)。

(5)检查成套柜(屏、箱)金属柜件及基础型钢、变压器壳体、支架、低压测中性点等所有应接地部分均应可靠接地,接地电阻值应符合设计和规范要求。

(6)原则上不允许在带电设备上进行施工,特殊情况的,应经主管供电部门及业主批准,认真执行有关带电作业规定,做好各项人身安全保障措施。

(7)在变电所已并通运行条件下,在电力设备上工作必须严格执行保证安全的组织措施,认真执行供电部门的工作制度、工作监护制度、工作间断和转移工地制度、工作结束和送电制度。

(8)供电系统防雷保护齐全、可靠、防直击雷、防雷电感应、防雷电波侵入措施可靠,接地装置选材正确,接地连接工艺应符合规范。

第七节 特殊季节与改扩建施工安全监理要点

由于公路工程施工项目多数属于点多线长、露天和连续作业,涉及的人员、材料、机械设备多,技术含量低且需要经常变换工种,使得安全风险极大。加之目前建设项目大多工期紧任务重,施工中不可避免地面临冬季、雨季以及夜间等特殊季节和特殊时段施工任务。因此,各级安全管理人员有义务对全体从业人员做好相关知识的宣传教育,使他们知道冬季防火防煤气、夏季防汛防中暑、夜间施工要有足够的照明设施等。因此,各施工单位必须对夜间和季节性施工安全措施高度重视,针对夜间施工和未来特殊气候环境影响下施工中可能发生的造成人员伤亡、疾病、财产损失、工作环境破坏等危险及紧急情况,采取有针对性的事先预防措施。

一、特殊季节施工监理要点

1. 一般规定

(1)应根据施工所在地季节性变化规律、施工环境,结合施工特点,制订特殊季节、特殊环境防范措施,编制应急预案,并应储备应急物资、定期演练。

(2)应及时收集当地气象、水文等信息,并根据情况及时采取防范措施。

2. 冬季施工

(1)冬季来临前,应检修、保养使用的船机、设备、机具及防护、消防、救生设施,并应采取防冻措施。

(2)冬季施工现场的道路、工作平台、斜坡道、脚手板、船舶甲板等均应采取防滑措施,及时清除冰雪。冬季施工现场应配备消防设施。

(3)办公、生活区严禁使用电炉、腆钨灯等取暖,煤炭炉取暖必须采取防火、防一氧化碳中毒的措施。

(4)雪天或滑道、电缆结冰的现场外用电梯应停用,梯笼应置于底层。

(5)冬季高处作业应采取可靠的防滑、防寒和防冻措施,并应及时清除水、冰、霜、雪。

(6)严禁明火烘烤或开水加热冻结的储气罐、氧气瓶、乙炔瓶、阀门、胶管。

(7)封冻河流上施工应制订专项施工方案,机械设备冰上作业应经论证。

(8)内河凌汛期,水上在建的建(构)筑物和工程船舶等应采取防撞措施,现场上游应布设破冰防线。

(9)爆破法破碎冻土应当注意的安全事项包括:

①爆破施工要离建筑物50m以外,距离高压电线200m以外。

②爆破工作应在专业人员指挥下,有掌握爆破知识和受过安全知识教育的人员担任。

③爆破工作应有技术安全措施,并经主管部门批准。

④现场应设立警告标志、信号、境界哨和指挥站等方位危险区的设施。

⑤放炮后要经过20min才可以前往检查。

⑥遇有瞎炮,严禁掏挖或在原炮眼内重装炸药,应该在距原炮眼60m以外的地方另行打眼放炮。

⑦硝化甘油类炸药在低温环境下凝固成固体;当受到振动时,极易发生爆炸,酿成严重事故。因此,冬季施工不得使用此类炸药。

3. 雨季施工

(1)雨季来临前,应检查、修复或完善现场避雷装置、接地装置、排水设施、围堰、堤坝等应采取加固和防坍塌措施,易冲刷部位应采取防冲或导流措施。

(2)现场的脚手架、跳板、桥梁、墩台等作业面应采取防滑措施。

(3)大风、大雨后,应检查支架、脚手架、起重设备、临时用电工程、临时房屋等设施的基础。

(4)雷雨时,不得从事露天作业。

4. 夜间施工

(1)夜间施工时,作业场所或工程船舶应设置照明设备,照度应满足施工要求。光束不得直接照射工程船舶、机械的操作和指挥人员。

(2)夜间施工时,作业现场的预留孔洞、上下道口及沟槽等危险部位应设置夜间警示标志和警示灯。

5. 高温施工

(1)作业时间应避开高温时段。

(2)必须在高温条件下进行施工作业的应采取防暑降温措施。

(3)施工现场的易燃易爆物品应采取防晒措施。

6. 台风季节施工

(1)在建工程、施工机械设备、临时设施、生活和办公用房应做防风加固,排水沟渠应通畅。

(2)应落实船舶避风锚地、拖轮和人员的转移地点。

7. 汛期施工

(1)易发生洪水、泥石流、滑坡等灾害的施工现场应加强观测、预警,发现危险预兆应及时撤离作业人员和施工机械设备。

(2)库区及下游受排洪影响地区施工作业应及时掌握水位变化情况。

8. 能见度不良施工

(1)能见度不良的施工现场不宜施工作业。

(2)能见度不良时水上作业场地应按规定启用声响警示设备和红光信号灯。

(3)船舶雾航必须按《国际海上避碰规则》和《中华人民共和国内河避碰规则》的有关规定执行。停航通告发布后,必须停止航行。

(4)航行中突遇浓雾应立即减速、测定船位,继续航行应符合船舶雾航的规定。

9. 沙漠地区施工

(1)风沙地区的临时生产、生活设施应满足防风、防沙要求,驻地附近应设置高于15m的红色信号旗和信号灯。

(2)通行车辆技术性能应满足沙漠运行要求,司操人员应接受相应培训。

(3)外出作业每组不得少于3人,并应配备通信设备。

(4)大风来临前,机械设备应按迎风面最小正对风向放置,高耸机械应采取固定、防风措施。

10. 高海拔地区施工

(1)海拔3000m以上地区施工作业应严格执行高海拔地区有关规定,制定相应规章制度,并应采取有效保障措施。

(2)应设立医疗机构和氧疗室,现场应配备供氧器。

(3)生活区、料库(场)、设备存放场应避开热融可能滑动的冰锥、冻胀丘、高含冰量的冻土和湖塘等不良地段。

(4)高海拔地区施工驻地周边沼泽地带应设置警示标志。

(5)高海拔地区工作的人员应严格体检,不适合人员不得从事高海拔地区作业。

(6)海拔4000m及以上地区野外作业每天不宜超过6h,隧道内作业每天不宜超过4h。

二、改扩建工程安全监理

1. 改扩建

(1)不中断交通进行公路改扩建工程施工,应符合下列规定:

①应按照现行《道路交通标志和标线》(GB 5768)、《公路养护安全作业规程》(JTG H30)和交通组织方案设置作业控制区。

②应定期对交通安全设施进行检查和维护。

(2)施工路段两端及沿线进出口处应设置明显的临时交通安全设施。

(3)爆破作业前应临时中断交通。爆破后应立即清理道路上的土、石,检修公路设施。应确认达到行车条件后开放交通。

(4)边通车边施工路段,通车路段的路面应保持清洁。

(5)半幅施工作业区与车行道之间应设置隔离设施。应设专人和通信设备,指挥交通,疏导车辆。弯道顶点附近不宜堆放物料、机具。

(6)在居民点或公共场所附近开挖沟槽时,应设防护设施,夜间应设置照明灯和警示灯。

(7)作业人员应穿着反光服,佩戴贴有反光带的安全帽。

2. 拆除

(1)应根据所拆除建(构)筑物的结构特点及施工环境要求确定拆除施工的段落、层次、顺序和方法。拆除施工应从上至下、逐层、分段实施,不得立体交叉作业。

(2)当拆除工程对周围相邻建筑安全可能产生危险时,应采取相应保护措施。

(3)拆除现场应设置围挡、警示标志,非作业人员不得进入拆除现场。

(4)拆除旧桥、旧涵时,在旧桥的两端应设置禁止通行的路障及标志,夜间应悬挂警示灯。

(5)拆除施工应符合高处作业、起重作业、爆破作业的有关规定。

(6)拆除施工作业人员和机具应处于稳固位置。必须进行临时悬吊作业时,应系好悬吊绳和安全绳。悬吊绳和安全绳应分别锚固,锚固位置应牢固。

(7)拆除梁或悬臂构件应采取防坠落、防坍塌措施。

(8)定向拆除墩、柱时,应采取控制倒塌方向的措施。

(9)拆除的材料应及时清理、分类放置,不得随意抛掷。

(10)隧道拆除二次衬砌前应采取有效预支护措施,控制变形和沉降量。

(11)隧道拆除过程中应对施工段进行监控量测。

(12)隧道拆除作业应以机械作业为主要施工方法,不得扰动、破坏周边围岩和结构。

(13)隧道拆除作业需爆破作业的,应采取有效措施保护既有建(构)筑物。

3. 加固

(1)采用化学材料施工时,应采取防火措施。

(2)桥梁基础加固应采取防洪、防汛措施。

(3)加固受力状态下的结构构件过程中对原结构有削弱时,应采取限载或支架支撑措施。所搭设的支架应按最不利荷载进行验算。

(4)不中断交通的桥梁加固施工,应符合改扩建的有关规定。

(5)桥梁顶升作业所用千斤顶的规格、型号应一致,顶升速度应一致、随顶随支,并应设置防止梁掉落的支垫保险装置。

(6)采用吊架加固梁体时,吊架应稳固牢靠。高处作业应符合高处作业的有关规定。

(7)局部凿除二次衬砌混凝土进行修补加固作业,应对二次衬砌背后防排水结构进行保护和修复。其修补的混凝土部分应与原结构物有锚固措施。

(8)隧道治理渗漏水应以"疏、堵、截、排,综合治理"为原则,同时应保证二次衬砌混凝土强度和结构的完整性。

(9)隧道加固作业需要背后注浆的,应控制注浆压力和注浆量,不得破坏二次衬砌结构。

(10)隧道二次衬砌表面需要加固补强及安装机械设备的,应满足隧道对净空限界尺寸的要求。

第六章 环境保护基础知识

由于经济发展和历史的原因,我国的环境保护工作与西方发达国家相比,起步较晚。1973年我国召开了全国环境保护工作会议,确定了"全面规划、合理布局、综合利用、化害为利、依靠群众、造福人民"的28字方针。在这个方针的指导下,国家和地方开始有组织地制定了环境保护政策、法规、标准,并从中央到地方相继设立了环境保护机构,逐步形成了具有中国特色的环境保护工作制度。

1979年《中华人民共和国环境保护法(试行)》的正式颁布,标志着我国环境保护工作步入了法制轨道。此后又相继颁布了一系列环境保护单行法及相关的资源法、环境保护行政法规和部门规章及标准,基本形成了具有我国特色的环境保护法律法规体系。

2014年4月24日第十二届全国人民代表大会常务委员会第八次会议讨论通过了《中华人民共和国环境保护法修订案》,并与2015年1月1日实施,该部法律明确了环境保护应坚持保护优先、预防为主、综合治理、公众参与、损害担责的原则。

第一节 环境保护相关的法律法规和方针政策

一、公路交通环境保护发展历程

经过40多年的努力,交通运输部逐步完善形成了较为系统的环境管理、污染防治、科研监测、信息教育法规标准体系。

1987年交通部颁发了《交通建设项目环境保护管理办法(试行)》,要求在公路新建和改建过程中实施公路标准化美化工程(GBM工程),标志着我国公路行业环境保护工作进入法制管理阶段。2003年进行了修订,强化了生态环境保护、噪声防治等重点工作,进一步充实"三同时"管理的内容,加强施工期的环境管理。

20世纪90年代初,针对建设项目施工阶段的生态环境影响和环境污染问题,环保专家提出了开展建设项目施工期环境监理工作的建议,为有效地控制施工阶段的环境污染和对生态环境的影响提供了保障。2002年10月,国家环保总局会同铁道、交通、水利等有关部门联合下发了《关于在重点建设项目中开展工程环境监理试点的通知》(环发〔2002〕141号),在全国范围内确定了13个重点建设项目作为工程环境监理的试点工程,其中公路工程有3个,即上瑞国道(贵州境)三穗至凯里段、上瑞国道(湖南境)邵阳至怀化段和青银线银川至古窑子段。2004年,根据工程环境监理试点工作所取得的经验,交通部发出了《关于开展交通工程环境监理工作的通知》(交环发[2004]314号),决定在交通行业内开展工程环境监理工作,并作为工程监理的重要组成部分,纳入工程监理管理体系中。

1987年和1988年开展了陕西西临高速公路、湖北宜黄高速公路、贵州贵黄路和广东深汕路等项目环境影响评价工作。1996年7月发布了《公路建设项目环境影响评价规范(试行)》,1997年1月1日起试行,2006年进行了修正:引入分段、分级原则;新增了工程概况与工程分析内容;社会影响评价中新增了公众参与要求;生态环境影响评价重点为公路建设对自然生态的影响评价;修正了公路交通噪声预测模式。

1998年颁布了《公路环境保护设计规范》,共分六章,内容涵盖总则、总体设计、社会环境、生态环境、环境污染防治及景观与绿化等方面。2010年进行了修订,使用范围扩大至改扩建公路工程设计,规定了高速公路、一级公路、二级公路和有特殊要求的公路工程项目必须进行环境保护设计;新增了不同阶段总体设计的内容。

《公路工程技术标准》《公路路线设计规范》《公路路基施工技术规范》《公路工程施工监理规范》《公路工程质量检验评定标准》在修订时也新增了规范环境保护的专门条款。

2003年交通部将四川省川九公路改建工程作为落实生态保护和可持续发展战略、促进公路与自然环境和谐的"示范工程",提出了"最小程度的破坏,最大程度的保护,最强力度的恢复"的建设原则,贯彻了"安全、舒适、环保、示范"的建设方针。

2004年交通部提出"六个坚持六个树立"。

2011年交通运输部颁布了《建设低碳交通运输体系指导意见》,同年制定、发布了《公路水路交通运输"节能减排"十二五规划》。"十二五"期间,组织开展了三批次累计30个绿色低碳公路主题性项目,里程累计达到4249km。

2014年交通运输部提出了"综合交通、智慧交通、绿色交通、平安交通"的发展战略决策,为交通运输的科学发展指明了方向。

2016年交通运输部公路局发布《关于实施绿色公路建设的指导意见》。建设以质量优良为前提,以资源节约、生态环保、节能高效、服务提升为主要特征的绿色公路,实现公路建设健康可持续发展。

二、与公路工程环境保护管理的相关法律法规

1. 环境法律

环境保护法律,在广义上又称为环境法律,是调整因开发、利用、保护和改善人类环境而产生的社会关系的法律规范的总称。环境法律体系是指环境法的内部层次和结构,是由各种法律规范组成的相互联系、相互补充、内部协调一致的统一整体。环境保护法律除具有法律的一般特征外,还具有综合性、科学技术性、公益性、世界共同性、地区特殊性等特征。

其立法目的是为了协调人类与环境的关系,保护人体健康,保障社会经济的持续发展。

2. 与公路工程环境保护管理相关的法律法规

(1)《中华人民共和国宪法》。

宪法是制定我国环境保护法律、法规及政策的根本依据与原则。宪法中直接涉及环境保护方面的内容有下列几条:"第九条:矿藏、水流、森林、山岭、草原、荒地、滩涂等自然资源,都

属于国家所有,即全民所有。……国家保障自然资源的合理利用,保护珍贵的动物和植物。禁止任何组织或者个人用任何手段侵占和破坏自然资源。""第二十二条:……国家保护名胜古迹、珍贵文物和其他重要历史文化遗产。""第二十六条:国家保护和改善生活环境和生态环境,防治污染和其他公害。国家组织和鼓励植树造林,保护林木。"

(2)《中华人民共和国环境保护法》。

《中华人民共和国环境保护法》是我国环境保护的基本法,在环境法律体系中占有核心地位,它对环境保护的重大问题作出了全面的原则性规定,是构成其他单项环境法的依据。《中华人民共和国环境保护法》不仅明确了环境保护的任务和对象,而且对环境监督管理体制、环境保护的基本原则和制度、保护自然环境和防治污染的基本要求以及法律责任做了相应规定。

(3)环境保护单行法。

环境保护单行法是针对特定的生态环境保护对象和特定的污染防治对象而制定的单项法律。这些单行法在我国都是由全国人大常委会制定的,它分为生态环境保护法和污染防治法两大类。

生态环境保护法方面主要包括环境要素保护法和区域保护法,如《中华人民共和国森林法》《中华人民共和国水法》《中华人民共和国野生动物保护法》《中华人民共和国水土保持法》《中华人民共和国风景名胜区保护法》等;污染防治法方面,主要包括环境要素污染防治法和有毒有害物质污染控制法,如《中华人民共和国水污染防治法》《中华人民共和国大气污染防治法》《中华人民共和国噪声污染防治法》《中华人民共和国放射性污染防治法》等。

(4)环境法规。

环境法规是由国务院制定并公布或者经国务院批准而由有关主管部门公布的有关环境保护的规范与文件,主要包括两部分内容:一部分是为执行环境保护基本法和单行法而制定的实施细则或条例;另一部分是对环境保护工作中出现的新领域或尚未制定相应法律的专门重要领域所制定的规范性文件。

(5)交通运输和环境保护等部门规章和规范性文件。

部门规章是由国务院组成部门及直属机构在他们的职权范围内发布的规范性文件,它们有的由环境保护行政管理部门单独发布,有的由几个相关部门联合发布,是以相关的环境法律和行政法规为依据而制定的。如:《交通建设项目环境保护管理办法》(交通部令2003年第5号)、《建设项目环境保护管理条例》《建设项目竣工环境保护验收管理办法》《关于加强自然资源开发建设项目的生态环境管理的通知》《关于涉及自然保护区的开发建设项目环境管理工作有关问题的通知》等。在国家有关环保法律法规的基础上,交通运输部先后制定下发《交通行业环境保护管理规定》《交通建设项目环境保护管理办法》《交通部环境监测工作条例》《关于开展交通工程环境监理工作的通知》《关于在公路水运工程建设监理中增加施工安全监理和施工环保监理内容的通知》等。

(6)地方性环境法规和地方政府规章。

由各省、自治区、直辖市人民代表大会常务委员会批准,依据国家环境保护法律、行政法规,以解决本地区某一特殊环境保护问题,依照法定程序制定的法规性规范文件,统称为"地方性环境保护法规"。这些法规是对国家环境保护法律法规的补充和完善,具有较强的针对性和可操作性,同样是施工环境保护监理的依据。

由各省、自治区、直辖市人民政府以及省、自治区省会所在地的市和经国家批准的较大城市的人民政府依据国家法律法规规定,以解决本地区某一特殊环境保护问题,依据法定程序制度的法规性规范文件,统称为"地方政府规章",如《北京市实施〈中华人民共和国大气污染防治法〉办法》。

(7)环境标准。

环境标准是环境法律效力体系中的一个特殊组成部分。在我国,环境标准有国家标准和地方标准两级。国家级环境标准由中华人民共和国生态环境部制定,地方级环境标准由省一级人民政府制定,并报中华人民共和国生态环境部备案。环境标准属于强制性标准,违反环境标准应依法承担相应的法律后果。我国的环境标准主要分为环境质量标准、污染物排放标准、环境基础标准、样品标准和方法标准。

(8)国际环境保护公约。

根据我国宪法的有关规定,经过我国批准和加入的国际条约、公约和议定书,与国内法同具法律效力。《中华人民共和国环境保护法》第四十六条规定,如遇国际条约与国内环境法有不同规定时,应优先适用国际条约的规定,但我国声明保留的条款除外。

3. 环境保护法律的基本原则

(1)经济建设与环境保护协调发展的原则。就是要根据经济规律和生态规律的要求,环境保护法必须认真贯彻"经济建设、城市建设、环境建设同步规划、同步实施、同步发展"的三同步方针和"经济效益、环境效益、社会效益"的三统一方针。

(2)预防为主、防治结合的原则。

预防为主的原则,就是"防患于未然"。"预防"是环境保护第一位的工作。然而,根据目前的技术、经济条件,工业企业做到"零排放"是很困难的,所以还必须与治理相结合。

(3)污染者付费的原则。

污染者付费的原则,通常也称为"谁污染,谁治理""谁开发,谁保护"原则,其基本思想是明确治理污染、保护环境的经济责任。

(4)政府对环境质量负责的原则。

环境保护是一项涉及政治、经济、技术、社会各个方面的复杂又艰巨的任务,是我国的基本国策,关系到国家和人民的长远利益,解决这种综合性很强的问题,是政府的重要职责之一。

(5)依靠群众保护环境的原则。

环境质量的好坏关系到广大群众的切身利益,因此保护环境不仅是公民的义务,也是公民的权利。

第二节 公路交通对环境的影响

在公路施工与养护过程中,有害物质进入土中,污染地下水,导致饮用水和农业用水质量下降;由于地下水位变化和土壤遭到污染,可能使农作物减产,使用消冰雪的盐对水、土壤和农作物都有不良影响;汽车尾气和盐类有害物质影响公路沿线树木花草等植物生长,公路附近的动物容易被汽车撞伤、压死;公路选线不当,会破坏地貌、休息场所、风景名胜、文化古迹和自然保护区等。

公路建设与运营过程中,对沿线一定范围内的生态环境会产生不同程度的影响。通常,山区公路建设难度大,对自然环境的影响远比平原地区大。而平原地区公路建设对人工生态系统影响明显。选线不当及施工中引起局部自然生态失调,会对沿线生态环境产生不良影响。道路建成运营后,沿线经济带开发引起人类活动的增加,也将成为局部地区生态环境失调的新的诱发因素。

一、公路建设中的生态环境问题

高速公路的建设将占用耕地、拆迁房屋和其他附属设施,影响沿线生物和居民的生产和生活。高速公路延伸长达数十至数百公里,穿越不同的地区,路线对现有的行政区划、城镇布局、农业用地及其排灌系统、林场及水产养殖区等,会造成分割从而影响路线两侧的生物交往及人际交往、信息传递、原料及成品的交流等社会活动。有的还会给一些文物、古迹地的保护带来不利的影响。

1. 生态环境影响

公路建设会使沿线地区的生态环境发生变化,导致一些有特殊要求的生物和种群向偏僻地方或其他地区迁移。另外,会使动物的活动区域缩小,领地被重新划分,导致种群变小和种群间的交流减少。

2. 水土流失

修建公路需取土填筑路堤,开挖山丘形成路堑,必将破坏原有植被,干扰动物栖息环境,破坏土体的自然平衡,引起边坡失稳、水土流失。在施工期取土、弃土场及暴露的工作面成为水土流失的主要发生源,山区坡面弃土可带来长时间的水土流失,给自然生态环境造成一定的影响。

3. 对自然环境的影响

(1)路基对自然环境的破坏。

通常情况下,公路路基工程特别是高速公路路基较高,土方量较大,施工期间路堑的开挖、路基的填方对地表的扰动较大,路线两侧局部范围已有的植被易遭到破坏,土壤疏松,这种微地貌的改变,在降雨集中季节雨水的冲刷作用下,不可避免地造成一定程度上的水土流失。另外,路基的取土、弃土,施工前临时占地,使路线所经过地区耕地及植被面积减少,路线两侧20~30m范围天然植被破坏,对农业生产发展有不利影响。施工期临时用地由于施工机械的碾压、人员的踩踏,使土壤结构发生改变,耕地复耕后一定时期内肥沃度难以恢复,影响作物生长,非耕地植被的自我恢复能力减弱。

(2)桥隧对自然环境的破坏。

由于桥梁的修建,使河床过水断面受到压缩形成桥前局部壅水,水流速度减缓,泥沙下沉。桥下水流速度加快,造成局部冲刷。此外,施工期间基坑开挖、筑岛钻孔、打桩,使河床受到扰动,泥沙上浮以及泥浆废渣排放,致使下游局部河段水质变差。

隧道的修建虽对洞身所处地段扰动不大,但隧道进出口两端,仰坡面的开挖使天然的植被破坏,对局部山体的稳定不利。另外,隧道废渣若处置不当,渣土可能随汛期暴雨流失,淤塞沟渠、河道,破坏良田等。

4. 环境污染

公路施工过程中,产生的噪声、振动及排放的废气、废水、废渣,必将污染大气、土壤、水体及周围环境。特别是一些穿越居民稠密区和生态敏感区域的高速公路路段,施工中由于大型施工机械的作业,每日产生的噪声、振动、废气会对周围生态环境造成影响。

公路建设项目施工期间对大气的污染,主要是施工扬尘和运输车辆及施工机械所产生的扬尘,沥青路面施工过程中沥青所散发出来的气味等,尤其是碎石加工厂石料的破碎过程,粉尘很大,对周围环境影响大;同时,沥青混合料拌和场的拌和设备在生产过程中粉尘也较大。近年来采用除尘设备,达到了一定效果,但仍然不能根本解决问题。

施工期间的噪声污染,主要是由于施工机械,如打桩机、钻孔机、挖掘机、推土机、平地机、稳定土拌和机、路面材料拌和机、压路机及各种运输车辆等所产生。这些机械的噪声源强,一般为 80~100dB(A),对施工人员影响较为严重,尤其是直接操作人员。另外对 500m 以内的区域有一定的影响。

二、社会生态环境问题

社会环境是指经过人的改造及受过人影响的自然环境,也就是人类在自然环境的基础上,通过有意识的社会劳动所创造的人工环境。它是人类劳动的产物,如工矿区、农业区、生活居住区、城镇、交通、名胜古迹、温泉、疗养院、风景游览区等。道路建设项目对社会环境的影响应从整个社会角度出发,评述项目对地区社会经济发展带来的影响,主要包括:对直接和间接影响区域社区发展的影响,对影响区域内居民生活质量和房屋拆迁的影响,对基础设施的影响,对影响区内资源利用和景观环境的影响等。

1. 对社区发展的影响

包括对社区概况、人口结构、经济发展、路线对两侧交往的阻隔等影响。

(1)社区概况。

道路建设项目对其路线经过地带的社会和区域划分将产生影响,由于项目建设打破了原来的行政区划,需重新划定区域等。

(2)人口结构。

人口结构是指农业人口和非农业人口(反映城市化水平)的比例,职工人数和农业劳动力(反映劳动力服务方向)。人口文化结构是指初中以上人口占总人口的比例,专业技术人员占总人口的比例等。

(3)经济发展。

经济发展是指工业、农业总产值的增长速度和变化的比例关系(反映工业化水平的指标),国民生产总值增长(反映综合经济发展水平),第三产业产值(反映产业结构和社会化程度),年出口总额(反映外向型经济水平),粮食年产量(反映粮食自给程度)。

(4)路线对两侧交往的阻隔。

指公路建成后对路线两侧人员交往所产生的影响,要求路线设计时应设置必要的方便人员交往的通道。

2. 对居民生活质量和房屋拆迁的影响

包括对居民生活收入、公共卫生、文化设施、房屋拆迁等的影响。

(1)居民生活收入。

是指居民的纯收入,反映居民收入水平和生活水平的指标。

(2)公共卫生。

是指万人占有医生数、病床及其医疗保健设备数,反映了人民健康状况和地方病的医疗防治状况等。

(3)文化设施。

是指公共图书馆、报纸、杂志、出版社、电影院、艺术团体、广播、电视等群众文化活动设施。

公路建设对自然和社会环境的影响主要是主体工程占用和分隔土地,移民拆迁;路堑的开挖,路堤的填筑对地形、地貌植被的破坏,以及施工过程中对环境和水系的影响等。

(4)房屋拆迁。

是指交通建设项目引起的房屋拆迁,它直接影响居民生活。

3. 对基础设施所产生的影响

包括对交通设施、通信设施、水利排灌设施及电力设施所产生的影响。

(1)交通设施。

是指铁路、公路、水运、航空、管道等设施与交通建设项目发生的直接或间接联系。

(2)通信设施、水利排灌设施及电力设施。

通信设施、水利排灌设施及电力设施与交通建设项目发生相互干扰时,涉及迁移或避让的,要进行经济论证,评价其影响程度。

4. 对资源利用的影响

包括对土地资源、矿产资源、旅游资源和文化古迹资源等产生的影响。

土地,尤其是耕地,是极其宝贵的自然资源。我国现有耕地约 15 亿亩,仅为世界总耕地的 7%,而人口是世界的 25%。因此,土地问题已经成为我国经济发展的重要制约因素。

据统计,四车道高速公路每公里占地 75 亩左右,一般耕地占 70%～90%,六车道高速公路则占地更多。

公路工程的环境影响是多方面的,最重要的是对视觉景观、空气质量、交通运输、噪声、社会经济、水质和野生生物的影响。高速公路可以刺激或诱发其他活动(继发性影响),如加速土地开发或社会经济活动方式的变化。继发性影响往往比原发性影响更为深刻广泛。例如,公路建设对有关地区今后的人口增长和经济发展就有显著的影响。

第三节 公路交通环境影响评价

《中华人民共和国环境影响评价法》是为了实施可持续发展战略,预防因规划和建设项目实施后对环境造成不良影响,促进经济、社会和环境的协调发展,制定本法。由第九届全国人民代表大会常务委员会第三十次会议于 2002 年 10 月 28 日修订通过,自 2003 年 9 月 1 日起施行。2016 年 7 月 2 日第十二届全国人民代表大会常务委员会第二十一次会议重新修订。2018 年 12 月 29 日,第十三届全国人民代表大会常务委员会第七次会议重新修订。

---

❶ 1 亩 = 666.67m²。

一、概述

1. 基本概念

（1）环境影响评价的定义。

《中华人民共和国环境影响评价法》定义，"本法所称环境影响评价，是指对规划和建设项目实施后可能对环境造成的影响进行分析、预测、评估，提出预防或减少不良影响的对策与措施，并进行跟踪监测的方法和制度"。

法律中规定了规划环境影响评价和建设项目环境影响评价两项基本内容。公路建设项目环境影响评价属于建设项目环境影响评价的范畴。

公路建设项目环境影响评价，是指对公路建设项目实施后可能造成的环境影响进行分析、预测和评估，提出预防或者减轻不良环境影响的对策和措施，进行跟踪监测的方法与制度。

公路建设项目环境影响评价是根据建设工程特点，结合项目区的自然条件、资源条件、环境质量条件和社会经济发展现状进行综合分析研究过程，它根据项目区的环境、社会、资源的综合能力，把人类活动不利于环境的影响限制到最小。

（2）环境影响评价的分类。

按照评价对象，环境影响评价可以分为规划环境影响评价和建设项目环境影响评价。

按照环境要素，环境影响评价可以分为大气环境影响评价、水环境影响评价、声环境影响评价、生态环境影响评价和固体废物环境影响评价。

按照时间顺序，环境影响评价可以分为回顾性评价、环境质量现状评价、环境影响预测评价和环境影响后评价。

环境监理是环境影响评价过程的延续。

在中华人民共和国境内建设的对环境有影响的建设项目必须编制环境影响评价文件。环境影响评价文件的编制实行分类管理的办法。

可能造成重大环境影响的，应当编制环境影响报告书，对产生的环境影响进行全面评价。

可能造成轻度环境影响的，应当编制环境影响报告表，对产生的环境影响进行分析或者专项分析。

对环境影响很小，不需要进行环境影响评价的，应当填报环境影响登记表。

2. 环境影响评价分类管理

依照《建设项目环境影响评价分类管理名录》的分类：

（1）公路建设项目中三级以上等级公路、1000 m 以上的独立隧道、主桥长度 1000 m 以上的独立桥梁需编制环境影响报告书。

（2）涉及环境敏感区的三级以下等级公路需编制环境影响报告表。

（3）其他公路填报环境影响登记表。

2018 年 12 月 29 日第十三届全国人民代表大会常务委员会第七次会议上，正式修订了《中华人民共和国环境影响评价法》，取消了环评资质，建设单位可自行委托技术单位编写环评报告。

二、环境影响评价程序及内容

1. 环境影响评价的工作程序

环境影响评价工作程序如图6-1所示。环境影响评价工作大体分为3个阶段:

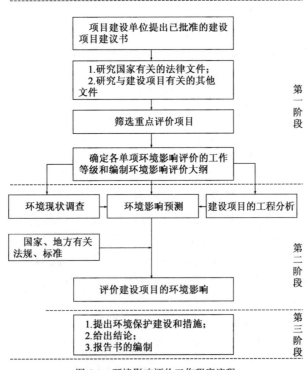

图6-1 环境影响评价工作程序流程

(1)准备阶段。

主要工作是研究有关文件,进行初步的工程分析和环境现状调查,筛选重点评价内容,确定各单项环境影响评价的工作等级,编制评价工作大纲。

(2)正式工作阶段。

主要工作是完成工程分析和环境现状调查监测评价,并进行环境影响预测和评价环境影响。

(3)报告书编制阶段。

主要工作为汇总、分析第二阶段工作所得到的各种资料、数据,编制完成环境影响报告书。报告书中应该给出项目环境影响控制对策与环保措施、项目建设评价结论与建议。

2. 环境影响评价工作等级的确定

评价工作的等级是指需要编制环境影响评价和各专题工作深度的划分。各单项环境影响评价划分为3个工作等级,一级评价最详细,二级次之,三级较简略。各单项环境影响评价工作等级划分的详细规定,请参阅中华人民共和国环境保护行业标准《环境影响评价技术导则》相关规定。工作等级的划分依据如下:

(1)建设项目的工程特点(工程性质,工程规模,能源、资源使用量及类型等)。

(2) 项目所在地区的环境特征(自然环境特点、环境敏感程度、环境质量现状及社会经济状况等)。

(3) 国家或地方政府所颁布的有关法规(包括环境质量标准和污染物排放标准)。对于某一具体建设项目,在划分各评价项目的工作等级时,根据建设项目对环境的影响、所在地区的环境特征或当地对环境的特殊要求情况可以做适当调整。

3. 环境影响评价大纲的编写

环境影响评价大纲是环境影响评价报告书的总体设计和行动指南,是具体指导环境影响评价的技术文件,也是检查报告书内容和质量的主要依据。该文件应在充分研读有关工程相关文件、进行初步的工程分析和环境现状调查后形成。

评价单位在接受委托后,首先应进行工程基本资料的收集和整理工作。工程基本资料包括项目的立项批复和工程的可行性研究报告等工程相关的文件和技术资料。环境影响评价是以公路工程的工程可行性研究报告为基础,以工程可行性确定的工程方案为主要依据。

在研究工程技术资料的同时,可开始编写大纲的工程概况部分。工程概况是环境主管部门和评审专家了解工程的主要途径。因此要求工程概况要清楚、翔实和准确无误,并能够充分反映工程特点。了解工程的基本情况后,可以根据工程可能产生的环境影响情况,进行初步工程分析。在工程分析中应阐明工程建设和运营过程中的污染环节,以及各环节中污染物的排放种类、数量、估算浓度和拟采取的防治措施等。

在对工程可行性研究报告进行深入的研究之后,应开始公路沿线环境的初步踏勘。踏勘工作应根据事先拟定的调研提纲和方案进行,调研工作应符合公路工程线性影响特点,以工程线路为主轴,在评价范围内进行。

取得初步踏勘资料后,可开始根据沿线社会、经济和自然环境的概况,依据公路环境影响评价导则的基本要求筛选环境保护目标、确定评价重点和不同环境要素的评价等级,并根据评价重点和评价等级分析各项评价的工作要点,进而开始编制环境影响评价大纲。

评价大纲一般包括以下内容:

(1) 总则。包括评价任务的由来、编制依据,控制污染和保护环境的目标,采用的评价标准,评价项目及其工作等级和重点等。

(2) 建设项目概况。

(3) 拟建项目地区环境简况。

(4) 建设项目工程分析的内容与方法。

(5) 环境现状调查。根据已经确定的各评价项目工作等级、环境特点和影响预测的需要,尽量详细地说明调查参数、调查范围及调查的方法、时期、地点、次数等。

(6) 环境影响预测与评价建设项目的环境影响。包括预测方法、内容、范围、时段及有关参数的估值方法,对于环境影响综合评价,应说明拟采用的评价方法。

(7) 评价工作成果清单。包括拟提出的结论和建议的内容。

(8) 评价工作组织、计划安排。

(9) 经费概算。

大纲编制完成,由建设单位向负责审批的环境保护部门申报,并抄送行业主管部门,经技术评审后,将由环境保护部门提出大纲评审意见,并以此文件和评审会上专家提供的意见为依据对评价大纲进行修改后,即可将其作为报告书编制的主要依据。

4. 环境影响评价专题及其主要内容

建设项目环境影响评价的专题及其内容,由项目性质和当地的环境状况等经环境影响评价因子筛选后确定。下面简要介绍道路建设项目进行环评时通常设置的专题及其内容。

(1)社会环境影响评价专题。

社会环境影响评价专题内容,由地区社会环境现状分析、项目影响预测评价和缓减(或降低)影响措施(建议)三部分组成。

(2)生态环境影响评价专题。

生态环境影响评价专题,主要包括地区生态环境现状分析,项目影响预测评价和防治措施(建议)等三部分内容。

(3)土壤侵蚀及水土保持方案。

该专题的主要内容是地区土壤侵蚀(包括风蚀和水蚀)现状评价,项目影响预测评价,拟定水土保持方案。

(4)声环境影响评价专题。

该专题的内容主要由地区声环境现状评价,项目施工期噪声和运营期道路交通噪声对环境的影响预测评价,敏感点的噪声污染防治措施(建议)等。

(5)环境空气影响评价专题。

该专题的内容由地区环境空气质量现状评价,项目对环境空气影响预测评价和空气污染减缓措施(建议)等三部分组成。

(6)水环境影响评价专题。

该专题的主要内容是地区地表水环境质量现状评价,项目对水环境影响预测评价,水环境污染防治措施(建议)以及交通事故风险分析等。

上述专题并非每条公路都千篇一律,可根据具体情况有增有减。各专题的评价内容或因子应认真研究,有针对性地确定。

三、环境影响评价方法和技术

1. 环境保护目标确定方法

公路建设项目批准立项后,通过对设计线位的现场踏勘调查,确定拟建公路沿线评价范围内环境空气和声环境的主要保护目标,一般情况下将公路沿线两侧距路中线距离200m以内的村庄、学校、医院和疗养区等定位环境敏感目标,加以重点保护是十分必要的。生态环境保护目标主要是指在公路两侧评价范围内已有的自然保护区、风景名胜区、生态脆弱带、野生保护动物栖息地、野生保护植物、连片森林、草地、基本农田保护区等。水环境的保护目标主要指饮用水水源保护区,江、河源头区,集中养殖水域等。社会环境保护目标包括历史文化遗产、居民居住或出行的便利性和生活质量等。

2. 环境影响识别方法

环境影响是指人类活动导致的环境变化和由此引起的对人类社会的效应。环境影响识别就是要找出所受影响的环境因素,以使环境影响预测减少盲目性,环境影响综合评价增加可靠性,污染防治对策具有针对性。

(1)环境影响因子识别方法。

环境影响因子识别的方法较多,如叙述分析法和项目类别矩阵法等。表 6-1 为常用的公路项目环境影响因子识别矩阵,表中列出了项目施工期、运营期的主要工程活动及主要环境影响因子。

(2)环境影响程度识别。

公路建设项目对环境因子的影响程度可用等级划分来反映,按有利影响与不利影响两类分别划分等级。不利影响常用负号表示,分为极端不利、非常不利、中度不利、轻度不利、微弱不利共 5 级。有利影响常用正号表示,分为微弱有利、轻度有利、中等有利、大有利、特有利共 5 级。根据工作深度不同,也有将影响分为 3 级或 10 级的。

某公路项目环境影响因子识别矩阵　　　　　　　表 6-1

工程及活动		自然(物理)环境				生态环境						社会环境								生活环境					
		噪声	地表水	空气	振动	保护区	植被	土壤侵蚀	土地资源	野生动物	水文	征地	再安置	农业生产	公路交通	水利设施	发展规划	社会经济	文物	通行交往	环境质量	就业	经济	安全	环境景观
施工期	施工前准备											●	●										▲		
	取、弃土																								
	路基施工	▲		▲	●	●	●	●	●					▲	●					●	▲	★	△	△	★
	路面施工																								
	桥梁施工																								
	隧道施工																								
	材料运输																								
	料场																								
	施工营地																								
	施工废水																								
	沥青搅拌																								
	绿化及防护工程																								
营运期	养护与维修																								
	交通运输	●		▲	★	●									○	○	○			▲	★	☆	△		
	路面径流																								
	交通事故																								
	路基																								
	构筑物																								
	服务设施																								

注:○/●-正/负重大影响;△/▲-正/负中等影响;☆/★-正/负轻度影响。

3. 环境影响综合评价方法

所谓"环境影响综合评价"是按照一定的评价目的,把人类活动对环境的影响从总体上综合起来,对环境影响进行定性或者定量的评定。主要的评价方法有指数法、相关矩阵法、网络法和图形叠罩法。

四、环境影响评价报告书的编制

1. 编制环境影响评价报告书的目的和原则

编制环境影响报告书的目的,是在项目可行性研究阶段,对项目可能给环境造成的潜在影响和工程中采取的防治措施进行评价,拟定环境保护对策和措施,论证和选择技术经济合理、对环境有害影响较小的最佳方案,为决策部门提供科学依据。

环境影响报告书是从环境保护角度,对建设项目编制的可行性研究报告,也是项目环境影响评价工作的最终成果。经环境保护部门批准的环境影响评价报告书,是计划部门和主管部门审批建设项目合作决策的最重要依据之一,是设计单位进行环境保护设计的主要技术文件,是环境管理部门对建设项目进行环境监测、管理和验收的依据。

环境影响报告书应全面、公正、概括地反映环境影响评价的全部工作;文字应简洁、准确;图表要清晰;论点要明确。大(复杂)项目的报告书应有主报告和分报告,主报告应简明扼要,分报告应列入专题报告、计算依据等。

2. 环境影响评价报告书编制的基本要求

(1) 环境影响评价报告书总体编排结构。

应符合《建设项目环境保护管理条例》的要求,内容全面、重点突出、实用性强。

(2) 基础数据可靠。

基础数据是评价的基础,基础数据有错误,特别是污染排放量有错误,不管选用的计算模式多么正确,计算得多么精确,其计算结果都是错误的。因此,基础数据必须可靠,对于不同来源的同一参数数据出现不同时应进行核实。

(3) 预测模式及参数选择合理。

环境影响评价的预测模式都有一定的适用条件,参数也因污染物和环境条件的不同而不同。因此,预测模式和参数选择应"因地制宜"。应选择模式的推导条件和评价环境条件相近的模式。选择总结参数时的环境条件和评价环境条件相近(相同)的参数。

(4) 结论观点明确、客观可信。

结论中必须对建设项目的可行性、选址的合理性做出明确回答,不能模棱两可。结论必须以报告书中客观的论证为依据,不能带感情色彩。

(5) 语句通顺、条理清楚、文字简练、篇幅不宜过长。

凡带有综合性、结论性的图表应放到报告书的正文中,对有参考价值的图表应放到报告书的附件中,以减少篇幅。

(6) 环境影响评价报告书应有评价资格证书。

环评报告应附资格证复印件,报告书编制人员按行政总负责人、技术总负责人、技术审核人、项目总负责人顺序,依次署名盖章,报告编写人署名。

3. 环境影响报告书的编制要点

(1) 总则。

①结合评价项目的特点阐述编制环境影响报告书的目的。

②编制依据:包括项目建议书、评价大纲及审查意见、评价委托书或任务书、项目可研报告、国家有关环境保护法律和规范等。

③采用标准:包括国家标准、地方标准或拟参照的国外有关标准。参照的国外标准应该按照国家环保局规定的程序报有关部门批准。

④环境影响评价范围。

⑤环境影响评价工作等级、评价年限。

⑥项目建设控制污染与环境保护的目标。

(2) 项目工程概况。

①项目名称及建设的必要性。

②路线地理位置(附图)、基本走向(附路线图)及主要控制点。

③交通量预测、建设等级及技术标准。

④建设规模及主要工程概况:建设里程、投资、占用土地及主要工程量表;路基、路面、桥涵、交叉工程及服务设施等概况。

⑤污染源分析及对环境的影响分析。

⑥主要筑路材料:用图表说明土、石、砂砾、粉煤灰等地方材料供应方案,取弃土方案及数量。

⑦项目实施方案。

(3) 项目地区环境(现状)概况。

①自然环境:包括地貌、地质、土壤、气象等概况及其特征;地表水分布或地区水系及水文资料;自然灾害概况。

②生态环境:包括生态环境类型及其基本特征;植被类型、林地、草场及农业种植等;水生生物及水产养殖;野生动物;土壤侵蚀等。

③社会环境:包括项目建设社会经济影响区划(附图);地区社会经济概况;地区发展规则;主要基础设施;文物古迹、风景名胜、自然保护区等有价值的景观资源分布及其概况;评价范围内环境敏感点统计。

(4) 地区环境质量现状评价。

包括生态环境现状评价;声环境质量现状评价;水环境质量现状评价;环境空气质量现状评价;土壤中铅含量现状评价。

(5) 项目环境影响预测评价及减缓措施建议。

公路建设期,运营近、中、远期对环境影响预测评价及减缓措施,应做到预测数据可靠,评价客观,措施恰当。

①社会环境影响预测分析及减缓措施建议。包括项目经济效益及社会效益分析;征地、拆迁影响分析及减缓措施;农业、牧业、养殖业等影响分析及减缓措施;通行阻隔分析及减缓措施;水利设施、道路交通等基础设施影响分析及减缓措施;文物古迹、风景名胜、景观资源和景观环境影响分析及减缓措施;水文及灾害影响分析及减缓措施;安全影响分析及减缓措施;社

会环境影响评价结论。

②生态环境影响预测评价及减缓措施建议。包括植被影响分析及减缓措施;土地利用改变对生物量的影响分析及减缓措施;公路绿化措施;土地资源影响分析及保护措施;路线阻断生物迁移和对生物多样性影响分析及减缓措施;自然保护区、湿地等生物库影响分析及保护措施;公路绿化效益分析;生态环境影响评价结论。

③土壤侵蚀影响分析及水土保持方案。包括施工期土壤侵蚀影响分析及水土保持方案;土壤侵蚀发展趋势分析。

④声环境影响预测评价及减缓措施建议。包括运营近、中、远期公路噪声预测计算,计算敏感点的环境噪声级及超标量;交通噪声环境影响评价及减缓措施;施工期噪声影响分析及减缓措施;声环境影响评价结论。

⑤水环境影响预测评价及减缓措施建议。包括施工期水环境质量影响分析及减缓措施;工程对地表水流形态及水文的改变及其影响分析;运营期水环境质量影响预测评价及减缓措施;运营期交通事故对水环境的风险分析及减缓措施;水环境影响评价结论。

⑥环境空气影响预测评价及减缓措施建议。包括施工期环境空气影响分析及防治措施;运营期环境空气污染物浓度预测,计算近、中、远期敏感点环境空气污染物浓度及超标量;运营期环境空气影响评价及减缓措施;环境空气影响评价结论。

⑦施工期取料场、材料运输环境影响分析及减缓措施建议。包括主要材料数量及料场位置(附材料供应及运距图);料场环境影响分析及减缓措施;材料运输影响分析及减缓措施(以噪声、空气影响为主)。

(6)路线方案比选分析。

①路线各方案简介。

②路线各方案比较。包括工程数量、征地数量及类型、拆迁数量、影响人口、环境质量影响及环保投资等的比较。

③路线方案比选结论。

(7)公众参与。

①调查方式、地点、对象、成员及人数等。

②调查结果统计分析。

③公众意见及建议。

④对公众意见的处理建议。

(8)环保计划、环境监测计划。

①环境保护计划。包括拟定项目在可行性研究阶段、设计阶段、施工期及运营期的环保计划。

②环境监测计划。包括项目施工期、运营期环境监测地点、监测项目、频次、监测单位、主管部门等。

③环保机构。包括施工期和运营期的环保组织机构。

(9)环境经济损益分析。

包括环保经费估算和环保投资经济损益分析。

(10) 环境影响评价结论。
①项目地区环境质量现状评价结论。
②公路建设各环境要素影响评价结论。
③路线布设是否符合环保要求。
④环境影响评价结论。
(11) 存在的问题及建议。
主要针对环境影响的关键问题或对环境潜在的重大隐患等提出工程设计及环保设计建议。
(12) 主要参考资料。
(13) 附图、附件。

五、环境影响评价文件的审批

1. 审批权限

公路建设项目环境影响评价文件实行分级审批的办法,报有审批权的环境行政主管部门审批。

国务院环境保护行政部门(中华人民共和国生态环境部)负责审批下列公路项目的环境影响文件。

(1) 核设施、绝密工程等特殊性质的公路建设项目。
(2) 跨省、自治区、直辖市行政区域的公路项目。
(3) 由国务院审批的或由国务院授权有关部门审批的公路建设项目。

前款规定以外的公路建设项目环境影响评价文件的审批权限,由省、自治区、直辖市人民政府规定。公路建设项目环境影响评价文件应当经同级交通运输主管部门预审后,报有审批权的环境保护行政主管部门审批。

2. 审批时间

建设单位应当在公路建设项目可行性研究阶段报批公路建设项目环境影响评价文件。经交通环境保护机构审核,并经有权审批的环境保护行政部门同意,可在初步设计完成前,报批公路建设项目环境影响评价文件。不需要进行可行性研究的公路建设项目,建设单位应当在公路建设项目开工前报批公路建设项目环境影响评价文件。

建设单位应当在报批环境影响评价文件经批准后,建设项目的性质、规模、地点、采用的施工工艺发生重大变动或者超过五年后开工建设的,应当重新办理报批手续。

六、环境影响评价文件的执行

环境影响评价对建设项目的可行性结论是经过科学分析、预测得出的,报告书中提出的预防减少不良影响的对策与措施是保证项目建设可行性的前提和条件,所以报告书提出地方措施需要在设计、施工和运营中加以落实。建设项目的环境影响报告书一经环境保护主管部门批复,环境影响报告书和环境影响报告书的批复文件一起,则成为建设项目环境管理的法律性文件,需要在建设项目实施过程中落实执行,作为环境保护监理的实施依据之一。

环境影响评价文件经批准后,公路项目的主要控制点发生重大变化、路线的长度调整30%以上、服务区数量和选址调整,需要重新报批可行性研究报告。防止生态环境破坏的措施发生重大变动,可能造成环境影响向不利方面变化的,建设单位必须在开工前依法重新报批环境影响文件。在建设过程中发现项目存在上述重大变更时,环境监理工程师有责任要求建设单位重新报批环评文件。

第四节 公路建设水土保持

一、公路建设对水土保持的影响

1. 公路建设项目土壤侵蚀的特点

(1)侵蚀时期短而集中。

侵蚀是指土壤及其母质在水力、重力、风力等外营力作用下,被破坏、侵蚀、搬运和沉积的过程。公路建设对土壤侵蚀的发展主要集中在施工期和运营初期。

(2)侵蚀类型复杂,方式多样。

公路建设活动以人为侵蚀为主,又叠加了自然侵蚀外营力,导致建设区域既有地带性侵蚀类型分布,也有人为活动侵蚀类型分布。公路建设改变了区内的环境因子,塑造出各种新的微地形,进而改变项目区内的侵蚀营力大小及其组合,出现了建设活动开展之前即为少见的侵蚀方式。如公路工程跨越不同区域的各种地貌类型,形成千姿百态的侵蚀形态。

(3)侵蚀发生具有潜在性和突发性。

侵蚀的潜在性是指侵蚀发生的主要因素或条件已经存在(或形成),但尚缺乏激发或诱发因素而未发生侵蚀,具有潜伏和可能发生、发展趋势的特征;一旦激发因素显现(或活化),则即刻发生侵蚀。侵蚀的突发性是指引起侵蚀发生的主要因子隐匿或随机性很大,人们不易察觉难以预料,而侵蚀发生突然且可能造成较大危害的特性。

(4)侵蚀区域差异大,轻度剧烈。

公路建设项目是"线状"工程,横跨不同地貌单元和气候类型区,因而主要侵蚀营力、地面组成物质、地表植被等随着区域发生变化,这里的区域包括了不同的水土流失类型区、地形地貌类型区等,导致区域间的侵蚀方式、侵蚀过程和侵蚀结果等有明显差异。

2. 公路建设项目水土保持的影响

(1)破坏公路用到范围内的地表植被,产生新的裸露坡面,诱发新增水土流失量。

(2)改变局部地貌和土壤结构,加剧水土流失。

(3)取土、弃土、弃渣产生的水土流失。

(4)临时工程和临时设施建设产生的水土流失。

(5)路面排水处理不当,引起坡面直至下游冲刷而带来水土流失。

(6)港口、航道护岸处置不当,产生水土流失。

(7)防洪堤等水土建筑物边坡防护措施不当,产生水土流失。

(8)疏浚土陆域回填处置不当,产生水土流失。

二、公路建设水土保持的原则和目标

1. 水土保持的指导方针

《中华人民共和国水土保持法》确定了"预防为主、防治结合"的水土流失治理方针,以及"谁开发谁保护,谁造成水土流失谁治理""因地制宜、因害设防""重点治理与一般防护相结合"的原则。

2. 水土保持的原则

(1)预防为主,开发建设与防治并重。
(2)积极采用综合的工程措施及生物措施,因地制宜,因害设防。
(3)可根据其工程建设特点采取分区分散防治,重点治理与一般防护相结合。
(4)水土保持与工程建设相结合,恢复和改善工程范围内及周边影响环境范围的水土保持设施,保证主体工程安全运行。
(5)交通建设水土保持管理与地方水土保持管理相结合。

3. 水土保持的预期目标

(1)工程与生物措施相结合,综合防治。
(2)取土场全部进行防护处理,开挖坡面不裸露,并覆土加以利用。
(3)弃土、石渣得到有效拦挡或利用。
(4)最大限度控制泥沙不进入下游河道和海域,减少对河流正常行洪能力和各项生态功能的不利影响。
(5)做好公路、港口和航道绿化工程的养护,优化生态环境。

4. 水土保持的责任范围

(1)项目建设区:主体工程区和临时工程区。
(2)直接影响区:由于建设行为而造成水土流失危害的、直接产生影响的区域。

三、水土保持方案的意义和作用

1. 水土保持方案的意义和作用

根据《中华人民共和国水土保持法》《开发建设项目水土保持方案管理办法》的有关规定,开发建设项目应在可研阶段编制水土保持方案,制订并实施有效的防治措施,使建设新增水土流失得到有效控制,生态环境得到改善。

2. 水土保持方案主要内容

(1)建设项目概况。
(2)建设项目周围环境概况。
(3)项目建设过程水土流失预测。
(4)水土流失防治责任范围、防治分区、水保功能评价、水土保持措施及设计。
(5)水土保持方案实施进度安排。

(6)水土保持工程投资概算及效益分析。

(7)方案实施保证措施。

3. 水土保持方案的分类管理

建设项目水土保持方案文件分为水土保持方案报告书和水土保护方案报告表。

凡征占地面积在 $1hm^2$（即 $10000m^2$）以上或者挖填土石方总量在 $10000m^3$ 以上的开发建设项目，应当编报水土保持方案报告书；其他开发建设项目应当编报水土保持方案报告表。

根据《中华人民共和国水土保持法》，公路建设项目应编制水土保持方案报告书。

4. 水土保持方案审批规定

(1)行业归口管理。

各级行政主管部门和地方政府设立的水土保持机构负责审批建设项目的水土保持方案。

(2)分级审批制度。

国家审批立项的项目其方案由水利部审批(含保部委的项目)；地方审批立项的项目其方案由相应级别的行政主管部门审批；乡镇、集体、个体项目的方案由所在地县级行政主管部门审批；跨地区项目的方案由上一级行政主管部门审批。

(3)修改申报制度。

经审批的水土保持方案，如项目性质、规模、地点等发生变化，应及时修改方案，并报原审批单位审批。

5. 水土流失防治目标

水土流失防治一般以扰动土地整治率、水土流失总治理度、土壤流失控制比、拦渣率、林草植被恢复率、林草覆盖率等作为指标要求，并作为水保设施竣工验收的依据。

6. 水土流失设施验收

根据水土保持"三同时"制度的要求，建设项目主体工程验收时，应同时验收水土保持设施。水土保持设施未经验收或验收不合格的，主体工程不得投产使用。工程验收应有行政主管部门水土保持监督管理机构参加，并签署意见。

按照水利部令的要求，在进行项目总体竣工验收之前，应完成水土保持设施验收，验收合格条件包括：

(1)公路建设项目水土保持方案审批手续完备，水土保持工程设计、施工、监理、财务支出、水土流失监测报告等资料齐全。

(2)水土保持设施按批准的水土保持方案报告书和设计文件的要求建成，符合主体工程和水土保持的要求。

(3)治理程度、拦渣率、植放映复率、水土流失控制量等指标达到批准的水土保持方案和批复文件的要求及国家和地方的有关技术标准。

(4)水土保持设施具备正常运行条件，且能持续、安全、有效运转，符合交付使用要求。水土保持设施的管理、维护措施落实到位。

水土保持设施验收工作的主要内容为：检查水土保持设施是否符合设计要求、施工质量、投资使用和管理维护责任落实情况，评价防治水土流失效果，对存在问题提出处理意见等。

第五节　绿色公路建设主要内容

实施绿色公路建设是公路行业落实创新、协调、绿色、开放、共享五大发展理念,推进"四个交通"发展的生动实践和有力抓手;是公路建设新理念的升级版,实现公路建设可持续科学发展的新跨越。

一、提出背景

改革开放以来,我国公路建设实现了跨越式发展,取得了巨大成就。2004年提出"六个坚持、六个树立"公路设计建设新理念,得到了公路行业从勘察设计到建设管理各单位的广泛认同和贯彻落实,以四川川(主寺)九(寨沟)公路为代表的一大批公路勘察设计典型示范工程的实施,极大地提升了公路设计理念和设计水平。2009年,公路建设全面推行现代工程管理理念,提出人本化、专业化、标准化、信息化、精细化的"五化"管理要求,在全国范围开展了为期三年的施工标准化活动,促进了公路建设管理水平跨上新台阶。"十二五"以来,以绿色循环低碳公路为代表的节能减排示范项目和科技示范工程相继实施,使公路设计新理念内容不断丰富,节地节水、节能减排、低碳环保等举措得到有效落实,公路建设管理水平再上新台阶。

党的十八大以来,生态文明建设已经纳入中国特色社会主义建设"五位一体"总体布局。十八届五中全会进一步提出了创新、协调、绿色、开放、共享的发展理念,绿色发展已经成为"十三五"和今后经济社会发展的基本理念。2014年,交通运输部提出了加快推进"综合交通、智慧交通、绿色交通、平安交通"发展的战略决策,为交通运输的科学发展指明了方向。绿色公路作为绿色交通的重要组成部分,在生态文明建设得到高度重视,资源节约、环境友好要求进一步提高的新形势下,以全面实施绿色公路建设作为推进绿色交通发展的切入点,有利于进一步转变公路发展方式,推动公路建设持续健康发展,打造交通行业生态文明建设亮丽的名片。

实施绿色公路建设是公路行业不断提升发展理念的具体行动,是"六个坚持、六个树立"公路建设理念在新时期的拓展,是绿色循环低碳公路在新时期的继承,是节能、低碳、环保技术在新时期的沿用,也是完成2020年基本建成绿色循环低碳交通运输体系战略目标的重要举措。在"六个坚持、六个树立"的理念基础上,绿色公路建设更加注重统筹公路建设全过程,更加注重公路与环境、社会多系统的统筹协调,更加注重资源节约、环境友好等要求的贯彻和落实,更加注重公路建设及运行管理的质量和效率,更加注重需求引领下公路的服务提升,目标明确,内容丰富,任务和措施体现了时代性、针对性和引领性。

二、绿色公路建设的基本内涵

"十二五"以来,各地已相继开展以集约、节约、循环、低碳为主题的绿色公路建设,对绿色公路的内涵进行不断探索和实践。在深入总结以往工作成果基础上,结合当前国家战略和绿色交通发展要求,绿色公路建设的提出是按照系统论和周期成本思想,以工程质量、安全、耐久、服务为根本,坚持"两个统筹",把握"四大要素",以理念提升、创新引领、示范带动、制度完善为途径,推动公路建设发展的转型升级。

坚持"两个统筹"是绿色公路建设的思想精髓。一方面要坚持统筹公路资源利用、能源消耗、污染排放、生态影响、运行效率、功能服务之间的关系,寻求公路、环境、社会等方面的系统平衡与协调;另一方面要坚持统筹公路规划、设计、建设、运营、管理、服务全过程,以最少的资源占用、能源耗用、污染排放、环境影响,实现外部刚性约束与公路内在供给之间的均衡和协调。

把握"四大要素"是推动绿色公路建设的关键。在绿色公路建设过程中,坚持以质量优良、安全耐久为前提,重点在"资源节约、生态环保、节能高效、服务提升"四方面实现突破,以控制资源占用、减少能源消耗、降低污染排放、保护生态环境、拓展公路功能、提升服务水平为具体抓手,全面提升公路工程建设水平。

三、绿色公路建设五大任务

立足绿色公路基本特征,落实"两个统筹"和把握"四大要素"的要求,拟组织开展 5 个方面的具体任务。

1. 统筹资源利用,实现集约节约

绿色公路是基于资源及能源节约型的公路。绿色公路发展中资源节约的对象是能源、土地、水、材料等主要资源。绿色公路应体现对自然资源,尤其是稀缺资源的减量利用、有效利用和循环利用,重点解决长期以来我国公路建设普遍存在的资源统筹利用不足、循环利用率较低、能源耗用较高等问题。当前,绿色公路建设要以统筹资源利用、集约节约资源、降低能源耗用为重点,从规划设计、施工组织及运营维护等多个方面进行统筹考虑,在整个公路建设过程中融入节约资源、降低能耗的绿色理念。

2. 加强生态保护,注重自然和谐

绿色公路是可持续发展的低碳环保公路。环境友好涉及的对象包括大气、水、声、生态等环境因素。修建公路不可避免要对原有生态系统产生影响,包括减少耕地面积、改变水系结构以及原生植被减损等。尊重自然、保护自然、恢复自然是绿色公路建设的重要目标。绿色公路应具有良好的环境协调性,加强生态保护、注重自然和谐是绿色公路建设的核心要义。因此,绿色公路建设要坚持生态优先、和谐发展的指导方针,强化设计、施工、运营、养护等各阶段的生态环境保护,实现最大限度地保护、最小程度地影响、最有力度地自然恢复,实现公路与生态、社会的健康可持续发展。

3. 着眼周期成本,强化建养并重

全生命周期成本思想是指在产品生命周期内尽量降低资源的消耗,提高产品的效能。落实在公路行业就是要把公路产品作为一个整体、一个系统去考虑,把系统全过程的最优作为整体的最优目标来实现。长期以来,我国公路建设普遍存在重建轻养现象,公路设计、施工、养护、管理各阶段缺乏统筹协调。绿色公路建设要坚持全生命周期思想,对规划设计、建设施工和养护管理全过程进行统筹考虑和系统管理,实现公路质量和效益的双赢。

4. 实施创新驱动,实现科学高效

创新是公路发展的强大驱动力,要把创新贯穿到绿色公路建设的各环节,大力推进理念创新、技术创新、管理创新和制度创新,强化科技创新引领作用,为绿色公路发展注入强大动力。新时期,随着信息技术的快速发展,人民群众出行需求的不断提升,给公路建设者提出了更多、更高的要求。面对这些新形势与新要求,绿色公路建设应顺应时代潮流,要以信息化技术为依托,实现管理效能、服务载体和服务水平的全面提升,支撑多元化的交通出行需求。

5. 完善标准规范,推动示范引领

本次绿色公路行动在已开展的相关工作基础上,进一步丰富了内涵,拓展了领域,明确了要求。因此,需要在总结、继承已有成果及经验的基础上,做好相关标准规范的修订,研究出台适应不同地区绿色公路建设的技术指南,完善相应的评价标准指标。此外,为充分调动各地积极性,打造公路建设新亮点,提出创建绿色公路示范工程,积极探索和总结经验,充分发挥示范作用,以点带面,推动绿色公路快速发展。

四、绿色公路建设5个专项行动

根据今后一段时期公路工程的建设重点和实际需求,结合新兴技术的发展和应用,在五大任务的基础上,结合绿色公路的特征要素与主导方向,提出组织开展5个专项行动,以行动促转型,以行动促落实。

1. 着力实现"零弃方、少借方"

公路工程路基填挖方是直接影响土地占用及环境保护的关键因素。实行"零弃方"要求,核心思想是要变废为宝,将传统做法中的弃土加以保存和利用。合理控制路基填挖,统筹土方调配,有效减少取、弃土场设置,进一步节约土地资源,保护沿线植被与自然环境,实现公路与环境景观协调。同时,在设计及施工过程中,要高度重视环保设计,灵活运用技术指标,做好路堤与桥梁、路堑与隧道的方案比选,做好横断面和纵断面设计,实现填挖平衡,最大限度地降低对环境的影响。

2. 实施改扩建工程绿色升级

随着公路通行服务能力的降低,普通公路升级改造与高速公路改扩建已成为当前公路建设的重要内容。公路升级改造及改扩建工程是践行资源节约、节能高效理念的重点领域,需要合理利用原有通道资源,大力推广既有工程材料再生和循环利用技术,加强原有公路植被的利用,做到统筹规划、合理利用、避免浪费。

3. 积极应用建筑信息模型(BIM)新技术

BIM作为新一代设计技术,已广泛应用于建筑设计、机械设计、铁路设计等领域,也逐步在公路行业推广应用。BIM技术是应用于工程设计、建造、管理的三维数据化技术,可实现项目策划、建设、运行和维护的全生命周期的信息共享和传递,具有可视化、可模拟、可出图等特点。当前,应进一步探索将BIM技术应用于公路建设项目的规划、设计、施工和运营维护等全过程,拓展BIM技术在高精度项目空间场景、模拟设计选线和结构物选型、精细化管理、远程实时监控、工程施工组织设计、可视化分析控制工程进度以及管理信息公开透明等方面的应用,加速推动公路建设全方位的技术创新与管理创新,实现工程无痕化、智能化建设。

4. 推进绿色服务区建设

服务区是落实公路建设循环、低碳、生态、环保思想的重要场所,加强绿色服务区建设对于宣传公路绿色发展成就、树立公路行业社会形象具有至关重要的作用。在绿色服务区建设中，应开展建筑节能设计，推进建筑保温、清洁能源、再生能源、节能通风与自然采光等技术应用，落实服务区污水处理和利用，推广水循环利用技术，实现中水合理利用。积极推广服务区废弃物再利用技术，实现垃圾分类收集和无害化处理。同时，鼓励新建服务区开展生态环保专项设计，落实废气、污水等污染物达标排放。

5. 着力拓展公路旅游功能

随着自驾车时代的到来，公路已成为消费升级和个性出行的重要基础保障。新时期的出行需求要求公路拓展旅游市场运营的路径，实现公路与旅游的融合。为此，迫切需要加强公路功能设计，拓展公路服务与旅游功能，带动沿线旅游经济发展，促进产业转型升级和绿色经济发展。公路建设要因地制宜，结合沿线自然风光及旅游资源，合理确定设计主题，与沿线自然景观协调统一，使公路本身成为一道风景线；要结合公众出行需求，鼓励在路侧空间设置完善公路旅游服务设施，鼓励打造慢行系统，拓宽完善公路旅游服务，造福沿线群众。

五、多举措并举开创新局面

实施绿色公路建设作为公路行业未来较长时期的重要发展任务，需要加强组织领导，转变固有观念，不断提升建设理念，完善制度建设，强化行业内外合作，形成合力，实现共赢。首先要建立健全部、省联动机制，加强行业指导，充分调动地方各级交通运输主管部门积极性，形成有利于推进绿色公路建设的工作格局。其次，要加强制度建设。省级交通运输主管部门应制定本地区的绿色公路建设激励约束机制，建立健全绿色公路建设综合评价制度，完善绿色公路评价指标，构建绿色公路建设可控、可量化、可考核的制度体系。另外，在推进绿色公路建设的过程中，要充分利用市场和社会力量，拓宽绿色公路融资渠道。要充分发挥专家的智慧和行业指导作用，为推进绿色公路建设提供技术支持和保障。同时，要做好宣传和推广工作，让绿色公路建设理念深入人心。

第七章　施工环境保护监理概述

第一节　施工环境保护监理的概念、任务、目标和依据

一、施工环境保护监理的概念

施工环境保护监理,是指具有相应资质的监理单位受建设单位的委托,依法承担其建设项目施工期间的环境监督管理工作,代表业主对承包人在施工活动中的污染防治和生态保护与恢复等情况进行监督管理,确保各项环保措施落实的专业化服务活动。

二、施工环境保护监理的任务

施工环境保护监理的任务一般可分为环境达标监理和环保工程监理两类。其中,环境达标监理的主要任务是对工程建设过程中,污染环境、破坏生态的行为进行监督管理,防止或减少施工过程污染物排放和生态破坏,实现污染物达标排放或符合生态保护要求,如噪声、废气、污水、固废等污染物排放达标,水土流失、生态恢复、自然保护区、水源区和风景名胜区保护等符合要求。环保工程监理的主要任务是对工程的环保配套设施进行施工监理,落实项目环境影响评价文件中的环保设施要求,确保"三同时"的实施,如临时用地复垦、水土保持、景观绿化等生态工程、路桥面雨水径流收集、服务区污水处理、声屏障、消烟除尘设施等。

三、施工环境保护监理的目标

(1)主体工程施工过程中的噪声(振动)、废气、污水、固体废弃物等排放达到国家相应标准。
(2)生态环境保护、水土保持等措施符合建设项目环境影响文件和水土保持方案的要求。
(3)声屏障、绿化、污水处理等环保工程设施符合规范和合同规定。
(4)施工期不发生重大环境污染和生态破坏事件。

四、施工环境保护监理的依据

目前我国还没有制定出专门实行施工环境保护监理的法律法规。根据交通运输部下发的《关于开展交通工程环境监理工作的通知》(交环发〔2004〕314号)和《关于在公路水运工程建设监理中增加施工安全监理和施工环保监理内容的通知》(交质监发〔2007〕158号),明确了施

工环境保护监理工作已成为公路水运工程监理工作内容的重要组成部分,纳入工程监理管理体系,因此环境保护监理的强制性由施工监理的有关规定来保障。环境保护监理的依据主要有:

1. 国家有关的法律、法规

我国《中华人民共和国宪法》中就已明确了每个公民的环保义务,如第九条第二款"保障自然资源的合理利用,保护珍贵的动物和植物,禁止任何组织或者个人用任何手段侵占或者破坏自然资源",第二十六条"保护和改善生活环境和生态环境,防治污染和其他公害"。

其他如《中华人民共和国环境保护法》《中华人民共和国海洋环境保护法》《中华人民共和国水土保持法》《中华人民共和国文物保护法》《中华人民共和国水污染防治法》《中华人民共和国大气污染防治法》《中华人民共和国环境噪声污染防治法》《中华人民共和国固体废物污染环境防治法》《中华人民共和国放射性污染防治法》《中华人民共和国野生动物保护法》《中华人民共和国野生植物保护条例》《中华人民共和国环境影响评价法》《中华人民共和国清洁生产促进法》《中华人民共和国公路法》《中华人民共和国港口法》《中华人民共和国水法》《中华人民共和国土地管理法》《中华人民共和国海洋水域管理法》《中华人民共和国渔业法》《中华人民共和国森林法》《中华人民共和国草原法》《中华人民共和国防治海岸工程建设项目污染损害海洋环境管理条例》《中华人民共和国防治船舶污染海域管理条例》等,都有环境保护的明确条款。

2. 国家有关的条例、办法、规定

在国家有关环保法律法规的基础上,交通运输部先后制定了《交通行业环境保护管理规定》《交通建设项目环境保护管理办法》《交通运输部环境监测工作条例》《关于开展交通工程环境监理工作的通知》等。

3. 地方性法规、文件

迄今为止有十几个省(市、自治区)颁布了地方环境保护法规,对国家环境保护法律法规进行了补充和完善,具有较强的针对性和可操作性,同样是施工环境保护监理的依据。

4. 国家环境标准

国家环境标准中的环境质量标准和污染物排放等标准为强制性标准。环境标准是制定环境规划和环境计划的主要依据;环境标准是环境评价的准绳;环境标准是环境管理的技术基础;环境标准是提高环境质量的有效手段。

经过40余年的发展,我国目前已形成两级五类的环保标准体系,分别为国家级和地方级标准,类别包括环境质量标准、污染物排放(控制)标准、环境监测类标准、环境管理规范类标准和环境基础类标准。截至"十二五"末期,国家环保标准共计1697项,其中环境质量标准16项、污染物排放(控制)标准161项、环境监测类标准1001项、环境管理规范类标准481项和环境基础类标准38项。

5. 公路工程标准规范

包括现行《公路工程施工监理规范》(JTG G10),交通运输部下发的《关于在公路水运工程建设监理中增加施工安全监理和施工环保监理内容的通知》。其他还包括《公路路基施工技术规范》(JTG/T 3610)、《公路环境保护设计规范》(JTG B04)、《公路建设项目环境影响评价规范》(JTG B03)等都编制了专门条款,规定了环境保护工作内容。

其他如现行《公路路基施工技术规范》(JTG/T 3610)、《公路环境保护设计规范》(JTG B04)、《公路建设项目环境影响评价规范》(JTG B03)、《公路工程技术标准》(JTG B01)、《公路路基设计规范》(JTG D30)、《公路隧道设计规范》(JTG 3370.1)和(JTG D70/2)、《公路路线设计规范》(JTG D20)等都编制了专门条款规定了环境保护工作内容。

6. 环境影响评价和水土保持报告及批复、环境行动计划

建设项目的环境影响评价和水土保持报告及其批复,是施工环境保护监理工作最重要的依据之一,其中针对施工期提出的环境保护重点区域、污染防治措施、水保措施,是施工环境保护监理工作关注的重点,也是必须达到的底线。此外,《地质灾害危险性评估报告》《地震安全性评估报告》《征占用林地调查及林木采伐设计》《文物考古调查勘探评价》等也是环境保护监理工作的依据。

在利用世界银行或亚洲开发银行贷款修建的交通建设项目,还应编制环境行动计划,这也是此类工程施工过程环境保护监理工作的依据之一。

7. 工程设计文件

公路建设的设计阶段,往往已经考虑了一些重大的环境保护问题,并在设计文件中有所反映,例如水土保持措施、绿化等,可以作为环境保护监理工作的依据。

8. 监理合同、施工合同以及有关补充协议

建设单位委托开展施工过程环境保护监理的合同,以及有关的补充协议,都明确规定了环境保护监理单位的权力、责任和义务,是监理工作的直接依据。

9. 施工过程的会议纪要、文件

在施工过程中,根据实际情况形成的有关环保问题的会议纪要、有关文件,可以作为环境保护监理的依据。

第二节 施工环境保护监理的工作程序、制度、内容和方式

一、施工环境保护监理的工作程序

施工环境保护监理一般应按照下列工作程序进行。

(1)依据监理合同、设计文件、环评报告与水土保持方案及批复,以及施工合同、施工组织设计等编制施工环境保护监理计划。

(2)按照施工环境保护监理计划、工程建设进度、各项环保对策措施编制施工环境保护监理细则。

(3)依据编制的施工环境保护监理计划和监理细则,开展施工期环境保护监理,检查承包人制订的环境保护措施的落实情况;进行验收、计量与支付。

(4)工程交工阶段编写施工环境保护监理总结报告,整理监理档案资料,提交建设单位。

(5)参与工程竣工环境保护验收和水土保持验收。

二、施工环境保护监理的工作制度

1. 文件审核、审批制度

工程开工前,由负责工程环境保护监理工作的监理工程师审查承包人报送的施工组织设计中的环境保护内容和施工场地、施工营地、取弃土场等的设置方案,以及专项环境保护措施方案等,提出审核意见。

2. 工作记录制度

施工环境保护监理记录是信息汇总的重要渠道,是监理工程师做出决定的重要基础资料,主要内容有:会议记录、监理日记、环境监理月报、气象及灾害记录、质量记录等。

3. 报告制度

环境保护监理报告应纳入工程监理报告体系,可根据需要单独编制,包括环境保护监理的内容,季报和年度总结报告,最好单独编制环境监理专题报告。

4. 会议制度

环境保护监理会议可以纳入工程监理会议中召开。会议期间,承包人对近一段时间的环境保护工作进行回顾性总结,监理工程师对环境保护工作进行全面评议,提出存在的问题和整改意见。

5. 函件来往制度

监理工程师对承包人某些方面的规定或要求,必须通过书面形式通知。情况紧急需口头通知时,随后必须以书面函件形式予以确认。承包人对环境问题处理结果的答复以及其他方面的问题,也应致函监理工程师。

6. 人员培训制度

对监理工程师必须进行培训,持证上岗,并定期进行环境保护业务培训和经验交流。

三、施工环境保护监理的工作内容

1. 施工准备阶段的环境保护监理工作

(1)增加设计交底,熟悉环评报告和设计文件,了解工程建设项目的具体环保目标。

(2)审查施工单位的施工组织设计和开工报告,对环保实施方案提出审查意见,包括施工中须保护的环境敏感点、具体的环保措施、环保管理制度和环保专业人员等。

(3)审查施工单位的临时用地方案是否符合环保要求,临时用地的恢复计划是否可行。

(4)审查施工单位的环保管理体系是否责任明确,切实有效。

(5)参加第一次工地会议,对工程建设项目的环保目标和环保措施提出要求。

2. 施工阶段的环境保护监理工作

(1)对工地进行巡视或旁站监理。

(2)向施工单位发出环保工作指令。

(3)检查环境保护措施和成果。

(4)协助环保主管部门和建设单位处理突发环保事件。
(5)建立、保管环境保护监理资料档案。
(6)参加工地例会。

3. 交、竣工阶段及缺陷责任期的环境保护监理工作

(1)参加交工检查,确认现场清理工作、临时用地的恢复和取(弃)土场的复绿等是否达到环保要求。
(2)评估环保任务或环保目标的完成情况,对尚存的主要环境问题提出继续监测或处理的方案和建议。
(3)定期检查施工单位对环保遗留问题整改计划的实施,并根据工程具体情况,建议施工单位对整改计划进行调整。
(4)检查已实施的环保达标工程和环保工程,对交工验收后发生的环保问题或工程质量缺陷及时进行调查和记录,并指示施工单位进行环境恢复或工程修复。
(5)检查施工单位的环保资料是否满足竣工环保验收的要求。
(6)整理施工环境保护监理竣工资料。
(7)参与竣工环境保护验收和水土保持验收。

4. 环境监测

一般定期监测的项目包括:

(1)空气质量。监测项目有 NO_2、CO、TSP 等三项,必要时还可监测 SO_2。
(2)地表水水质。一般监测项目有 pH、悬浮物(SS)、化学需氧量(COD)、生化需氧量(BOD)、氨氮、石油类等 6 项。根据工程实际情况,还可视需要监测水温、色度、重金属、总磷(TP)、总氮(TN)、砷(As)、氰化物、挥发酚、活性剂(LAS)、硫化物、溶解氧(DO)等项目。
(3)海水水质。一般监测项目有 pH、悬浮物(SS)、化学需氧量(COD)、生化需氧量(BOD5)、无机氮、石油类等。根据工程实际情况,还可视需要监测水文气象,包括风速、风向、水温、水深、透明度、海况和水色等;水质,包括溶解氧(DO)、活性磷酸盐等;沉积物,包括汞、铜、铅、镉、锌、铬、总磷(TP)、总氮(TN)和其他有机质等。
(4)声环境质量。

监测环境噪声、施工场界噪声、车辆交通噪声,以及声屏障等环保设施的降噪效果等。监测点位应根据施工过程中的重点和施工进度进行安排。

四、施工环境保护监理的工作方式

监理工程师对施工活动的环境保护工作实施动态管理,其工作方式以巡视为主。

监理工程师根据工程项目施工区污染源分布的实际情况定期或不定期对各个工点进行巡视,对于敏感的施工地段,巡视频率应适当增加。对特别关心的节点,如古树名木(珍稀植物)的移植、放射源处置、钻孔泥浆泄漏漫溢整改等过程应进行旁站监理。通过巡视和旁站,发现环保问题应及时予以纠正,使施工期各项环保措施落到实处。巡视期间监理人员还可以通过与施工作业人员交流,询问操作规程,了解其是否知道有关的环保要求,从而判断施工单位是否对施工人员做了前期环保培训,以确保施工中各项环保措施落实到位。必要时,监理工程师

还应进行环境监测。巡视和旁站监理的情况,都应予以详细记录。

监理过程中如发现环境污染和生态破坏等情况,监理工程师应立即通知施工单位限期整改。一般性或操作性的问题,可以采取口头通知形式。口头通知无效或有污染隐患时,应发出书面的监理通知,要求施工单位整改,并根据施工单位的书面回复,检查其整改结果。严重的环保问题,还应同时向建设单位汇报。如整改情况不理想,可以发布停工指令,施工单位无正当理由拒绝整改的,监理工程师可按有关规定对该部分工程量拒绝支付或折减支付。

每一位监理人员都有环境保护监理的职责,均应按照各自岗位职责负责自身工作范围内的环境保护监理工作。在配备有环保专业监理工程师的交通建设项目,由环保专业监理工程师具体负责该项目范围内的环境保护监理工作。

五、环境污染和生态破坏事故的处理

(1)施工单位在发生事故后,应立即停止施工作业,并采取有效措施防止事故扩大。除在规定时间口头报告监理工程师外,应尽快提出事故初步调查结果的书面报告,报告应初步反映该工程名称、部位、污染事故原因、应急环保措施等。该报告经监理工程师签署意见,总监审核批准后报建设单位。

(2)监理工程师立即报告建设单位,及时向当地环保主管部门汇报,同时书面通知施工单位暂停该工程的施工,并督促施工单位根据环保主管部门有关意见,采取有效的环保措施。

(3)监理工程师和施工单位对污染事故继续深入调查,并和有关方面商讨后,提出事故处理的初步方案后报建设单位,交环保主管部门研究处理。

(4)监理工程师对事故处理情况进行总结,督促施工单位做好善后工作。

第三节 施工环境保护监理文件

一、施工环境保护监理文件的构成

1. 施工环境保护监理计划

施工环境保护监理计划是施工监理计划的组成部分之一,是监理工程师全面开展施工环境保护监理工作的指导性文件。

监理单位在接受业务委托之后,根据委托监理合同,结合工程的实际情况,广泛收集工程环保信息和资料,制订施工环境保护监理计划。

施工环境保护监理计划应明确环境保护监理工作范围、内容、方式和目标,一般应包含以下内容:

(1)工程项目概况。
(2)实行环境保护监理的依据。
(3)环境保护监理的范围。
(4)工作内容、工作目标和工作方式。
(5)监理单位组织机构、人员安排、岗位职责。

(6)人员、设施或设备的进出场计划。

(7)环境保护监理程序和工作要点。

2. 施工环境保护监理细则

施工环境保护监理实施细则是在监理计划的基础上，由各专业监理工程师针对建设项目各分项工程编制的操作性文件。

监理实施细则应明确人员职责、监理重点、具体控制措施、工作方法、阶段控制目标等内容。

3. 施工环境保护监理总结报告

环保监理工作完成后，监理单位应及时进行施工环境保护监理工作总结，向建设单位提交施工环境保护监理工作总结。

主要内容包括：环境保护监理机构的组成和投入的仪器设备、监理设施，工作起止时间；环境监理合同履行情况概述；环境保护监理任务或环保监理目标完成情况的评价；环境监理过程中出现的问题和处理情况；尚存的主要环境问题及建议继续监测或处理的方案。

二、施工环境保护监理资料体系

环保工程监理资料体系应和主体工程施工监理是一致的。环保达标监理的资料主要包括：

(1)日常工作记录。监理工程师日常的环保监理检查工作应在监理日志中做好记录。

(2)环境保护会议记录。

(3)环境保护教育和培训记录。

(4)环境保护监理通知单(回复单)。

(5)环境保护监理工作联系单。

(6)环境保护监理检验申请批复单。

(7)临时用地环境影响报告单。

(8)临时用地(取弃土场)整治恢复报告单。

(9)拌和场排放达标检验报告单。

(10)环境污染事故处理文件。

(11)环境保护月报。

①环境保护监理月报。

环境监理工程师应根据工程进展情况、环境现状、存在的问题每月以报告书的形式向建设单位和监理单位报告。月报所陈述的内容应包括已存在的或将对环境污染、环境达标、环保工程的质量、费用及工期产生实质影响的事件，已完成的主要工程分项和细目，使建设单位和上级主管部门对环境影响现状和环保工程实施情况有全面的了解。在报告书中对于有重大环境影响以及环保工程实施存在的问题也应进行描述，说明原因和已经采取的措施。月报对于施工单位环保管理体系情况等也应一并报告。施工环境保护监理月报应包含两大部分内容，即环保达标监理内容和环保工程监理内容。后者主要是工程内容，可以参照工程监理月报格式书写，前者应包括以下内容：

a. 本月主要施工内容。
b. 本月生态保护和污染防治情况。上月遗留的环保问题以及处理情况。
c. 环保监测的结果。
d. 施工单位环保管理体系运行情况。
e. 本月环境保护存在的问题,以及处理计划。
f. 下月施工计划,以及根据下月施工内容提出的污染防治计划。
②施工环境保护月报。
为使监理工程师及时掌握施工过程的环保情况,施工单位应在月报中增加环境保护章节,包括以下内容:
a. 施工中的环境保护情况。
a)本月施工单位污染源统计,如废气、废水、噪声、固废等,是否有增减或变化。
b)针对以上污染源采取的防治措施,以及根据污染源的变化拟定的处置计划。
c)本月施工单位排放污染物(打桩泥浆、罐车清洗水、碎石清洗水、生活垃圾、建筑垃圾、弃土弃料等)的种类及排放地点、排放方式、排放去向,以及生态保护情况。
b. 执行情况。
a)施工环境保护监理检查情况,内容包括本月监理工程师现场检查情况,发现的问题,以及收到通知单或联系后的整改措施落实情况等。
b)其他情况。
(12)与建设单位、施工单位往来函件。
(13)工程建设环境保护文件。
(14)环境监测报告。
(15)水土保持监测报告。
(16)施工单位、监理单位竣工环保总结报告及其他资料。
(17)工程交、竣工文件。

第八章 公路建设工程环境保护监理

第一节 施工准备阶段的环境保护监理

一、施工准备阶段的工作要点和总体要求

施工准备阶段,环保监理工程师应做好以下工作:

(1)熟悉工程资料,掌握工程整体情况,包括工程环境影响区域。在此阶段,监理工程师需要熟悉的资料有工程环境影响报告书、水土保持方案及相应的批复、工程设计文件中的环境保护篇章、施工合同中的环境保护条款、工程所在地的环境保护要求等。

监理工程师还应对照设计文件、环境影响评价文件和水土保持方案文件,了解工程附近环境保护目标和敏感点的分布情况,对施工期的环境保护监理工作重点做到心中有数。

(2)初步审查承包商提交的临时工程设计文件中的环境保护措施和方案,提交业主组织审查。

(3)编制施工环境保护监理计划(规划)。

(4)根据施工环境保护监理计划(规划),编制各单位工程的环境保护监理实施细则。

(5)根据工程情况,配置满足工程需要的环境监测设备和仪器。

(6)建立环保工作网络,要求施工单位建立环境保护管理体系。

(7)审查承包商编制的施工组织设计,主要审查施工污染防治方案,了解污染物的排放环节,排放的主要污染物、采用的治理措施、污染物的最终处置方法和去向;对不符合工程环保要求的环节内容提出改正要求,对遗漏的环节和内容要求增补。

(8)参加第一次工地会议,对施工单位进行环境保护交底。

二、施工准备阶段环境保护监理

1. 施工临时用地

(1)生态敏感点。对于施工区域附近可能存在的生态敏感点,应通过设置提示牌等宣传方式提醒建设方以及施工人员,防止人为干扰。

(2)土地利用。对临时用地的选址和临时防护工作向建设方提出限制性要求,并进行跟踪检查;占用农、林等生产用地,在施工结束后,必须恢复原有的土地利用功能。

(3)社会环境。以书面形式告知建设方、承包单位应关注的社会区域,以及相应的防治扬

尘和噪声、振动的措施,并通过巡视进行日常的监督和管理。

(4)陆生生物。严格控制砍伐数量和面积;古树名木(挂牌保护的树木)没有条件就地保护的要进行移栽。

(5)水生生态系统。对于不可避免的河道及河岸开挖工程,应明确并严格控制开挖界限,不得任意扩大开挖范围。

(6)表层土壤。剥离的表层土,应予以保存,应设置专门的场地用于堆置和保存,并配置相应的防雨和排水设施。

2. 临时施工道路

以减少植被破坏为首要原则,尽量利用现有道路;施工结束后,必须恢复临时占用土地原有的土地利用功能。

3. 临时材料堆放场

临时借地范围要有明确的边界;水泥、石灰、矿粉定点堆置,地面硬化处理,密封存放,集中保存地表熟土;施工结束后,恢复初始地表植被。

4. 拌和场和预制场

稳定土拌和场、水泥混凝土拌和场、沥青混凝土拌和场等各种拌和场以及砂石场、轧石场等不得设在饮用水源地保护区内,距离学校、医院、疗养院、城乡居民区和有特殊要求的地区不宜小于300m。小型临时拌和场地应离敏感点大于100m,并应尽量避开下风向有人群的地段。废水澄清后宜循环使用。

5. 取、弃土场

取土区、弃土场禁止选用森林、草地和湿地。应按照设计或有关文件规定的界限和要求施工,绝不能任意选址或扩大范围。

6. 临时码头

重点关注临时码头的选址,码头距养殖区域宜为200m以上。施工废水不得排入《海水水质标准》(GB 3097—1997)中所规定的一类水域。

7. 生活、办公区及试验室

在空间允许的条件下,应离开噪声敏感点200m以外的区域,昼间70dB(A),夜间55dB(A);厨房应设置排风系统;生活垃圾堆放点应选择30m范围内无生活用水和渔用水体的废弃沟凹或废弃干塘。修建临时性污水处理设施,污水不得排入《地表水环境质量标准》(GB 3838—2002)中所规定的Ⅰ、Ⅱ类水域。

第二节　施工阶段的环境保护监理

施工阶段应规范承包人操作、合理指导施工。应加强对承包人的监督管理,以便在施工过程中,能保护施工现场周围的环境,防止对自然环境造成不应有的破坏,防止和减轻粉尘、噪声等对周围环境的污染和危害。施工中发现文物时,监理工程师应要求承包人依法保护现场,并报告有关部门和业主,以免文物的丢失和破坏。监理工程师应要求承包人在依法取得砍伐许可后,方可对许可的面积、株数、树种进行砍伐。应经常检查承包人环境保护工作的进度和质量,及时纠偏,对达不到合同要求或不符合规范要求的项目不予计量。

一、路基工程

1. 路基工程环境保护要点

(1)地表清理及结构物拆除。

①明确清理对象和范围,清除物不得随意丢弃。表土堆置期间设防雨设施和排水系统。

②旧结构物周围30m范围内有居民点时,应对被拆除体充分洒水,整体大部件吊装拆除应及时清运。

③注意特殊对象的保护(热带植被、地被层的保护、干旱河谷、风眼和沙尘暴、青藏高原)。

(2)路基开挖环保要点。

①土石方开挖。

a. 严格控制施工范围。

b. 应有相应的土石方调配方案,尽可能利用。

c. 自上而下开挖,不得乱挖超挖。

d. 对于施工取土,要做到边开采、边平整、边绿化,同时要做到计划取土,及时还耕。

e. 工程量过大的路段应避免雨季施工;如不能避免,要做到随取、随运、随铺、随压,以减少雨水冲刷侵蚀。

f. 开挖回填、弃方边坡应做好临时排水系统,要在雨季来临前处理完毕。

g. 在雨水地面径流汇集处、临时土堆周围、易产生水土流失地段设置沉淀池。

②弃方的处置。

a. 在施工组织设计中明确弃方的数量、调运方案、弃方位置及堆放形式、坡脚加固处理、排水系统的布置等相关安排。

b. 弃方不得任意废弃,应运送至弃渣场堆放。

c. 弃方运输要进行覆盖,并按指定路线行驶。

d. 改河、改渠、改道开挖出不能利用的土方应按弃方妥善处理。

③石方爆破。

a. 机械或人工不能直接开挖的采取爆破,夜间禁止开山爆破。

b. 采用预裂、光面爆破技术。采用减弱松动爆破都无法保证安全时,可采用人工开凿、化学爆破或控制爆破。

c. 以多点少药代替大剂量炸药爆破,采用延时爆破技术等手段降低噪声和振动。

d. 爆破前对爆破区内可能存在的野生动物进行驱赶。

e. 避免对特殊地貌景观的破坏,避免引发泥石流等地质灾害。

④边坡修整。

a. 块石及植物根系应尽量保留,严格按图纸要求设置坡度。

b. 合理安排各工序的施工时间和程序,分段施工。

c. 及时开始边坡的护坡工程和绿化,土木工程和生物工程应相结合。

d. 设挡土墙的边坡,采取纵向分段挖掘法。
e. 当防护工程不能紧跟开挖施工时,暂时预留一定厚度的保护层或放缓边坡。
f. 雨水充沛地区,应及时设置排水沟及截水沟。

(3) 路堤填筑环保要点。

夜间应停止作业,若确需连续作业,应报环保部门批准,并公告居民。

①保持通行道路湿度。
②工程量过大的路段应避免雨季施工;如不能避免,要做到随取、随运、随铺、随压。
③雨季施工时,掌握气象预报资料,实施雨前填铺的松土压实,保证适当的排水横坡。
④山区公路路基施工要先做初步挡护再进行开挖或填土。
⑤表土剥离并集中堆放,配以防雨排水设施。
⑥分层碾压并分层检查压实度。
⑦粉煤灰的运输与堆放应呈潮湿状态,运输车辆周边应密闭,顶面加盖。
⑧成形施工路段适时洒水。
⑨运输路线经过敏感地区要调整作业时间。
⑩昼间75dB(A),夜间55dB(A)。

2. 路基工程环境保护监理要点

(1) 在路基工程开工前,应审批施工单位编制的施工方案,对其环保措施提出审查意见。要求施工单位对地表清理、土石方开挖与填筑、弃方处置等采取周密的生态保护和水土保持措施;要求施工单位编制土石方调配方案,开挖出的土石方要尽可能加以利用。对于特殊对象、特殊区域的路基工程,要有预见性,及时提醒施工单位注意可能发生的环保问题。

(2) 应根据工程情况,确定本阶段环保监理的巡视、旁站计划,对施工单位环保措施的执行效果进行检查。

(3) 应审查挖除地表土的堆置地点,根据实地情况,选择附近地形平坦或因地制宜选择储料堆。

(4) 地表清理遇到古树名木或珍稀植物,需采取移植等异地保护措施时,应审查其移植方案,并对移植过程全程旁站监理。

(5) 应严格控制路基开挖在用地范围内分段进行,同时应配合挡土墙、边坡防护的修筑。

(6) 应监督土石方调配方案的实施,开挖出的土石方要尽可能加以利用。弃土弃渣应送至经同意的地点堆放,应督促施工单位在堆放地点预先采取排水和挡土措施,防止水土流失或对水源和灌溉渠道造成污染和淤塞。

(7) 应要求施工单位在施工取土时,做到边开挖、边平整,及时进行绿化等护坡工程。

(8) 应控制路基顶面适当的排水横坡,下边坡防护前应要求施工单位挖设临时急流槽等排水设施,防止坡面的水土流失。

(9) 对施工过程中不符合环保要求的行为,可以发出监理指令,责令改正,情况严重时可发出暂时停工令。施工单位无正当理由拒绝整改的,可以对该部分工程量拒绝支付。

(10) 施工过程中,应关注扬尘、噪声、废水悬浮物、石油类等环境监测指标,必要时可根据需要进行现场监测。

二、路面工程

1. 路面基层环境保护要点

(1)混合料拌和与运输。

①水泥稳定混合料或二灰稳定混合料的拌和应采用厂拌法。

②拌和场不得设在饮用水水源保护区,应距环境敏感点300m以上。污水应汇集处理回用。

③扬尘应减至最低限度。避免交通噪声干扰人民生活。

(2)初期养护。

基层应采用土工布或棉毡进行覆盖养护,减少水分蒸发。养护应控制水量,避免溢出。在养护结束后,覆盖物应定点堆存,存放点应有防雨和排水设施。

(3)噪声控制。

昼间70dB(A),夜间55dB(A)。

2. 沥青混凝土路面环境保护要点

(1)混合料的拌和。

①沥青混凝土拌和场不得设在饮用水源地保护区内。

②施工作业场地应硬化处理,应随时进行洒水或其他抑尘措施。

③在其下风向重点考虑避开人类活动密集区、养殖场及敏感植物群落。

④应配置干砂、足够的灭火器,应配置除尘器以及沥青烟气处理装置。

⑤回收粉尘尽量回收利用,不得随意倾倒。

(2)混合料的运输。

混合料应按指定路线运输,运输路线经过敏感地区时,注意调整作业时间,避免交通噪声干扰人民生活。

(3)沥青混合料摊铺和碾压。

施工单位必须为作业人员提供有效的劳动保护用品。

(4)沥青洒布。

位于沥青洒布处置区周边的土壤表面应铺设临时覆盖物,对于沥青可能溅到的植物,应有临时覆盖物。洒落的沥青及摊铺施工剩余废弃料应进行收集,并运送至弃渣场。

(5)废弃料。

废弃料应及时收集并运送至弃渣场。挖坑后应进行防渗处理,顶面覆土厚度至少1m,并竖立永久性沥青废弃料填埋标志。

(6)噪声控制。

昼间70dB(A),夜间55dB(A)。

3. 路面施工环境保护监理要点

(1)路面工程开工前,应审批施工单位编制的施工方案,对其环保措施提出审查意见。尤其是对稳定土拌和场和沥青拌和场选址方案的审批,应要求沥青拌和场布置在远离人群活动的地点,并按要求配置除尘设备。

(2)应根据工程情况,确定本阶段环保监理的巡视、旁站计划,对施工单位环保措施的执行效果进行检查。

(3)应规定沥青混合料废料的处置方法,并随时对执行情况进行巡检。

(4)应特别注意沥青烟气的污染防治,在靠近水源地区施工时,还应关注水源保护问题。应有重点地对沥青摊铺施工过程进行旁站检查,防止沥青污染。

(5)对施工过程中不符合环保要求的行为,可以发出监理指令,责令改正,情况严重时可发出暂时停工令。施工单位无正当理由拒绝整改的,可以对该部分工程量拒绝支付。

(6)施工过程中,应关注扬尘、噪声、废水悬浮物、石油类等环境监测指标,必要时可根据需要进行现场监测。

三、桥涵工程

1. 桥涵工程环境保护要点

(1)明挖基础。

①围堰。

对围堰材料进行编号,保证施工前后数量一致。废弃的包装材料应每日清理收集。施工结束后,废弃的材料应及时运送至弃渣场。

②基坑开挖。

a.采用先进的施工工艺,如沉井法施工,减少作业面和影响面。

b.开挖的工程弃方应暂时堆放在距离水体较远的地带。

c.基坑开挖出的废料应集中后运送至弃渣场,湿度较大的自然吹干后再行运输;有机质含量较高的可进行土壤育肥。

d.旱桥桥墩基础开挖的土石方应集中堆放,设置临时拦阻,基础浇筑完成后回填。

e.旱桥施工中只允许砍伐墩、台永久施工部分的植被。

(2)混凝土灌注桩基础。

①泥浆制作准备。

在现场选择或开挖一低畦地作为泥浆沉淀池,当没有可以利用的低畦地时,应自行挖掘或砌筑泥浆池。泥浆池周围应设置良好的排水系统。

②成孔施工。

a.钻孔桩必须设置泥浆沉淀池,经沉淀后排放。

b.泥浆以及其他废弃物待吹干后,运往弃渣场。

c.应在平台上焊挂钢箱作为泥浆池,应配备专用的泥浆船。

d.海底钻孔施工应采用泥浆船,沼泽湿地钻孔施工应采用泥浆钢箱。

e.严禁将废油、施工垃圾等随意抛入水体。

③混凝土浇筑施工。

溢出的泥浆应引流至事先准备的适当地点处理,待吹干后,运往弃渣场。

(3)沉入桩。

严禁将废油、施工垃圾等随意抛入水体。

(4)沉井基础。

筑岛材料应用透水性好、易于压实的砂土或碎石,并在临水面形成一定的坡度,使岛体坡面、坡脚不被冲刷。吸出的泥浆应进行过滤、沉淀,不得直接排入河流中。

(5)桥梁下部构造。

防止混凝土散落入周边水体。桥梁墩台修筑完毕,应及时清除围堰等临时工程的堆积物。

(6)混凝土搅拌、运输和养护。

①采用商品混凝土,密罐车运输。

②场界设置临时隔声维护。

③作业时间避开下风向100m内人群密集的地段等。

④混凝土搅拌车应定点清洗,沉淀处理后应回收使用或外排。

⑤搅拌站不得设在饮用水源地保护区内,废水不得排入地表水Ⅰ-Ⅱ级水源地保护区。

(7)生态保护。

①避免在湿地和滩涂设置临时料场、便道和厕所。

②应尽可能避开鱼类繁殖期。无法避免时应留下洄游通道。

③涵洞应与附近河道、沟渠顺连,并及时沟通河道和沟渠。

④桥涵桩基础工程应尽量避免在汛期、丰水期施工。

(8)水环境和噪声影响。

施工期污水不得排入现行《地表水环境质量标准》(GB 3838)中所规定的Ⅰ、Ⅱ类水域。桥梁打桩噪声的场界限值为昼间85dB(A),夜间禁止打桩。其他阶段为昼间70dB(A),夜间55dB(A)。

2. 桥涵工程环境保护监理要点

(1)在桥涵工程开工前,应审批施工方案中的环保措施。要求施工单位对基础开挖、围堰、钻孔桩施工过程,采取周密的水环境保护措施。

(2)根据工程情况,确定本阶段环保监理的巡视旁站计划,对施工单位环保措施的执行效果进行检查。

(3)基坑开挖的弃土堆放地点应事先经监理工程师同意。应督促施工单位在堆放地点预先采取排水和挡土措施。

(4)应经常根据巡视检查钻孔桩泥浆水的处理效果,对发生泄漏或任意排放的,应当场责令施工单位改正,并旁站监督整改过程。

(5)需要围堰施工的,应事先取得当地水利部门的许可,手续完备并经审查后才能施工。在进行水产养殖的河道进行围堰时,应要求施工单位根据上下游的污染情况,提出合理的围堰方案,以免影响养殖,造成纠纷。

(6)对施工过程中不符合环保要求的行为,可以发出监理指令,责令纠正。

(7)在本阶段应注意水体的悬浮物(SS)、石油类等监测指标,避免施工对水体造成影响,必要时应进行现场监测。

四、隧道工程

1. 隧道工程环境保护要点

隧道施工的环境影响主要表现在洞口开挖直接造成的植被破坏、弃渣、废水以及施工破坏地下含水层而引起的一系列生态环境问题等。

(1)洞口工程。

①严格控制隧道口开挖和隧道施工的影响范围。

②洞门开挖前应先在开挖面上修建截水沟,洞顶采取护挡结构以保护自然坡面。

③应避免大挖大刷。

④应注意保护隧道口的自然植被,尽量减少人为活动的痕迹。洞口结构形式及附属设施应与当地景致协调。

(2)洞身工程。

①选择低噪声设备机械进场施工,基础要埋入半地下,并铺砂石垫层。

②设置隔声屏或利用绿化带减少噪声传播。

③采用湿法钻孔,严禁干孔施钻。采取松动爆破、无声振动等技术。

④煤系地层中存在瓦斯溢出,作业面应有瓦斯监测报警装置。

⑤废渣应设合理的弃渣场,堆放整齐、分层碾压、并确能防止两岸及下游出现各种水害。

⑥选用毒性小、污染少的注浆材料,对进入排水系统中的有害物质做净化处理。

⑦对古生物研究有价值的地段,应采取保护措施,并报告业主和文物保护部门。

(3)废水处理。

混凝土搅拌站不得设在饮用水源地保护区内。搅拌站的废水不得排入地表水 I-II 级水源地保护区。施工废水经过沉淀等处理后方可排放。

(4)通风与除尘。

①坑道内气温不宜高于28℃。噪声不宜大于85dB(A)。

②承包人应将施工期间通风设计提交批准,隧道施工必须采用机械通风。

③压入式进风管口或吸出式出风管口应做成烟囱式。

④通风设备应有适当的备用数量,一般为计算能力的50%。

⑤煤系地层中掘进,应连续监测瓦斯。

⑥在隧道掘进或出渣期间,在隧道开挖面附近测定粉尘含量。

2. 隧道工程环境保护监理要点

(1)在隧道工程开工前,应审批施工方案的环保措施,应特别注意对当地生态环境的保护,落实好珍稀物种保护、弃渣和废水处理以及施工现场劳动防护等措施。

(2)根据工程情况,确定本阶段环保监理的巡视、旁站计划,对施工单位环保措施的执行效果进行复核。

(3)对洞口临时堆放弃渣或就近设置轧石场的方案,应要求施工单位同时提出环保措施和环境恢复方案。

(4)应要求渣石纵向调运,尽可能加以利用,不能随便堆放,严禁向河谷倾倒弃渣,以免阻塞河谷造成水土流失或占用当地农田。废渣应运至指定的弃渣场堆置,并做好排水和拦渣设施。

(5)对爆破方案的审查,应明确提出防治噪声和扬尘的要求。在距离居住区较近的地区施工,还应要求施工单位注意防止振动造成影响。

(6)施工区域如果发现国家保护的珍稀物种,应全过程参与物种保护,并做好过程的监督。

(7)对施工过程中不符合环保要求的行为,可以发出监理指令,责令改正。情况严重时可发出暂时停工令。施工单位无正当理由拒绝整改的,可以对该部分工程量拒绝支付。

(8)在本阶段应关注扬尘、悬浮物、噪声环境监测指标,必要时可进行施工现场监测。

五、取、弃土场环境保护要点

(1)在路侧选用田地取土时,取土厚度应在当地地下水位线以上至少0.3m。

(2)禁止废渣、土石等向洞口、水体、山涧的随意堆弃和无序倾倒。

(3)应贯彻"先挡后弃"原则,设置拦渣坝。

(4)弃渣堆置应整齐、稳定,且排水通畅。河道不得弃渣。桥头弃土不得挤压桥墩、阻塞桥孔。

(5)应尽力把工程措施和植物措施结合起来进行边坡综合防护。

(6)在施工结束后,应对取、弃土场进行修整、清理和生态恢复,且必须有相应的水土保持措施。

六、其他工程环境保护要点

1. 排水工程环境保护要点

(1)应及时沟通排水系统,为邻近的土地所有者提供灌溉与排水用的临时管道。

(2)截水沟挖出的土,应运到指定地点。

(3)施工过程中应当采取措施,控制扬尘、噪声、振动、废水、固体废弃物等污染,在未得到有关部门同意的情况下,各类施工活动不得干扰河道、渠道或排水系统的自然流动。

(4)施工期间,应为邻近的土地所有者提供灌溉与排水的临时管道。

(5)弃土、弃渣应在指定地点堆放,且有防护措施。

(6)噪声:昼间70dB(A),夜间55dB(A)。

2. 挡土墙、防护及其他砌筑工程环境保护要点

(1)冻结深度≤1m时,基底应在冻结线以下不小于0.25m,并符合最小埋深不小于1m的要求。

(2)冻结深度超过1m时,基底埋深不小于1.25m,还应将基底至冻结线以下0.25m深度范围内的地基土换填为砂砾石等材料。

(3)受水流冲刷时,应按路基设计洪水频率计算冲刷深度,基底应位于局部冲刷线以下不小于1m。

(4)路堑挡土墙基础的顶面低于边沟底面不小于0.5m。

(5)基底一般应置于岩石风化层以下;在软岩地基上埋深应不小于1m。

(6)施工过程中应当采取措施,控制扬尘、噪声、振动、废水、固体废弃物等污染。

(7)弃土、弃渣应在指定地点堆放,且有防护措施。

(8)噪声:昼间70dB(A),夜间55dB(A)。

3. 交通安全设施施工环境保护要点

(1) 外购材料应提供生产商的环保达标要求的证明材料。
(2) 防护栏打设时应防止油污染,控制噪声。
(3) 焊接废物收集处理。
(4) 油漆妥善存放和使用,防止滴漏,包装物统一收集,不得随意抛弃。
(5) 道路标线施工时应制订环境保护措施,防止标线材料在运输和使用中泄漏污染水体;突起路标和轮廓标施工时应防止黏合剂的泄漏和污染。

4. 其他工程环境保护监理要点

(1) 分部工程开工前,应对施工方案中的环保措施进行审批,要求施工单位采取周密的环境保护措施,以确保满足环保要求。
(2) 根据工程环境影响特点,确定本阶段环保监理的巡视、旁站计划。监督检查施工单位是否按环保要求进行施工。
(3) 应对取、弃土场的环保措施执行情况进行巡检。在对取、弃土场生态恢复(植树绿化)阶段,应根据工程实际情况,有重点地旁站监理。
(4) 在特殊生态保护地区,焊接废渣不能弃置在野地,应对施工单位提出环保要求。
(5) 巡视过程中发现不符合环保要求的行为,可以发出监理指令,责令改正,情况严重时可发出停工令。施工单位无正当理由拒绝整改的,可以对该部分工程量拒绝支付。
(6) 应注意总悬浮颗粒物(TSP)、水体悬浮物(SS)和噪声等监测指标,必要时可进行现场监测,以复核环保措施的成效。

第三节　环境保护工程及监理要点

公路建设项目涉及的环保工程,主要包括隔声屏障、绿化工程、排水工程及废水处理工程。作为公路工程的附属工程,环保工程施工监理的内容与主体工程的施工监理相同,其监理程序和方式也与主体工程施工监理一致。

一、声屏障工程

声屏障工程按其组成材料不同划分为金属或合成材料声屏障、砌块体声屏障、绿化林带工程等几种形式。

下面主要介绍金属或合成材料声屏障、砌块体声屏障的施工监理要点,绿化林带工程的施工监理要点参照绿化工程。

1. 质量要求

(1) 降噪效果应符合设计要求;其与路肩边线位置偏移允许偏差为±20mm;高程允许偏差为±20mm;竖直度允许偏差为3mm/m;厚度不小于设计。
(2) 砌块体声屏障墙体应外观平整美观,无表面破损;砌筑灰缝应用砌筑砂浆充实。
(3) 金属或合成材料声屏障屏体颜色应均匀一致,无裂纹;基础外观应平整美观,不得造成路面污染及构筑物破损;屏体与立柱及屏体间的缝隙必须密实。

2. 施工质量控制要点

(1)施工前应充分考虑在标志牌、电话亭、桥梁伸缩缝等处的声屏障安装方式。

(2)基础放线应符合设计图纸要求,位置必须准确,标记明显。

(3)由于部分声屏障基础立于路基的边坡上,因此要保证基础开挖后的基坑四周土不被扰动。

(4)基础钢筋规格、质量应符合设计要求,钢筋笼绑扎应符合施工规范要求,如有预埋件的,应检查预埋件的间距、摆放角度是否准确。

(5)砌块的安装。

①根据基底高程不同,砌体块应从低处砌起,并应由高处向低处搭砌。设计无要求时,搭接长度不应小于基础扩大部分的高度。

②砌体的转角处与交接处应同时砌筑。不能同时砌筑时,应留槎、接槎。

③墙上预留临时施工洞口的净宽度不应大于1m。临时施工洞口应做好补砌。

④施工过程中的墙体超过2m时,应采用临时支撑等有效措施,防止大风侵袭。

⑤砌筑墙身,应挂线砌筑以保证墙身平整和顺直。

(6)金属或合成材料的安装。

①金属立柱、连接件和声屏障屏体在运输时,应采取可靠措施防止构件变形或防腐处理层损坏。严禁安装变形的构件。

②屏障体材料表面的平整度、有无划痕,是检查的重点。监理工程师应要求供货厂家提供屏障体的国家有关部门的吸、隔声检测报告或产品合格证。划痕面积超过板材面积的千分之一时,不能采用。

③屏障体安装时,板材之间、立柱框架与板材之间以及屏障与基础之间的缝隙必须填灌密实,才能保证隔声效果。

二、绿化工程

1. 质量要求

(1)绿地应表面平整,排水良好,杂草在有效控制之内。

(2)乔木、灌木的成活率应达到95%以上,珍贵树种和孤植树应保证成活。

(3)坡面或边坡草地覆盖率按年度要求,不应小于70%或相关设计要求。

(4)苗木、草坪应无明显病害。

(5)植物整形修剪应符合设计要求。

(6)中央分隔带的苗木修剪后的高度应为1.4~1.6m,栽植的株、行距应合理,应满足防眩功能的要求,不得影响交通安全。

2. 施工质量控制要点

(1)施工前准备。

①施工前,设计单位应向施工单位进行设计交底,施工单位应按设计图进行现场核对。当有不符之处时,应及时提交设计单位做变更设计。

②工程开工前,施工单位应根据工程实际情况编写施工组织设计,并报监理审查同意。

(2)施工期监理。

①整地。

整地,即土壤改良和土壤管理,是保证树木成活和健壮生长的有力措施。

a. 清理障碍物。

在施工场地上,凡对施工有碍的一切障碍物,如建筑垃圾、石块等均要清除干净。

b. 整理现场。

根据设计图纸的要求(特别是互通区、服务区),将绿化地段与其他用地界限区划开,整理出预定的地形,或平地或起伏坡地,使其与周围排水趋向一致。上边坡生态防护应清理边坡表面的危石、松石。

c. 设置水源。

进行大量绿化,设置必要、足够的水源是必须的。种植或养护植物用水应无油、酸、碱、盐或其他对植物生长有害的物质,并应符合现行《农田灌溉水质标准》(GB 5084)的要求。

d. 客土栽培。

a)路肩、边坡及服务区、互通区为道路材料填筑,多为宕渣等建筑材料,绿化前应进行土壤改良,全部或部分换入肥沃的土壤,使种植深度符合种植要求,确保绿化植物能茁壮成长。

b)部分树种需要有一定酸度的土壤,如杜鹃、山茶等,应将局部地区的土壤全换成酸性土,或加大种植坑放入山泥、泥炭土、腐叶土等,并混拌有机肥料,以符合酸性树种要求。

c)种植或播种前应对该地区的土壤理化性质进行化验分析,采取相应的消毒、施肥和客土等措施。

d)种植地的土壤含有建筑废土及其他有害成分,以及强酸性土、强碱土、盐土、盐碱土、重黏土、砂土等,均应根据设计规定,采用客土或采取改良土壤的技术措施。

②定点、放线。

a. 种植穴、槽定点放线应符合设计图纸要求,位置必须准确,标记明显。

b. 种植穴定点时应标明中心点位置,种植槽应标明边线。

c. 定点标志应标明树种名称(或代号)、规格。

d. 对于设计图上无固定点的绿化种植,如灌木丛、树群可结合地形确定栽植范围,其中每株树木的位置和排列可根据设计要求在所定范围内用目测法进行确定,定点时应注意植株的生态要求并注意自然美观。定好点后,多采用白灰打点或打桩,标明树种、栽植数量、坑径。

③种植穴、槽的开挖。

挖种植穴、槽的大小,应根据苗木根系、土球直径和土壤情况而定。穴、槽必须垂直下挖,上口下底相等。挖穴、槽后,应施入腐熟的有机肥作为基肥。

④种植材料和播种材料的选择。

种植材料应根系发达,生长茁壮,无病虫害,规格及形态符合设计要求。

铺砌草坪用的草块及草卷应规格一致,边缘平直,杂草不得超过5%。草块土层厚度宜为3~5cm,草卷土层厚度宜为1~3cm。

草坪、地被植物的种子应注明品种、品系、产地、生产单位、采收年份、纯净度及发芽率,不得有病虫害。自外地引进种子应有检疫合格证。发芽率达90%以上方可使用。

⑤苗木种植前的修剪。

种植前应进行苗木根系修剪,宜将劈裂根、病虫根、过长根剪除,并对树冠进行修剪,保持地上地下平衡,减少水分的散发,保证树木成活。

⑥树木的种植。

应根据树木的习性和当地的气候条件,选择最适宜的种植时期进行种植。树木置入种植穴前,应先检查种植穴大小及深度,不符合要求时,应修整种植穴。同时,应再次检查根系是否完好。种植应按设计图纸要求核对苗木品种、规格及种植位置。

行道树或行列种植树木应在一条线上,相邻植株规格应合理搭配,高度、干径、树形应近似,种植的树木应保持直立,不得倾斜,应注意观赏面的合理朝向。

种植带土球树木时,不易腐烂的包装物必须拆除。种植时,根系必须舒展,填土应分层踏实,种植深度应与原种植线一致。

新植树木定植后24h内必须浇第一次水,定植后第一次灌水称为头水。水要浇透,使泥土充分吸收水分,灌头水主要目的是通过灌水将土壤缝隙填实,保证树根与土壤紧密结合以利根系发育,以后应根据当地情况及时补水,水灌完后应做一次检查,若踩不实导致树身倒歪,要注意扶正。

⑦草坪、花卉的种植。

草坪种植应根据不同地区、不同地形选择播种、分株、茎枝繁殖、植生带、铺砌草块和草卷等方法。种植的适宜季节和草种类型选择应符合下列规定:

a.冷季型草播种宜在秋季进行,也可在春、夏季进行。

b.茎枝栽植暖季型草播种宜在南方地区夏季和多雨季节进行。

c.植生带、铺砌草块或草卷,温暖地区四季均可进行;北方地区宜在春、夏、秋季进行。

草坪播种应选择优良种子,不得含有杂质,播种前应做发芽试验和催芽处理,并确定合理的播种量。

各类花卉种植时,在晴朗天气、春秋季节、最高气温25℃以下时可全天种植;当气温高于25℃时,应避开中午高温时间。

草块搬运至铺设场地后,应立即进行栽种。铺设草块前,应先清除场地上的石块、垃圾等杂物,增施基肥,力求表土层疏松、平整。更重要的是排水坡度的整理,面积大的场地,为了达到0.2%~0.3%的斜坡排水,最好使用水平仪器测定。草块铺前,场地再次拉平并增加1~2次压平,以免铺后出现泥土不平所带来的不平整或者积水等不良现象。

铺栽草块时,块与块之间,应保留0.5~1cm的间隙,以防在搬运途中干缩的草块,遇水浸泡后膨胀,形成边缘重叠。块与块间的隙缝应填入细土,然后滚压,并进行浇水,要求灌透。一般浇水后2~3天再次滚压,则能促进块与块之间的平整。

一般说来,新设的块状草坪,压滚1~2次是压不平的,应每隔一周浇水滚压一次,直到草坪完全平整为止。在滚压过程中,如发现草块部分下沉不平,应把底凹下沉部分的草坪掀起来,用土填平重新铺平。

方块草坪铺设,不论是冷地型、暖地型草种,都忌在冬季进行。因为禾草在冬季大部分停止生长或者处于休眠状态,铺后容易遭干冻。入春后新萌发的嫩芽,移栽后,亦影响其正常生长。最适宜的草块铺移时间是春末夏初,或者秋季进行,如果因客户需要在夏季进行,则必须增加灌溉次数。新铺草块必须加强护理,防止人畜车辆入内,靠近道路、路口的应设置临时性指示牌,减少和防止人为破坏造成的损失。新铺草坪返青后,可增施一次尿素氮肥,每公顷施用量120~150kg。当年的冬季可适当增施堆肥土或土屑土等疏松肥料,能迅速促进新铺草坪的平整度。

⑧树木养护。

指乔木及灌木的整形修剪及越冬防护。乔木修剪的目的在于调节养分,扩大树冠,尽快发挥绿化功能;整理树形,整顺枝条,使树冠枝繁叶茂,疏密适宜,充分发挥观赏效果;同时又能通风透光,减少病虫害的发生。

根据树木本身的自然树形和生长习性,可分为无主轴型和有主轴型。前者如槐树、栾树、馒头树、元宝枫等;后者如毛白杨、银杏、白蜡等。修剪要领各不相同,此外对松柏类的修剪另有要求。

为保持灌丛状态,修剪的主要目的在于逐年循序更新老枝,使上下部枝叶都能丰满,避免下部空虚。一般在每年进入灌木生长期前,在根生枝中选三分之一较老的枝自地面剪除,同时整修株形,控制高度,除去过密枝并随时清理死枝和病虫侵害的枝条。

对观花灌木的修剪,其时间及方法需根据不同开花习性,对当年生枝上开花的,应在花开后剪去过长枝,进行整形修剪;对秋季孕育,次年春季开花的,应在夏季休眠期剪去徒长枝和过密枝,入冬前剪短过长枝,修整株形;对花开在多年生枝上的和常绿开花灌木,可于休眠后或萌动前进行必要的整形修剪。

树木的越冬防护。对寒冷干旱地区不耐寒树种——特别是一些原产较温暖、湿润地区的树种需要有安全越冬的技术措施。树木冬季受害主要有两方面原因:一是低温使组织内水分结冰而使细胞死亡;二是早春树木萌动后土壤未解冻而植株无法吸收水分,不能保持组织内水分的收支平衡,致使枝芽干枯,此时如遇干旱大风则更易导致树木死亡。对于第一种原因,只能通过选择耐寒树种和利用背风向阳处的小气候条件等途径加以解决。对于第二种原因的防护措施除利用有利的小气候条件外还有如下措施:

a. 春季施用含磷、钾的肥料。

b. 夏末秋季不灌水、施肥;避免秋梢徒长、组织柔嫩;同时要防止土壤内积水。

c. 秋季不修剪。

d. 秋末土壤封冻前滞足冻水。

e. 在树下地面上覆盖树叶或堆肥等防寒材料,覆盖面多超出根系范围。有大风地区表面要压土以防吹散,这样可使冻土层减薄,封冻时间短。

f. 在风害极大地段可设置风障。

g. 早春土壤解冻后应立即充分灌水。

h. 加强肥水管理,特别是返青水和冻水应适时浇灌,并浇足浇透。合理安排修剪时期和修剪量,使树木枝条充分木质化,有效控制病虫害的发生,提高抗寒能力,确保树木安全越冬。

i. 对不耐寒的树种和树势较弱的植株应分别采取不同防寒措施:

a) 对雪松等耐寒、耐旱、抗风能力差的边缘树种在新植3年内应搭设风障。

b) 对悬铃木等耐寒性差且树皮较薄的树种在新植3年内可采取主干裹纸加绕草绳等防寒措施。

c) 对月季等株形低矮、抗寒性较差的花灌木应于根基部培设土堆防寒。

d) 对紫薇、木槿、大叶黄杨等易发生春季哨条的树种,宜于上年初冬和当年早春适量喷洒高脂膜等抗蒸腾剂。

3. 坡面绿化

(1) 植草护坡。

是目前使用较多的一种护坡方法,尤其是应用于低路基边坡,其方法是清理坡面后,播种草种或按一定密度铺植草皮。这种方法前期覆盖度较低,根系在土壤中生长需要一段时间。

(2) 藤本护坡。

此法是选用匍匐藤本植物,如爬山虎、常春藤、地锦、络石、辟荔等,按照一定的密度栽植于坡角或坡面,待植物覆盖坡面后起到护坡的目的。高大岩石边坡或护坡构筑物,可同时在上部采用悬垂枝覆盖式,下部采用攀藤覆被式种植,以加快坡面覆盖速度。

(3) 挂网喷播技术。

挂网喷播又称喷混植生,主要适于岩质边坡或立地条件比较差的土石混合边坡,是工程措施与生物措施相结合的综合性生态防护技术。

原理是利用客土掺混黏结剂(水泥等)和固网技术,使客土物料紧贴石坡面,并通过有机物料的调配,使土壤固相、液相、气相趋于平衡,创造草类与灌木生存的良好环境,从而恢复石质边坡生态防护功能。

主要方法是,清除坡面杂物后挂铁丝网,将蘑菇肥、谷壳、木屑等有机物和肥料、黏合剂、保水剂等倒入土壤中进行混拌。喷播厚度不低于10cm,其中基层厚7cm,表层厚3cm。

(4) 普通喷播技术。

主要运用于土石混合边坡。坡面平整后,将种子、肥料、土壤稳定剂等按一定比例混合成泥浆状喷射到边坡上,最后盖无纺布,以保持水分,促进发芽。

技术要点包括:坡面清理后回填土,回填土采用客土、复合肥或泥炭土混合物,覆土厚度不小于3cm,并且确保坡面基本平整,将草籽和附着剂、纸纤维、复合肥、保湿剂及水按一定比例混合搅拌,形成均匀混合液。利用高压机械喷种,厚度不低于7cm,其中基层厚4cm,表层厚3cm。

可供喷播选择的植物较多,绿化成型速度快,能形成由多种植物种类组成的草、灌、藤复合生态群落。

覆盖度高,防止雨水侵蚀能力较强,而且具有一定的自我调节和自我平衡能力,经过一段时间的演替后,能形成近似自然群落的生态绿地,对边坡有较好的防护效果。

(5) 轮胎固土。

适用条件同挂网喷播。这种方法的特点是,利用废旧轮胎固土护坡,在岩石坡面上建立草灌复合植物群落,是一种快速绿化岩石坡面的有效方法。

(6) 草棒技术。

草棒技术主要适于坡度比较大的土石混合边坡,草棒起固土护坡作用。将特制的草棒用螺纹钢和钢丝网按一定间距固定,再用镀锌铁丝进行斜网格拉紧,然后将草棒按一定间距排列、覆土,即可播种和栽植。

(7)植生袋技术。

通过生产线将植物种子按一定比例,均匀地播撒在两层布质或纸质无纺布中间,然后通过行缝、针刺及胶粘等工艺,制成袋子,装土。将其垒积坡面,就能形成草坪。

操作方法是:坡面平整后垒积草包,将装土袋子紧挨坡面整齐的垒积上去,需有一定的倾斜度,以防坍塌。然后浇水,草包垒积完毕后,立刻灌一次透水,保证种子发芽需求,平时注意定期喷水。

(8)穴植灌木。

根据拟栽灌木或小乔木根系或土球的大小,在坡面上挖出合适的种植穴,穴中填入肥料及表土,然后栽种。

主要选择灌木、竹类及地被等植物作为护坡材料,坡面整理后挖种植穴,种植穴规格根据苗木根系、土球及土壤条件等具体情况而定。如竹类种植穴深度比盘根或土球深 30~40cm、种植穴直径比盘根或土球大 50~60cm。

(9)植生带技术。

植生带技术是一种适于土质边坡、快速恢复植被的方法。通过生产线将植物种子按一定比例,均匀地播撒在两层布质或纸质无纺布中间,然后通过行缝、针刺及胶粘等工艺,将尼龙防护网、植物纤维、绿化物料、无纺布密植在一起而形成一种特制产品,将其覆盖在边坡表面,只需适量喷水,就能长出茂密的草坪。

(10)三维植被网技术。

三维植被网是以热塑性树脂为原料,采用科学配方,经挤出、拉伸焊接、收缩等一系列工艺制成的两层或多层表面呈凸凹不平网袋状结构孔网。底层为一个高模量基础层,采用双向拉伸技术,具有一定的弹性和强度,可防止植被网变形,并能有效地防止水土流失。

网袋中的充填物(土颗粒、营养土、草籽等)能很好地被固定,植被形成后根系与网交织缠绕形成一层保护层,植物根系扎入泥土,与网、泥土三者形成一个牢固的复合整体,起到固土蓄水的作用。

三维网植草适用于多类边坡,如一般土质边坡、煤渣边坡、风化岩石边坡等,尤以路基填方边坡使用效果最佳。

(11)植草塑料固土网垫技术。

植草塑料固土网垫是一种三维结构的似丝瓜网络样的网垫,质地疏松、柔韧,留有 90% 的空间可填充土壤、砂粒和细石。

网垫的成品制作成宽 1m、长 30m 或 50m 的形状,为方便运输通常打成卷儿放置。

由于植物根系可以穿过此空间舒适、整齐、均衡的生长,所以长成后的草皮能使网垫、草根和泥土表层牢固地结合在一起,又由于植物根系可伸入地表以下 30~50cm,于是边坡表面便形成了一层坚固的绿色复合保护层,从而对边坡起到防护作用。该产品除普通塑料网垫外,还有可降解型网垫,可降解网垫在铺设两年后可以在土中降解成粉末。

(12)土工格室植草。

将土工格室铺装固定于石质边坡,通过向内填入种植土壤,营建植物生长的基础,再进行机械或人工播种,从而建立边坡人工植被。

与客土喷播相比,格室内的土可以全部由人工填入,且土质条件要求不严。

三、污水处理设施

1. 公路工程污水处理工艺概述

公路沿线的附属设施排放的污水,按排出的位置可分为收费区、管理区、服务区三种。

收费区和管理区排放的污水主要为生活污水。服务区污水主要由粪便污水、餐饮洗涤废水、洗车废水、机修废水和加油站清洗废水组成。汽车维修站、加油站废水及车辆冲洗废水,常含有泥沙和油类物质。服务区污水一般考虑的主要污染因子有 COD、石油类和 SS。

公路工程实际使用过程中广泛采用的污水处理工艺是好氧生物处理法,也有采用化粪池和稳定塘。好氧生物处理法按主要工艺流程可分为 A/O 法、A2/O 法、SBR 法三种。公路附属设施因加油、洗车、修车排放的废水数量较少,目前一般经隔油池等工艺预处理后与生活污水混合进入后续处理设施。

2. 质量要求

污水处理设施出水水质应达到设计要求,并符合相应的排放要求。公路污水处理后一般有以下几个去向:排入市政管网、用于农田灌溉、排入附近水体和重复利用做绿化、道路喷洒用水等。对应以上几种排放方式,排放要求如下:

(1)污水处理后排入市政管网的,出水水质应满足现行《污水综合排放标准》(GB 8978)的相关要求。

(2)污水处理后排入附近农田沟渠用于农田灌溉的,出水水质应满足现行《农田灌溉水质标准》(GB 5084)中的要求。

(3)污水处理后排入附近水体,出水水质应满足该水体功能对应的现行《污水综合排放标准》(GB 8978)的相关要求。

(4)污水处理后重复利用做绿化、道路喷洒用水,水质应满足《城市污水再生利用 城市杂用水水质》(GB/T 18920)中的要求。

3. 设计图纸交底

公路生活污水处理存在以下特点,需在图纸交底时应着重注意:

(1)沿线污染点多,处理量少。公路沿线的附属设施生活污水排放量较小,所以小型的生活污水处理器即可满足其处理要求。

(2)车辆冲洗废水、加油站废水和机修等废水中常含有泥沙颗粒物和油类物质,应设置除沙、除油装置进行预处理。

(3)排水管线设计图纸中应体现"雨污分流、清污分流"的原则。

(4)服务区的污水以粪便水为主,污水中氨、氮、磷浓度高,设计时需选用高效可靠的工艺。

(5)服务区污水量变化系数大,水冲击负荷大,一般均需设置调节池,同时应适当增大厌氧池和好氧池的容量,以保证污水的停留时间达到 6~12h。

(6)北方地区的设备在设计时要考虑到气候的特殊性。设计时须考虑 1~2m 的防冻层。

4. 施工质量控制要点

(1)地基及基础工程。

①基坑应满足整体稳定性和周边环境安全的要求。

②基坑开挖端面和基底高程应符合设计要求。
③基坑开挖完成后应及时浇筑底板、修建地下结构,严禁长期暴露。
④地下结构完工后,要尽早回填,基坑回填应满足设计要求或规范规定的密实度要求。
⑤地基承载力应满足设计要求。

(2)污水处理构筑物。
①混凝土抗压强度、抗渗、抗腐蚀、抗冻性能必须符合设计的要求。
②池壁顶面高程和平整度应满足设备安装及运行的精度要求。
③预制壁板和混凝土湿接缝不应有裂缝。
④设备安装的预埋件或预留孔的位置、数量、规格应准确无误。
⑤每座水池完工后,必须进行满水的渗漏试验。试验应符合现行《给水排水构筑物工程施工及验收规范》(GB 50141)的规定。

(3)污水管线铺设。

排水管线设计时应考虑"雨污分流",路面、屋面及草地雨水经雨水口或雨水收集管排至雨水管道,可减轻污水处理系统的负担。

污水管线应控制高程,保证进、出水口流水畅通。由于服务区、管理区的污水来源分散,污水管线长,必须事先测定高程,监控好管道的高程和坡度,符合图纸设计要求,合理布置生活污水处理设施的位置。

管道配合基础施工,一次性预埋,覆土前做第一次闭水试验,回填土后做第二次闭水试验,两次闭水试验应符合规范要求。

管道与构筑物连接好后,必须及时填压柔性套管密封圈,压紧、压实并进行构筑物灌水试验,套管部位无渗漏后,及时回填管沟。

(4)设备安装。

设备的进场检查一般是检查数量是否和合同一致,外观和零部件是否完整,传动部位是否灵活,密封件是否完好,铭牌标注的型号、规格是否符合设计要求,零配件是否和合同一致,随机文件是否符合要求等。

设备安装应符合相关的规范、标准。压缩机、风机和泵的安装应符合现行《风机、压缩机、泵安装工程施工及验收规范》(GB 50275)的要求。

曝气设备是活性污泥处理法的核心部分,曝气系统的安装应满足以下几点要求:
①系统无泄漏。因为任何泄漏都会造成淤泥渗入管道,最终导致曝气系统布气管及其支管的堵塞,使系统无法正常工作。
②传输到每个盘状曝气器的空气要均匀一致。曝气池内通常有成百上千个盘状曝气器,如果空气传输不均匀,必然使其中一部分不能正常发挥功能,反会被淤泥堵塞曝气器。
③曝气器单元之间的管子一定要在一条水平直线上。
④安装完毕后,应将曝气器吹扫干净,出气孔不应堵塞,并做泄漏试验。

如因故无法立即做泄漏试验,应在曝气池中注入清水,水面至少高出曝气池底面1m,以保护盘状曝气器及工程塑料布气管免受紫外线照射,同时可防冻、防脏物进入曝气器。

(5)排污口。

排污口设置必须符合"一明显、二合理、三便于"的要求,即:环境保护图形标志明显,起到提示或警示作用;排污去向合理,不能使受纳水体超出承受能力或破坏了受纳水体的水域功能;排污口设置合理,为满足清污分流的需要,一个服务区(管理区或收费区)原则上只能设置污水和雨水排放口各1个;排污口设立要便于采集样品、便于监测计量、便于公众参与监督管理。

5. 工程验收

(1)产品外观及材质检验。

检验内容:连接件及整体结构、材料(钢板、填料等)。

检验方法:目测(连接件及整体结构等)及材料(钢板、填料等)出厂检验报告。

(2)产品运转部件检验。

检验内容:泵、风机、电动阀等。

检验方法:相关产品(泵、风机、电动阀等)的产品合格证书、说明书等;进行相关产品(泵、风机、电动阀等)的电动试验。

(3)台架检验。

耐冲击负荷试验:水量波动(零负荷及平均、最小、最大容积负荷)和水质波动。

(4)达标标准。

检验进水水质、出水水质应分别达到相应的标准。

四、护坡工程设施监理要点

护坡工程是为了稳定公路开挖坡面或堆置固体废弃物形成的不稳定高陡边坡或滑坡危险地段而采取水土保持措施。

常用的护坡工程有削坡开级措施、植物护坡措施、工程护坡措施、综合护坡措施等。

1. 基本原则

(1)护坡工程应根据非稳定边坡的高度、坡度、岩层构造、岩土力学性质、坡脚环境等,分别采取不同的措施。

(2)不同的护坡工程防护功能不同,造价相差很大,必须进行充分的调查研究和分析论证,做到既符合实际,又经济合理。

(3)稳定性分析是护坡工程设计的关键问题,大型护坡工程应进行必要勘探和试验,并采用多种分析方法比较论证,务求稳定,技术合理。

(4)护坡工程应在满足防护要求的前提下,充分考虑植被恢复和重建,特别是草灌植物的应用,应尽力把工程措施和植物措施很好地结合起来。

2. 护坡工程基本类型及要求

(1)削坡开级。

削坡是削掉非稳定边坡的部分岩土体,以减缓坡度,削减助滑力,从而保持坡体稳定的一种护坡措施。开级则是通过开挖边坡,修筑阶梯或平台,达到相对截短坡长、改变坡形、坡度、坡比,降低荷载重心,维持边坡稳定目的的又一种护坡措施。二者可单独使用,亦可合并使用,主要用于防止中小规模的土质滑坡和石质崩塌。

削坡开级措施应重点研究岩土结构及力学特性、周边暴雨径流情况,分析论证边坡稳定性,然后确定工程的具体布设、结构形式、断面尺寸等技术要素。大型削坡开级工程还应考虑地震问题。

(2)植物护坡。

上边坡坡度大于45°时,应铺设金属网。坡度小于45°时,原则上不需铺网,但当坡面非常光滑或坡面为积雪坡面、冻土坡面、黏性土坡面时,应铺设金属网或打止滑杆。

金属网铺设应自上而下,首先应固定好坡顶金属网片上端部后,才能向下铺设。金属网与坡面间隙应保持均匀,间隙应符合设计要求。锚固件不应打在岩石的裂缝处,锚固件与岩石孔间隙应填灌密实。

绿化基材混合物层必须紧贴下覆岩面,且无分离和脱开现象。基材应有良好的附着力和黏结力,经得起自然降雨和人工喷灌的冲刷而不会出现侵蚀和流失。

(3)工程护坡。

对堆置固体废弃物或山体不稳定的地段,或坡脚易遭受水流冲刷的地方,应采取工程护坡,其具有保护边坡,防止风化、碎石崩落、崩塌、浅层小滑坡等的功能。工程护坡省工、速度快,但投资高。

护坡工程应重点考察和勘测与坡体稳定性有关的各项特征因子,详细进行稳定分析;并根据周边防护设施的安全要求,确定合理的稳定性设计标准;坡脚易遭受洪水冲刷的应进行水文计算。然后比选护坡工程方案,明确工程布设、结构形式、断面尺寸及建筑材料。

工程护坡措施有勾缝、抹面、捶面、喷浆、锚固、喷锚、干砌石、浆砌石、抛石、混凝土砌块等多种形式。

(4)综合护坡措施。

综合护坡措施是在布置有拦挡工程的坡面或工程措施间隙上种植植物,其不仅具有增加坡面工程的强度,提高边坡稳定性的作用,而且具有绿化美化的功能。

综合护坡措施是植物和工程有效结合的护坡措施,适宜于条件较为复杂的不稳定坡段。

综合护坡措施应在稳定性分析的基础上,比选工程与植物结合和布局的方案,确定使用工程物料的形式、重量,并选择适宜的植物品种,在特殊地段布局上还应符合美学要求。

五、拦渣工程设施

拦渣工程是为专门存放公路施工造成的大量弃土、弃石、弃渣和其他废弃固体而修建的水土保持工程。主要包括拦渣坝、拦渣墙、拦渣堤。

1. 基本原则

(1)拦渣工程应根据弃土、弃石、弃渣量及其堆放位置,堆放区域的地形地貌特征、河(沟)道水文地质条件,公路项目的安全要求等确定其形式。

(2)拦渣工程在总体布局上必须考虑河(沟)道行洪和下游建筑物、工厂、城镇、居民点等重要设施的安全,应根据国家标准,结合当地的具体情况确定适当的防洪标准。

(3)拦渣工程选址、修建,应少占耕地,尽可能选择荒沟、荒滩、荒坡等地方。

2. 拦渣工程基本类型及要求

(1)拦渣坝。

①坝址选择。

a. 坝址应位于弃渣源附近,其上游流域面积不宜过大。
b. 坝址地形要口小肚大,沟道平缓,工程量小,库容大。
c. 坝址要选择岔沟,沟道平直和跌水的上方,坝端不能有集流洼地或冲沟。
d. 坝址附近有良好的筑坝材料,便于采运和施工。
e. 地质构造稳定,岩土质坚硬。
f. 两岸岸坡不能有疏松的塌积和陷穴、泉眼等隐患。

② 拦渣坝上游洪水的处理。

a. 拦渣坝坝址上游汇流较小时,采取导洪堤或排洪渠,将区间小洪水排导至拦渣坝的溢洪道或泄水洞,安全泄走。

b. 拦渣坝坝址上游有较大洪水,并对拦渣坝构成威胁时,应在拦渣坝上游修建拦洪坝。在此情况下,拦渣坝的溢洪、泄水总量应与其上游拦洪坝的排洪、泄水建筑物的泄洪总量统一考虑。

c. 拦渣坝坝址上游有较大洪水,坝址上游又无条件修建拦洪坝时,可修建防洪拦渣坝,同时兼具拦渣和防洪两种功能,但必须经过技术经济论证,确定其合理性,才能修建。

③ 坝型选择。

拦渣坝坝型主要根据拦渣的规模和当地的建筑材料来选择。一般有土坝、干砌石坝、浆砌石坝等形式。选择坝型时,应进行多方案比较,做到安全经济。

a. 土坝。

工程上最常用是均质土坝,即整个坝体都用同一种透水性较小的土料筑成,一般采用壤土、沙壤土。均质土坝构造简单,便于施工,尤其是在高速公路项目区,多具有大型推筑、碾压设备,最适于修建土坝。

b. 浆砌石坝。

a) 浆砌石坝适用于石料丰富的地方,可以就地取材,抗冲能力大,坝顶可以溢流,不必在两岸另建溢洪道,易于施工。此外,由于砌石的整体作用,上、下游坝坡不会产生滑动,因而坡度比土坝陡。但浆砌石坝需一定数量的水泥,施工比土坝复杂,需要一定的砌石技术,对地基的需求比土坝高,一般要求建在较好的岩基上。

b) 浆砌石重力坝常由溢流段和非溢流段两部分组成。通常在沟槽部分布置溢流段,两侧接以非溢流坝段,两段连接处用导水墙隔开。

c) 浆砌石重力坝是在外力作用下,依靠自身的重量维持抗滑稳定。坝顶宽度能满足交通要求即可。

d) 浆砌石坝坝体内要设排水管,以排泄坝前积水或废渣中的渗水,排水管的布置在水平面上,每隔3~5m的设一道,在垂直方向上,每隔2~3m设一道,排水管一般采用铸铁管或钢筋混凝土管,直径为15~30cm,排水管向下游倾斜,保持1/100~1/200的比降。

e) 在坝的两端,为防止沟壁的崩塌,必须加设边墙。

c. 干砌石坝。

a) 干砌石坝宜在沟道较窄,石料丰富的地方修建,也是一种常用的坝型。

b) 干砌石坝断面为梯形,当坝高为3~5m时,坝顶宽一般为1.5~2.0m,上、下游坡比按公路设计规范确定。

c) 干砌石坝的坝体系用块石交错堆砌而成,坝面用大平板或条石砌筑。因此,在坝体施工时,要求块石上下左右之间相互"咬紧",不容许有松动、滑脱的现象出现。

d) 土石混合坝。

当坝址附近土料丰富而又有一定石料时,可选用土石混合坝。坝的断面尺寸,一般当坝高为5~10m时,坝顶宽为2~3m,上、下游坡比按公路设计规范确定。

土石混合坝的坝身用土和石渣填筑,而坝顶和下游坝面则用浆砌石砌筑,由于土坝渗水后,易发生沉陷,因此,坝的上游坡必须设置黏土隔水斜墙,这时上游坝坡应适当放缓,下游坡脚应设置排水管,并设置相应的反滤层。

(2) 挡渣墙。

挡渣墙是为了防止固体废弃物堆积体被冲蚀或易发生滑塌、崩塌,或稳定人工开挖形成的高陡边坡,或避免滑坡体前缘再次滑坡而修建的水土保持工程。

①挡渣墙选线选址。

为充分发挥挡渣墙拦挡废渣的作用,保证挡渣墙在使用期间的稳定与安全,应合理选线,尽量减小挡渣墙的设计高度与断面尺寸。

a. 挡渣墙应建在紧靠弃渣或相对高度较高的坡面上,这样可有效降低挡渣墙高度。

b. 挡渣墙沿线土层的含水率和密度应保持一致,避免不均匀沉降对地基稳定性的影响。为安全起见,在具体施工时,应沿挡渣墙长度方向预留伸缩缝和沉降缝。

c. 挡渣墙的布设应尽可能避免横断沟谷和水流,如无法避免时,应修建排水建筑物。

d. 墙线宜顺直,转折处应用平缓曲线相连接。

②挡渣墙上部洪水处理。

a. 挡渣墙上部有汇流小洪水时,采取导洪堤或排洪渠,将水流引走,使之安全排泄。

b. 挡渣墙上部有较大洪水时,应在其上部修建引洪拦洪坝。

③挡渣墙形式。

挡渣墙按结构形式的不同,可分为重力式、悬臂式和扶壁式三种。墙型要根据拦渣的规模和当地的建筑材料来选择。

选择墙型时,应按照安全、经济的原则,进行多方案比较,选择最佳的墙型。

a. 重力式挡渣墙。

重力式挡渣墙是依靠墙身自重来维持稳定的,墙体用浆砌块石或混凝土制成,适用于墙高小于5m,地基土质较好的情况,是最常用的形式。

b. 悬臂式挡渣墙。

悬臂式挡渣墙由钢筋混凝土建造,适用于墙高大于5m,地基土质较差,当地缺少石料,同时在堆渣体下方有重要工程时采用。悬臂式挡渣墙由立壁和底板组成,具有3个悬臂,即立壁、趾板和踵板。这种结构形式的特点是:墙身断面小,结构稳定性不依据本身的重量,而主要依靠踵板上的填土重量来保证,自重轻,省材料,适用于墙高较大的情况。

c. 扶壁式挡渣墙。

扶壁式挡渣墙,其主体是悬壁式挡渣墙,沿墙长度方向每隔0.8~1.0m做一个与墙高等高的扶壁,以保持挡渣墙的整体性,加强拦渣能力。墙体由钢筋混凝土建造,适用于防护要求高,墙高大于10m的情况。扶壁式挡渣墙与悬臂式挡渣墙有很多共同的特点。

(3)拦渣堤。

拦渣堤是指修建于沟岸或河岸,用以拦挡公路施工中排放的固体废弃物的建筑物。由于拦渣堤一般同时兼有拦渣与防洪两种功能,堤内拦渣,堤外防洪,故拦渣堤设计的关键是选线、基础和防洪标准。对于下游有重要设施的拦渣堤,应充分论证分析,提高防洪标准和稳定系数。

①拦渣堤类型。

根据拦渣堤修筑的位置不同,主要类型有以下两种:

a. 沟岸拦渣堤。

弃土、弃石、弃渣堆放于沟道岸边的,其建筑物防洪要求相对较低。

b. 河岸拦渣堤。

弃土、弃石、弃渣堆放于河滩及河岸的,其建筑物防洪要求相对较高。

②拦渣堤设计要求。

a. 根据项目在公路施工中弃土、弃石、弃渣的具体情况,确定在规定时期内拦渣堤应承担的堆渣总量。

b. 堤顶高程应按设计洪水位、风浪爬高、安全超高确定。

参 考 文 献

[1] 秦仁杰,秦志斌.工程质量与安全监理[M].北京:人民交通出版社股份有限公司,2020.
[2] 章剑青,秦志斌.监理理论基础知识[M].北京:人民交通出版社股份有限公司,2020.
[3] 广东省交通运输厅.公路工程施工安全防护设施技术指南[M].北京:人民交通出版社股份有限公司,2019.
[4] 交通运输部工程质量监督局.公路水运工程施工安全标准化指南[M].北京:人民交通出版社,2013.
[5] 交通运输部工程质量监督局.交通建设工程安全生产管理人员培训教材公路分册[M].北京:人民交通出版社,2011.
[6] 江苏省交通建设监理协会.江苏省公路水运工程施工安全监理指南:T/JSJTQX12—2020[S].南京:江苏省交通企业协会,2020.
[7] 中国交通建设监理协会.交通建设工程施工环境保护监理[M].北京:人民交通出版社,2010.
[8] 王晓宁,盛洪飞.道路交通环境保护[M].北京:中国建筑工业出版社,2012.
[9] 杨艳梅,周富春,刘天玉.交通环境工程[M].北京:中国水利水电出版社,2014.